KB237638

메이드 인 차이나의 충격

아시아 12개국 긴급 리포트

마루야 도요지로 · 이시카와 고이치 · 박정동 편저

한국경제신문

머리말

최근 중국의 영향력이 커지고 있다. 언론뿐 아니라 산업계에서도 「중국위협론」을 우려하는 목소리가 들릴 정도다. 이러한 배경에는 경제규모, 대내 직접투자, 무역 등에서 중국의 위상이 점점 높아지고 있다는 사실이 내재되어 있다.

중국은 개혁개방 이후 20년에 걸쳐 연평균 9% 이상의 경제 성장률을 달성해 2000년에는 세계 7위, 아시아에서는 일본 다음의 경제대국이 되었다. 개혁개방이 가속화된 1992년부터 중국투자 붐이 일어났고, 최근에는 1996년부터 2000년까지 5년 연속 400억 달러를 넘는 직접투자가 이루어지고 있다. 이러한 외국기업의 진출을 배경으로 1990년대 후반부터는 가전, 전자·부품 등 전자전기의 수출도 급증하고 있으며, 최근에는 PC, 휴대전화와 같은 정보기술(IT) 산업에서도 경쟁력을 강화하고 있다.

　최근 이러한 중국 경제의 약진은 글로벌화와 더불어 아시아 생산분업 구조의 재편을 촉진할 뿐만 아니라 대경쟁 시대를 촉발했다. 인도네시아와 같은 ASEAN 저소득국이나 남서아시아에서는 최근 들어 잡화, 가전, 오토바이에 이르기까지 중국에서의 수입이 급증해 국산품을 위협하고 있으며, ASEAN 중소득국은 구미시장에서 중국 제품과 치열한 경합을 벌이고 있다. 또 아시아 NIES에서도 중국 이전(移轉)이 가속화되어, 산업 공동화와 샌드위치 현상이 발생하고 있다. 그래서 최근에는 「중국의 1인 승리」라는 말까지 나오고 있는 가운데, 중국의 대두 또는 WTO 가입 후의 중국에 대해서 아시아 국가들이 어떻게 대응할 것인지가 커다란 관심사가 되고 있다.

　이 책은 이러한 문제의식에서 급성장하고 있는 중국 경제의 영향력과 아시아 경제에 미치는 영향에 대해 각 나라와 지역별로 분석해보았다. 구체적으로 우선 아시아 국가들로의 중국 제품 유입상황과 중국기업의 진출상황, 아시아 국가들의 대중(對中) 수출과 대중(對中) 투자동향, 나아가 국내외시장에서 중국 제품과의 경합상황이나 중국과의 경제마찰 등을 분석해 상세히 기술했다. 그리고 이 분석을 토대로 아시아 국가들의 정부와 각계가 중국경제의 약진과 중국의 WTO 가입을 어떻게 받아들이고, 또한 중국에 어떻게 대응하고 있는지에 대해서도 소개한다.

　이 책에서는 통계분석과 현지조사를 기초로 사실관계를 지속적이고 포괄적으로 정리·제공하면서 「중국위협론」에 대해 과대 또는 과소평가하지 않고, 중국의 경쟁력에 대해 객관적인 평가를 유지하고자 노력했다.

또 우리는 글로벌 경제의 대조류 속에서 아시아가 「세계성장 센터」로 소생하기 위해서는 구미에 대항할 수 있는 아시아 대생산분업 구조의 구축이 필요하다고 인식하고 있다. 최근 글로벌 경제의 발전을 배경으로 한 중국경제의 약진은 지금까지 분석해온 동아시아와 중국의 생산분업 구조가 정확히 일체화하는 과정이기도 하다. 앞으로 아시아와 중국이 협조해 조화로운 아시아 지역 생산산업구조를 구축해가기 위해서 아시아 국가들이 무엇을 해야 할 것인지를 생각하기 위해서도 현재 진행 중인 중국과 아시아의 생산분업재편에 관한 동향을 정밀히 조사할 필요가 있다. 이것이 이 책을 출판하고자 하는 두번째 이유다.

그러나 이 책의 출판을 기획한 것이 7개월 반, 이후 4개월도 안 되는 현지조사를 통해 정리했기 때문에 최근의 동향을 전부 기술하지 못했을 수도 있다. 정확성을 기하고자 노력하고 있지만, 이번에는 무엇보다도 속도를 중시했다는 것을 이해해주기 바란다.

이 책은 2001년 11월 일본어판이 나온 이후로 독자들의 성원에 힘입어 중국어판, 영어판이 지금 준비 중에 있다. 그리고 이번에 출판되는 한국어판에서는 글의 완성도를 높이기 위해 중국경제 연구의 제1선에서 활약하고 있는 박정동 교수의 옥고도 게재하게 되었다.

　　이 책은 14개의 장으로 구성되어 있다. 제1장에서 13장까지는 중국의 경제성장, 특히 중국 제품에 대한 아시아 각국의 현장 리포트라 할 수 있는 원저 《메이드 인 차이나의 충격》을 한글로 옮긴 것이다. 그리고 제14장은 최근 관심이 고조되고 있는 중국의 WTO 가입 이후의 한·중 간의 산업 경쟁 및 보완관계에 대해 박정동 교수가 분석하고 있다.

　　마지막으로 이 책은 집필자들이 소속하고 있는 기관의 견해를 정리한 것이 아니라 어디까지나 집필자 개개인의 견해라는 것을 밝혀둔다. 아울러 졸고에 대한 독자들의 뜨거운 성원에 다시 한 번 감사드리며, 이를 지속적인 연구에 대한 채찍으로 삼고자 한다.

2002년 8월

마루야 도요지로

이시카와 고이치

박정동

차 례

|1| 중국의 대두와 아시아의 국제분업 재편

마루야 도요지로(丸屋豊二郎) · 이시카와 고이치(石川幸一)

중국은 1990년대에 들어서도 고도성장을 유지하며 세계경제에서 서서히 그 위상을 높혀가고 있다. 1990년대 들어 경제위기 이후 경제회복은 이루어졌지만, 아직도 불안한 요인을 갖고 있는 ASEAN과의 경제 퍼포먼스 차이가 현저해지면서 아시아에서 차지하는 중국의 의미가 점점 높아지고 있다. 특히 최근에는 ASEAN에서 중국으로 이전하는 외자계 기업이 눈에 띄게 증가하고, 중국 제품과 부품이 구미시장에서 ASEAN 제품과 경합하는 등, 중국은 ASEAN의 강력한 라이벌로 부상하고 있다.

이러한 중국 경제의 약진과 글로벌화는 아시아 역내의 무역과 투자를 활성화시켜 아시아 제국의 경제성장과 아시아 역내의 자율적 발전을 촉진하고 있는 것도 사실이다. 또 글로벌 경제의 대조류 속에서 아시아 제국이 「세계의 성장 센터」로서 다시 탄생하기 위해서도 중국과

ASEAN이 경제적으로 일체화된 아시아 대생산분업 구조의 구축은 불
가결하며, 이러한 움직임이 오히려 환영받을 일이라 하겠다.

　　그러나 현실적으로는 급속히 경쟁력을 갖추어가는 중국 제품에 대
한 위기감으로 오히려 「중국위협론」이 강하게 작용하고 있다. 최근 급
속한 중국 경제의 약진과 잠재력이 눈에 띄게 뚜렷해져 중국을 제외한
아시아 제국은 산업경쟁력의 강화를 위한 대책이 요구되고 있는 것도
사실이다. 이 장에서는 본서의 총론적 위치라는 것을 감안하여, 중국
경제의 약진과 아시아 대생산분업 구조의 재편을 위한 동향, 중국의
위협에 직면해 있는 ASEAN과 중국의 경쟁력 비교, 그리고 ASEAN의
향후 과제에 대해 개관하고자 한다.

1. 중국 경제의 약진과 아시아 생산분업 구조의 재편

(1) 중국 경제의 약진

　　최근 경제규모, 해외 직접투자의 도입, 무역에서 세계, 특히 아시아
에서 중국의 영향력이 증대되고 있다.

　　중국은 1980년대에 이어 1990년대에도 연평균 9%가 넘는 경제성장
률을 달성했다. 이로써 세계경제에서 차지하는 중국의 비중은 1990년
1.8%에서 1999년에는 3.4%로 상승했으며, 이탈리아를 제치고 세계 7
위의 경제대국으로 부상했다. 또 아시아 국가들의 과거 3년 간의 경제
성장률을 보더라도, 중국은 1998년 이후 고통을 수반하는 3대 개혁(금
융, 국유기업, 행정)에 착수하고 적극적인 재정정책을 추진하여 7%대

<table>
<tr><td rowspan="2">〈표 1-1〉 아시아 제국과 지역의 실질 GDP 성장률 추이</td><td colspan="9" align="right">(단위 : %)</td></tr>
<tr></tr>
<tr><td rowspan="2">연도
국가</td><td rowspan="2">1998</td><td rowspan="2">1999</td><td rowspan="2">2000</td><td colspan="4">2000</td><td colspan="2">2001</td></tr>
<tr><td>I</td><td>II</td><td>III</td><td>IV</td><td>I</td><td>II</td></tr>
<tr><td>중국</td><td>7.8</td><td>7.1</td><td>8.0</td><td>8.1</td><td>8.3</td><td>8.2</td><td>8.0</td><td>8.1</td><td>7.8</td></tr>
<tr><td>〈NIES〉</td><td></td><td></td><td></td><td></td><td></td><td></td><td></td><td></td><td></td></tr>
<tr><td>홍콩</td><td>△5.3</td><td>3.1</td><td>10.5</td><td>14.1</td><td>10.8</td><td>10.8</td><td>6.8</td><td>2.3</td><td>0.5</td></tr>
<tr><td>대만</td><td>4.6</td><td>5.4</td><td>6.0</td><td>7.9</td><td>5.4</td><td>6.6</td><td>4.1</td><td>0.9</td><td>△2.4</td></tr>
<tr><td>한국</td><td>△6.7</td><td>10.9</td><td>8.8</td><td>12.6</td><td>9.7</td><td>9.2</td><td>4.6</td><td>3.7</td><td>2.7</td></tr>
<tr><td>싱가포르</td><td>0.1</td><td>5.9</td><td>9.9</td><td>9.8</td><td>8.4</td><td>10.3</td><td>11.0</td><td>4.7</td><td>△0.9</td></tr>
<tr><td>〈ASEAN〉</td><td></td><td></td><td></td><td></td><td></td><td></td><td></td><td></td><td></td></tr>
<tr><td>태국</td><td>△10.8</td><td>4.2</td><td>4.3</td><td>5.2</td><td>6.2</td><td>2.8</td><td>3.1</td><td>1.8</td><td>1.9</td></tr>
<tr><td>말레이시아</td><td>△7.6</td><td>5.8</td><td>8.5</td><td>11.8</td><td>8.4</td><td>7.8</td><td>6.5</td><td>3.1</td><td>0.5</td></tr>
<tr><td>인도네시아</td><td>△13.4</td><td>0.5</td><td>4.8</td><td>3.6</td><td>4.5</td><td>5.9</td><td>5.0</td><td>3.2</td><td>3.5</td></tr>
<tr><td>필리핀</td><td>△0.5</td><td>3.3</td><td>3.9</td><td>3.2</td><td>4.5</td><td>4.6</td><td>3.6</td><td>3.2</td><td>3.3</td></tr>
</table>

자료 : 각국 · 지역 현지자료

의 경제성장률을 유지하고 있으며, 수출이 급격이 증가한 2000년에는 8%대를 회복했다. 한편 ASEAN은 경제위기의 영향으로부터는 벗어났지만, 아직도 산업구조의 취약성이 내재되어 불안한 경기상황이 지속되고 있다. 미국의 IT 산업의 붕괴영향이 나타난 2001년에는 중국과 ASEAN의 성장률 격차는 더욱 확대되고, 이것이 중국의 약진을 부추기고 있다(〈표 1-1〉).

이러한 중국 경제의 약진은 공업생산력이 비약적으로 증가한데에도 원인이 있다. 중국은 지금 철강, 화학섬유와 같은 공업원료에서 오토바이, 세탁기, 냉장고, 에어컨, 컬러 TV 와 같은 가전제품에 이르기까지 상당한 부문에서 세계 제1의 생산국이 되었다. 또 근래 급격하게 성장하고 있는 컴퓨터와 주변기기도 미국과 일본에 이어 세계 3위로 부상했다. 중국이 「세계의 공장」이라고까지 불리는 이유가 여기에 있다.

그러나 중국의 눈부신 경제발전을 지탱해온 공업화의 진전은 외국기업의 진출에 의한 부분이 크다고 할 수 있다. 중국 공업생산액의 27%, 수출까지 포함하면 실제로 48%가 외자기업에 의한 것이라고 할 수 있다. 외국기업의 중국 진출은 1980년대에는 수출생산기지를 목적으로 이루어졌지만, 1992년에 중국 전토가 개방되면서 국내시장을 노린 외자진출이 줄을 이어 급격히 증가했다. 중국은 개혁개방 정책을 표방한 이후 2000년까지 3,500억 달러라는 직접투자를 받아들였는데, 그 중 93%는 1992년 이후에 들어온 것이다.

1990년대 이후의 중국투자 붐은 ASEAN의 해외 직접투자 도입과 비교해보면 뚜렷한 차이를 보인다. 〈표 1-2〉에는 중국과 ASEAN의 대내 직접투자액 추이를 나타낸 것으로, 중국의 대내 직접투자액이 1993년에는 ASEAN을 추월했고, 이후 서서히 격차가 벌어지고 있다. 특히 아시아의 경제위기 후, ASEAN의 직접투자가 감소한 것에 비해, 중국은 2000년에 들어서도 50% 이상이 증가해 그 차이가 더욱 벌어지고 있

〈표 1-2〉 중국과 아세안의 4개국의 대내 직접투자액 추이 (인가기준 : 억 달러)

연도	중국		아세안4	태국	말레이시아	인도네시아	필리핀
1990	66	(0.33)	201.1	80.3	23.7	87.5	9.6
1992	581.2	(2.54)	229.2	100.2	23.0	103.1	2.9
1995	912.8	(1.47)	619.3	164.9	36.5	399.2	18.7
1996	732.8	(1.44)	508.0	131.2	67.8	299.3	9.7
1997	510.0	(0.99)	516.5	117.8	41.0	338.3	19.4
1998	521.0	(1.91)	272.6	61.7	33.3	135.6	42.0
1999	412.2	(2.02)	204.5	36.0	32.3	108.9	27.3
2000	623.8	(2.28)	273.2	53.1	52.2	149.7	18.2

주 : ( )은 중국 직접투자액의 ASEAN 4개국 직접투자액에 대한 배수
자료 : 중국 : 중국통계연감, 태국 · 필리핀 : BOI, 말레이시아 : MIDA, 인도네시아 : BKPM 등

국가 \ 연도	1995	1996	1997	1998	1999	2000	2001상반기
(미국)							
중국	6.1	6.5	7.2	7.8	8.0	8.2	7.9
ASEAN 4	5.7	5.6	5.8	5.9	5.6	5.4	5.0
태국	1.5	1.4	1.4	1.5	1.4	1.3	1.2
말레이시아	2.3	2.2	2.1	2.1	2.1	2.1	1.9
인도네시아	1.0	1.0	1.1	1.0	0.9	1.1	0.9
필리핀	0.9	1.0	1.2	1.3	1.2	0.9	1.0
(EU)							
중국	–	5.2	5.6	5.9	6.3	6.8	–
ASEAN 4	–	4.6	4.6	5.0	4.7	4.4	–
태국	–	1.3	1.2	1.3	1.3	1.2	–
말레이시아	–	1.6	1.5	1.7	1.6	1.5	–
인도네시아	–	1.2	1.2	1.3	1.1	1.1	–
필리핀	–	0.5	0.6	0.8	0.7	0.7	–

자료 : 미국 상무성 자료(http://www.bea.doc.gov/bea/dil.htm), World Trade Atlas *E.U. External Trade*

다. 근래 ASEAN에 진출했던 외자기업의 중국 이전도 가속화되고 있는데, 이러한 배경에는 중국의 거대한 국내시장, 코스트 퍼포먼스, 화남과 화동지방에 나타나고 있는 산업집적과 산업기술의 축적을 들 수 있다. 앞으로도 외국인 직접투자 유치에서 중국의 우위가 바뀌지는 않을 것 같다.

또 다른 중국의 약진요인으로는 적극적인 외자도입을 배경으로 급증하는 수출을 들 수 있다. 중국은 1980년대 후반부터 완구, 구두·신발, 섬유·의류 등 노동집약 상품의 수출을 증가시켜왔다. 근래에는 가전, 컴퓨터, 전자부품, 오토바이와 같은 기계제품에서도 수출이 확대되고 있다. 중국의 무서움은 이러한 수출의 신장만이 아니라, 전통상품에서 가전·하이테크에 이르기까지 광범위한 경쟁력을 강화시킨 것으로서, 이것이 ASEAN과 같은 개발도상국에게는 큰 위협이 되고 있다.

실제로 중국 제품은 구미시장에서 ASEAN 제품을 제치면서 점유율을 계속 증대시켜 나가고 있다(〈표 1-3〉). 최근 구미시장에서 중국과 ASEAN 4개국의 시장 점유율 추이를 보면, 중국은 구미시장의 수입비율이 매년 증가하고 있으며, 2000년에는 미국시장의 8.2%, EU 시장의 6.8%를 차치하고 있다. 한편, ASEAN 4개국은 미국과 EU 양 시장 모두에서 1998년을 정점으로 그 수입비율이 줄어들고 있다. 뿐만 아니라 중국 경제의 약진을 상징하듯이, 미국의 무역수지에서 중국 적자액은 2000년에 일본 적자액을 처음으로 웃돌아 중국은 미국 최대의 무역적자국이 되었다.

(2) 네트워크형 아시아 대생산분업 구조의 구축

근래 중국 경제가 약진한 배경에는 글로벌 경제의 진전이 있다. 1990년대에 들어 세계적으로 경제자유화나 규모완화가 진전되고, 정보통신 기술이 급속히 발달해, 아시아에서도 국경이 없는 경제시대를 맞이했다. 아시아 국가들은 외국기업의 유치경쟁을 벌이고, 외국의 기업도 치열해지는 경쟁 속에서 살아남기 위해 아시아에서 대규모 또는 세계적 규모의 최적생산 · 조달체제를 모색하기 시작했다. 즉 기업은 기존의 생산체제를 재검토하여 비교우위에 있는 제품과 품목의 생산에 특화하고, 최적지에 그 생산거점을 집약화하고자 했다. 게다가 기업은 생산거점을 선정할 때도 시장이 가장 가까운 곳(시장입지형)에 공장을 설립할 것인지, 또는 생산 코스트가 가장 저렴한 곳(최소생산 코스트 입지형)에 진출할 것인지를 중요한 고려대상으로 간주했다. 중국은 잠재적으로 커다란 국내시장을 갖고 있고 코스트 퍼포먼스가 매우 높으며 산업집적 또는 산업기술의 축적도 있다. 최근에 구미, 일본은 물론 아시아의 제조기업까지 중국에 진출하는 배경에는 시장입지형 또는 최소생산 코스트 입지형 양면에서 중국이 비교우위에 있기 때문이다.

글로벌 경제의 대조류 속에서 중국 경제의 약진은 지금까지 이루어진 동아시아 지역의 국제분업 구조를 바꾸고 있다. 1990년대 전반까지 동아시아에서의 국제분업은 이른바 안행형(雁行型) 발전을 이루고 있었다. 다시 말하면, 어떤 산업이 일본에서 경쟁력을 잃게 되면 직접투자와 기술이전에 의해 대만, 한국 등 NIES로 이전되고, 같은 형태로 아시아 신흥공업국에서도 경쟁력을 잃게 되면 이것이 말레이시아, 태국으로 이전되듯이, 발전단계가 다른 일본, NIES, ASEAN, 중국 등 시장경제 이행국 간에 산업이전이 이루어지는 생산분업이었다.

그러나 동아시아에서는 이러한 형태의 생산분업이 붕괴되려 하고 있다. 아시아 제국에는 비교우위 구조에 근거한 산업집적이 지속적으로 형성되고 이를 근거로 한 네트워크형 생산분업 구조로 이전되어가고 있다. 동시에 지금까지 중국은 NIES와 ASEAN을 중심으로 하는 생산분업 구조와는 독립된 생산 네트워크를 갖고 있었지만 중국 경제의 글로벌화와 약진으로 양자가 일체화되어 아시아 지역의 생산분업 구조를 구축하려 하고 있다. 이러한 움직임의 배경에는 제2장에서 서술하고 있듯이 첨단산업·제품이 ASEAN을 경유하지 않고, 직접 중국으로 이전함으로써 아시아 제국의 프로덕트 사이클이 동시기화(同時期化)되어 가고 있다는 사실이 깔려 있다.

최근 아시아 국제분업 재편에 대한 움직임은 동아시아 역내무역을 보면 알 수 있다(〈표 1-4〉). 1990년대 동아시아 역내무역의 추이를 보면 1990년대 전반까지는 중국을 제외한 동아시아 제국간 무역이 급증해, 1995년에는 동아시아 제국 간 무역이 역내무역의 4분의 3을 차지하고 중국과 중국을 제외한 동아시아 제국간 무역은 4분의 1에 지나지 않았다. 그러나 1990년대 후반에 들어 중국과 동아시아제국의 무역이 급증해, 2000년에는 이러한 중국관련 무역이 동아시아 역내무역의 44%를 차지하게 되었다. 1990년대 후반 동아시아 역내무역 증가액에 대한 중국 관련무역의 기여율은 85%에 이르러 중국관련무역이 1990년대 후반 동아시아 역내무역을 견인해왔다고 해도 과언이 아니다. 하여튼 동아시아 지역에서 중국에 대한 수출이 최근 5년 간 4배의 신장을 보여 1990년대 후반 동아시아 역내무역 증가액의 62%를 차지했다.

1990년대 후반 중국과 동아시아 제국과의 무역이 급격히 증가한 배경에는 전자·전기를 중심으로 하는 외국기업의 진출이 중요한 역할을 담당하고 있다. 특히 아시아 경제 위기 후 중국시장 진출이나 수출생산 기지를 목적으로 한 다국적 기업의 중국진출 러시가 지속되어, 기간부품이나 하이테크 디바이스의 ASEAN에서 중국으로의 수출이 급증했으며, 최근에는 중국에서 ASEAN으로의 가전제품이나 전자부품의 수출도 증가하여 중국과 ASEAN 간 수평무역이 활발히 전개되고 있다.

이러한 중국과 ASEAN의 경제 긴밀화 움직임은 동아시아 제국의 경제성장 또는 동아시아 역내의 자립적 발전에 바람직할 뿐만 아니라, 아시아 대생산분업 구조의 구축이라는 관점에서도 높이 평가할 수 있다. 중국과 동아시아 제국과의 무역급증은 동아시아 제국의 경제성장을 뒷받침해줄 뿐만 아니라 역내무역의 활성화를 통해 동아시아 역내

구 분	1990	1995	2000	연평균증가율		증가기여율	
				1990-95	1995-2000	1990-95	1995-2000
동아시아 역내무역	1.249	3,153	4,470	20.3	7.2	100.0	100.0
	(100.0)	(100.0)	(100.0)				
중국을 제외한	757	2.319	2,515	25.1	1.6	82.0	14.9
동아시아 역내 무역	(60.6)	(73.5)	(56.3)				
동아시아 ↔ 중국	493	835	1,955	11.1	18.6	18.0	85.1
	(39.4)	(26.5)	(43.7)				
동아시아 → 중국	178	287	1,099	10.0	30.8	5.7	61.7
	(14.3)	(9.1)	(24.6)				
중국 → 동아시아	314	548	856	11.1	9.3	12.3	23.4
	(25.2)	(17.4)	(19.2)				

주 : 무역액은 각국, 지역의 수출통계로 작성.
　　동아시아는 아시아 NIES(한국, 대만, 홍콩, 싱가포르), ASEAN 4(말레이시아, 태국, 필리핀, 인도네시아,
　　중국)를 말한다. (　)안은 동아시아 역내무역에서 차지하는 각항목 점유율
자료 : DOT(IMF), 대만 재정국《진출구 무역통계월보》각년월판에서 작성

의 자율적 발전을 촉진하게 될 것이다. 또 중국과 ASEAN이 일체화하여 아시아 지역의 생산분업 구조를 구축하고자 하는 노력은, 글로벌화의 촉진으로 세계적으로 기업 간 경쟁이 격화되어 가고 있는 상황에서 아시아 제국의 산업경쟁력을 강화하는 데 필수적인 요소가 될 것이다.

21세기 들어 세계시장을 둘러싼 기업 간 경쟁은 매우 격해지고 있다. 세계시장에서 경합관계에 있는 것은 ASEAN과 중국만이 아니다. 멕시코와 동유럽이 동아시아의 유력한 라이벌로 부상했다. 멕시코는 NAFTA의 일원으로써, 동유럽은 EU에 인접한 생산거점에 집약화를 강화하고 있다. 이러한 세계규모의 대경쟁 시대에 동아시아가 앞으로도 살아남기 위해서는 아시아 대생산분업 구조를 구축해 경제효율의 필요성을 한층 강화시켜야 할 필요성이 있다.

(3) 중국위협론과 일본의 대응

그러나 현실적으로는 아시아 대생산분업 구조의 구축을 환영하기보다는 오히려 급속히 경쟁력이 강화돼가는 중국 제품에 대한 위기감이 강해지고 있다. 실제로 2000년에 들어서 중국 제품이 ASEAN이나 인도에 급속히 침투하여 중국위협론이 부상하고 있다.

중국 제품은 지금까지도 잡화나 의류와 같은 경공업품으로 ASEAN 시장에 침투해왔지만, 최근에는 가전, 오토바이까지 ASEAN의 저급품 시장에 진입하여 토종 업체를 위협하고 있다. 고급 브랜드를 신뢰하는 말레이시아나 태국에서는 아직도 선진국의 고급 브랜드가 우위에 있지만, ASEAN에서도 비교적 소득수준이 낮은 인도네시아, 필리핀, 베트남에서는 중국 브랜드가 맹렬히 추격하여 점유율을 높여가고 있다. 예를 들면, 인도네시아에서는 세탁기, 냉장고, 에어컨, 컬러 TV, VCD 등 많은 중국제 가전제품이 유입되어 중국 제품의 시장점유율도 컬러 TV는 30%, 세탁기나 냉장고는 10~20%에 이르고 있다. 또 2000년대에 들어 중국제 오토바이 수입이 급증해 20% 정도의 점유율을 기록하고 있다고 한다(제6장 참조).

베트남에서도 같은 현상이 일어나고 있다. 2000년 베트남의 대 중국 수입액은 전년대비 69% 증가해, 대량의 중국 제품이 베트남으로 유입되고 있다. 그 중에서 오토바이의 수입이 급증해 중국제 오토바이가 전체 수입 오토바이의 60%를 차지한다. 중국제 수입 오토바이는 일본계 현지 제조업체가 생산하는 오토바이의 3분의 1가격에 팔리고 있어서 점유율이 급속히 증가하고 있다(제7장 참조).

중국 제품의 유입은 인도 등 남아시아에서도 일어나고 있다. 인도에서는 1999년에 소비재를 중심으로 수입수량 규제를 철폐한 것을 계기로 중국 제품의 수입이 급증, 현지에서 중국 제품에 대한 경계심이 높아지고 있다. 최근에는 중국 제품을 대상으로 매년 10건에 이르는 안티-덤핑이 발동되고 있으며, 덤핑 수입을 억제하기 위해 최대 소매가격 표시제의 의무, 관세인상 등 다양한 대책이 채택되고 있다. 또한 저가의 중국 제품이 네팔을 경유해 인도로 유입되어 네팔과의 무역협정을 재검토하자는 것까지 논의되고 있는 실정이다(제9장 참조).

구미시장은 물론 아시아 제국까지 침투하게 된 중국 제품의 최대 장점이 저가격에 있다는 것은 여러 조사에서 알 수 있다. 2001년 8월에 실시된 아시아 제국에서의 가전제품 가격조사에 의하면, 컬러 TV, 에어컨, 냉장고, 전기밥통 중에서 어느 것을 꼽더라도 중국 제품이 대부분 최저가격에 판매되고 있다(〈표 1-5〉). 또 이들 가전제품의 중국 국내가격은 중국 제품만이 아니라 일본, 한국, 구미 등 각 국가들의 제품이 다른 아시아 제국에서 판매되고 있는 동급의 제품가격보다도 훨씬 저렴하다. 중국 국내시장을 둘러싼 치열한 경쟁이 제품가격에 반영되고 있는 결과이며, 동시에 이것이 최근 중국 제품의 수출급증에 영향을 주고 있다.

이상과 같이 중국 경제의 약진에 따라 EU, NAFTA에 대항할 수 있는 아시아 대생산분업 구조를 구축하고자 하는 분위기가 고조되고 있는 가운데, 산업경쟁력이 급속히 높아지고 있는 중국의 「1인 승리」를 우려하는 목소리도 높아지고 있다. 한편, 중국과 아시아가 협력하여 아시아 대국제분업을 구축하기 위해서는 일본이 담당해야 할 역할이 크다. 일본이 담당해야 할 주요 역할을 소개하면 다음과 같다.

첫째, 중국의 급격한 추월에 직면하고 있는 ASEAN의 산업경쟁력

<표 1-5> 아시아 제국에서 중국 제품과 일본 · 한국 · 구미 · 현지 제품과의 가격비교　(단위 : 엔)

제품	국가·지역	중국		일본		한국		구미		현지	
		브랜드명	가격	브랜드명	가격	브랜드명	가격	브랜드명	가격	브랜드명	가격
컬러TV (21인치)	태국			Sharp	20,544	LG	19,043	Philips	22,101	KLASS	15,540
	필리핀	TCL	20,738	JVC	34,188	Samsung	28,918	Philips	28,943		
	인도네시아			松下	31,524	LG	24,124	Philips	38,554		
	베트남		25,360		26,897		28,372		27,896		
	인도	康佳	27,200	松下	44,880	Samsung	44,064	Philips	38,080		23,981
	싱가포르			Sharp	26,865	Samsung	34,551	Philips	31,089	BPL	35,360
	홍콩	SKYWORTH	28,893	日立	40,558			Philips	43,859		
	중국	海爾	17,250	Sharp	24,750	LG	17,400	Philips	26,700		
에어컨	태국			三菱	85,874	LG	69,500			TRANE	80,620
	필리핀	格力	29,750	松下	43,048	LG	34,995	York	35,750		
	인도네시아	長虹	43,793	東芝	58,327						
	베트남		55,871		36,518		69,225		70,002	UCHIDA	41,292
	인도			日立	60,928	Samsung	66,069				63,004
	싱가포르			三洋	69,171	Samsung	48,399	Carrier	69,171	BlueStar	54,128
	홍콩	美的	36,628	NEC	51,562	LG	43843	Carrier	45,431		
	중국	志高	28,200	Sharp	51,000	LG	40,200	Siemens	67,350	Fortress	35,370
냉장고	태국	ASTINA	52,125	日立	52,792	Samsung	73,114	Electrolux	63,662		
	필리핀	海爾	31,738	松下	34,748	Samsung	37,050	Kelvinator	34,750		
	인도네시아	DAST	26,492	東芝	42,920						
	베트남		55,871		36,518		69,225		63,004	UCHIDA	33,300
	인도					LG	97,920	Whirlpool	92,480		70,001
	싱가포르			三菱	67,786	Hoover	69,171	Fisher&P	82,950	Godrej	69,360
	홍콩	華龍	38,986	三洋	43,702	Samsung	48418	Kelvinator	45,509		
	중국	長嶺	35,175	松下	40,350	LG	37,350	Elecrion	39,300	Fortress	40,715
전기밥솥	태국			Sharp	1,626					PEACOCK	1,543
	필리핀	Ichiban	1,873					Philips	3,185		
	인도네시아	DAST	3,256	COSMOS	4,440			USATECH	5,402	MAXIM	3,197
	베트남		1,427		7,893		5,429		5,389		
	인도			松下	5,426					Singer	6,392
	싱가포르			松下	8,240	Samsung	6,786	Philips	11,702		
	홍콩	美的	5,329	松下	9,872			TEFAL	5,266		
	중국	美的	3,660	松下	4,470			Philips	4,035		

주: 1. 중국제품과 동질, 동성능의 일본, 한국, 구미, 현지제품을 대상으로 조사. 에어컨은 인버터가 없는 창문형, 냉장고는 2도어 표준 타입의 제품, 전기밥솥은 가능한 심플한 것을 대상으로 했다

　　 2. 조사장소는 도심 중심부로 양판점의 제품을 대상으로 했다

　　 3. 각국 브랜드별 복수의 제품이 있는 경우에는 중립제품, 2종류의 제품이 있는 경우에는 저렴한 제품을 채택

자료 : JETRO 해외사무소가 2001년 8월에 조사한 결과를 기본으로 작성

강화 및 산업고도화에 대한 지원이다. ASEAN이 기존 산업을 한층 고도화시켜 앞으로도 중국 제품과의 차별화를 도모하기 위해서는 인재개발과 기반산업의 육성을 빼놓을 수 없다. 그러나 글로벌 경제의 대조류 속에서는 지금까지와 같이 모든 산업을 진흥하는 것이 아니라 국가와 지역의 비교우위를 살려 특정 산업이나 제품만을 진흥시키는 것이 중요하다. 일본은 지금까지 ASEAN의 산업고도화를 적극적으로 지원해온 바, 앞으로는 각 나라의 핵심역량에 적합한 특정산업의 육성에 협력하면서 중요한 역할을 담당할 수 있을 것이다.

둘째, 아시아 국가들의 무역투자 관련규정 제정을 적극적으로 추진해나가는 것이다. 아시아에서는 글로벌 경제화가 진행되면서도, 많은 나라에서는 국제 기준에 맞지 않는 규정이 아직도 존재하고 있다. 예를 들면, 중국에서는 복사품의 범람, 위법노동, 국유기업의 불명료한 제품 코스트, 환경이나 에너지 효율을 배려하지 않은 생산 시스템 등 개선해야 할 문제점이 많다. 중국의 WTO 가입을 계기로 이러한 과제는 개선되고 정비되겠지만, 아시아 역내의 자유무역 추진 및 지속적 발전을 확실히 하기 위해서는 중국에 대한 감시와 견제를 강화해나갈 필요가 있다.

셋째, 정보통신 인프라를 정비하는 것이다. 아시아에서도 다국적기업에 의한 글로벌 로지스틱스가 보급 전개되어 왔지만, 아시아 각국의 정보 인프라는 아직도 부족한 곳이 많고 항만시설의 정보화도 지체되고 있다. 생산 코스트만이 아니라 토털 코스트로 경쟁하는 시대에, 기업의 로지스틱스 전개를 지탱하는 정보화의 지체는 중국과의 기업유치 경쟁 또는 아시아 각국의 산업경쟁력 강화에도 마이너스다.

일본은 「중국의 1인 승리」를 피하고 아시아가 공존 공영하고, 나아

가 아시아가 중남미나 동유럽에 뒤지지 않기 위해서도 이러한 과제에
적극적으로 협력해나가야 할 것이다.

2. ASEAN과 중국—경합과 상호보완

ASEAN이 중국의 부상에 대해 심각한 위기의식을 가지게 된 것은
1990년대 초다. 중국투자 붐으로 외국투자가 중국에 집중하지 않을까
하는 우려가 1992년에 발효된 ASEAN 자유무역지역(AFTA)의 탄생을
가져왔다. 중국의 해외투자 수입액(국제수지 기준)은 1993년에 ASEAN
수입액(국제수지 기준) 합계를 초과했고, 이후에도 매년 400억 달러 전
후의 외국자본이 들어오는 중국에 비해 ASEAN은 200억 달러 전후로
그 차액이 커져 이 우려는 적중했다.

그래서 21세기에 들어서면서 ASEAN은 제조업의 생산거점으로서의
지위를 중국에 빼앗기는 것은 아닐까 하는 위기감이 팽배해졌다.
ASEAN과 중국의 주요 수출국인 일본과 미국에서 국가 · 지역별 점유
율을 비교해보면 반도체 · 전자부품을 제외하고는 ASEAN의 경우 현상
을 유지하거나 점차 감소하는데 비해, 중국은 대폭적으로 증가하는 모
습을 보이고 있다(〈표 1-6〉).

수출국에서의 경쟁에서 밀리면, 다음으로 우려되는 것은 자국시장
에서 중국 제품과의 경합이다. 본 절에서는 중국과 경합하는 ASEAN 4
개국을 예로 들어, 2국 간 무역액의 분석을 통해 ASEAN 제품과 중국
제품의 경합을 검토했다.[1] 경쟁력을 평가하는 데는 시장 점유율과 소
비자 평가, 업계 관계자의 전망 등이 필요하며, 밀수품의 침투 상황도

염두에 두어야 한다. 이러한 점에 대해서는 제2장 이후 현지조사를 통해 국가별로 고찰하고 있으므로, 본 절의 무역통계분석과 병행해 읽어주기를 바란다.

(1) 현재 중국과 대등하거나 우위를 나타내는 ASEAN 제품의 경쟁력

ASEAN의 무역흑자

일본과 미국 간 무역마찰의 역사가 말해주듯이, 특정국의 산업 대두 또는 위협은 수입국의 무역적자를 증대시키고 특정산업에 파급효과를 나타나는 경우가 많다. 현재 일본과 미국은 중국에 대해 무역적자를 기록하고 있다.

그러나 ASEAN은 중국의 부상이 주목을 받게 된 2000년에도 중국과

〈표 1-6〉 일본 · 미국의 수입에 있어 ASEAN 4와 중국의 주요제품 점유율 추이　　　　(단위 : %)

구 분	ASEAN 4		중국	
	1996년	2001년 상반기	1996년	2001년 상반기
일본수입에서의 점유율				
섬유	9.4	8.7	53.0	68.6
음향용 기기	43.5	36.7	20.2	36.9
반도체 등 전자기기	17.4	29.0	1.1	3.0
목제품	43.9	40.2	6.6	11.7
여행용품, 핸드백 등	5.2	4.3	34.5	42.6
미국수입에서의 점유율				
의류	13.2	14.6	13.2	10.3
컴퓨터, 주변기기	32.5	27.1	4.6	12.0
사무용기기	8.0	12.0	13.0	23.7
반도체 등 전자기기	30.6	33.3	0.6	2.0
음향용 기기	25.8	17.9	25.7	38.9

자료 : 외국무역개황, 미국무역통계에서 작성

의 무역은 50억 달러의 흑자를 이루고 있고 흑자액은 증가하는 추세에 있다. 나라별로 보면 과거 적자였던 필리핀이 2000년에 흑자로 전환하고, 태국이나 말레이시아는 약 20억 달러의 흑자를 기록했다.[2]

그러나 무역 전체로는 커다란 위협이 아닐지 모르지만, 제품별 경합 상황을 볼 필요가 있다. 이를 위해서 1996년과 2000년의 ASEAN과 중국 간 무역특화 계수를 나라별 주요 제품별로 검토했다.[3] 중국에 수출만 하고 수입이 제로(0)라면 무역특화 계수는 1, 중국에서 수입만 하고 수출을 하지 않는다면 마이너스 1, 수출과 수입이 동액이면 0이 된다. ASEAN 측에서 보면 마이너스 1은 중국 제품에 대한 경쟁력이 전혀 없다는 것을 의미하는 것이고, 0은 대등하고 1에 가까울수록 경쟁력이 높다는 것을 의미한다(〈표 1-7〉).

〈표 1-7〉 ASEAN 주요제품의 대 중국무역 특화계수 추이 (단위 : %)

구 분	인도네시아		말레이시아		필리핀		태국	
	1996	2000	1996	2000	1996	2000	1996	2000
의류	0.39	−0.68	−0.99	−0.99	−0.91	−0.91	−0.94	−0.95
신발류	−0.60	−0.78	−0.95	−0.99	−0.99	−0.99	−0.75	−0.58
완구 등	−0.81	−0.93	−0.97	−0.89	−0.99	−0.97	−0.97	−0.72
목재 · 목탄 등	0.96	0.68	0.96	0.98	−	−	0.63	0.92
종이 · 동 제품 등	0.90	0.94	0.90	0.94	−	−	0.50	0.83
플라스틱 · 동 제품	0.20	0.69	0.72	0.82	−	−	0.83	0.92
전기기기 등	−0.82	−0.39	−0.01	0.38	−0.68	0.32	−0.17	0.32
광학용기기 등	−0.80	−0.60	−0.53	0.23	−0.64	0.16	−0.20	0.32
PC · 주변기기	−0.75	0.70	0.32	0.78	−0.69	0.77	−0.83	0.70
PC 부품	−0.80	0.38	0.52	0.78	0.86	0.79	0.91	0.22
IC	−0.73	0.97	0.78	0.56	0.87	0.58	0.62	0.68
컬러 TV	−0.76	−0.99	0.21	−0.11	−1.00	−0.99	−0.34	−0.99

주 : 무역특화계수 = (수출−수입)/(수출+수입)

자료 : 일본무역진흥회 중국의 대외무역통계집 및 중국해관통계연감에서 작성

중국이 압도적 우위 — 노동집약형제품

중국이 압도적으로 우위에 있는 것은 노동집약적 제품이다. 의류, 신발류, 가구, 완구, 잡화 등의 무역특화 계수는 1996년, 2000년 모두 인도네시아를 제외하고 마이너스 1에 가까워 중국의 경쟁력이 압도적으로 강하다는 것을 보여준다. 노동 코스트로 중국에 대해 경쟁력을 갖고 있는 인도네시아에서도 의류의 무역특화 계수가 1996년의 플러스에서 2000년에 마이너스로 바뀐 것을 시작으로 2000은 각국 모두가 마이너스 폭이 크게 벌어졌다. 각국에서의 경합 상황을 판단하기 위해서는 시장점유율을 봐야 하지만, 무역만을 보면 이 분야는 중국의 승리라 할 수 있다.

ASEAN이 강한 경쟁력 — 자원가공형 제품

ASEAN이 강한 경쟁력을 유지하고 있는 것은 자원가공형 제품이다. 목재나 목제품의 2000년 무역특화 계수는 태국, 인도네시아, 말레이시아가 0.9 이상으로 되어 있고, 종이나 펄프에서도 태국과 인도네시아가 강한 경쟁력을 유지하고 있다. 또 플라스틱 제품은 필리핀 이외의 세 나라가 경쟁력을 유지하고 있고, 인도네시아 비료의 무역특화 계수가 1996년의 −0.31에서 2000년에는 0.99로 플러스로 전환되는 등, 석유화학 제품에서도 ASEAN이 경쟁력을 갖고 있다. 또한 자원가공형 제품은 아니지만 인도네시아와 말레이시아의 광물성 연료, 태국의 곡물, 필리핀의 동(銅), 과일 등과 같은 1차산품은 각국의 유력한 수출품으로 자리잡고 있다.

경합과 상호보완—기계류

최근 중국의 경쟁력이 크게 높아지고 있는 부문은 전기·전자제품이고, ASEAN의 경쟁력이 상승하고 있는 부문은 오토바이, TV, 전자부품 등이라 할 수 있다. 전기기기·전기음향 설비 등의 무역특화 계수는 태국, 말레이시아, 필리핀이 1996년의 마이너스에서 2000년에는 플러스로 전환했고, 인도네시아는 1996년의 −0.82에서 2000년은 −0.39로 바뀌었다. 즉 전기 기기 등에서 ASEAN의 경쟁력이 강화, 개선되고 있다.

전기 기기의 일부 제품을 예로 들어보자. PC와 주변기기는 1996년의 무역특화 계수가 플러스였던 곳이 말레이시아뿐이었지만, 2000년에는 4개국 모두 플러스가 되었다. PC 부품은 1996년에 마이너스였던 인도네시아가 플러스로 전환하여, ASEAN 4개국 모두 플러스로 되었지만, 태국은 0.91에서 0.22로 변화하여 수출과 수입이 균등한 보완형 구조에 가깝다. IC는 인도네시아가 1996년 마이너스에서 2000년에 플러스로 전환했고, 2000년은 4개국 모두 플러스가 되었다. 이들 제품에서 ASEAN의 경쟁력이 강화되었지만, 무역특화 계수는 0.2에서 0.8로 분포되어 있어 노동집약형 제품이나 자원가공형 제품과 비교할 때 수출입 모두 증가하고 있는 상호 보완형이라 할 수 있다. 광학기기에서도 ASEAN의 경쟁력이 강화·개선되고 있다.

한편 2000년 TV의 무역특화 계수는 각국 모두 마이너스이고, 말레이시아를 제외하면 −1에 가깝다. 그러나 수입액을 보면 인도네시아와 필리핀이 대폭 증가했고, 태국과 말레이시아는 수출입 모두 감소했다.

중국으로부터 오토바이 수입이 급증하고 있는 나라는 베트남, 인도네시아이고, 필리핀도 증가세를 보이고 있다. 특히 베트남의 수입액은

1996년 173만 달러였던 것이 2000년에 4억 2,000만 달러로, 인도네시아도 같은 기간 기준으로 12만 달러에서 약 2억 달러로 격증했다. 수출이 거의 없기 때문에 무역특화 계수는 −1에 가깝다.

중국제 TV와 오토바이가 급증하고 있는 나라는 소득 수준이 비슷한 인도네시아, 필리핀, 베트남 등인데, 구매력 수준이 비슷하여 품질이나 디자인보다는 가격을 중시하는 소비성향을 지니고 있다는 것이 중국 제품의 수입이 증가하는 하나의 요인이라 할 수 있다.

(2) 기계의 경쟁력 강화가 ASEAN의 과제

무역특화 계수를 통한 중국과의 경쟁력을 보면, 중국이 우위인 노동집약형 제품, ASEAN이 우위인 자원가공형 제품, ASEAN 우위에서 경합과 상호보완이 진행되고 있는 전기전자 등의 기계류로 나눌 수 있다. 따라서 노동집약형 제품에서 발생한 상황이 기계류에서는 발생하지 않도록 하는 것이 ASEAN의 과제다. 이제 중국의 경쟁력이 강한 이유를 분석해, ASEAN의 제조업이 중국 제품에 대해 경쟁력을 유지하고 강화하기 위해서는 무엇이 필요한지를 검토해보고자 한다.

중국 제품의 장점과 단점

경제가 발전하면 임금이 상승하여 노동집약형 제품은 경쟁력을 잃고, 수출품은 기계류와 같은 기술집약형 제품으로 이전한다. 이것이 일본이나 한국 등 아시아 NIES의 수출산업이 걸어온 길이다. 그러나 중국은 전기·전자제품의 수출국으로 떠오르면서도 의류와 같은 노동집약형 제품의 경쟁력도 유지하고 있다. 이것이 중국 제조업이 두려운 이유다.

중국 제품의 장점은 저가격과 품질이 향상되었다는 것이다. 저임금, 거대시장에 의한 규모의 경제가 저비용 생산을 가능케 하고 있다. 과잉설비의 가동률을 끌어올리기 위한 생산이 공급과잉을 야기하는 것도 공급압력을 강화시키고 있다. 개발비용이 필요없는 모조품이 많은 것도 경쟁력의 한 요인이다. 한편 ASEAN에서 지적하는 중국 제품의 단점은 일본 제품이나 한국 제품에 비해 품질이 떨어진다는 것, 브랜드가 확립되어 있지 않다는 것, 판매 루트의 미확립과 애프터 서비스의 미흡 등이다.

중국 제품의 장점은 현재 중국이 보유하고 있는 장점이 앞으로도 계속 유지·강화될 수 있다는 것이다. 노동 코스트는 내륙 및 국영기업으로부터 노동력 공급이 지속되고, WTO 가입에 의해 영향을 받는 농업부문의 노동력이 과잉이라는 것 등으로부터 ASEAN에 비해 낮은 상황이 지속될 것이다. WTO 가입에 의한 무역자유화를 통해 부품의 수입 코스트는 경감하고 중국 제품의 기술수준이나 품질은 국내시장에서 경쟁심화, 부품산업의 지속적 집적과 풍부한 기술계 인재 등으로 인해 앞으로 더욱 향상될 것이 확실하다. 그러나 모조품이나 복사품의 생산 및 수출은 WTO 가입과 수입국의 강화로 감소할 것으로 보인다.

반면 중국 제품의 단점은 서서히 시정될 것으로 보인다. TV를 생산하는 창훙(長虹)과 같은 일부 업체의 품질은 이미 ASEAN 시장에서 좋은 평가를 받고 있으며, 브랜드도 확립돼가고 있다. 애프터 서비스도 시간이 갈수록 개선될 것이다. 따라서 중국 제품의 경쟁력은 강화되어 서서히 ASEAN 시장에 침투될 것은 확실하다.

ASEAN의 경쟁력 강화에 불가결한 외자도입

그러면 ASEAN은 중국 제품의 경쟁력 강화에 어떻게 대응해야 할 것인가.

먼저, ASEAN이 중국에 대해 우위에 있는 제품의 경쟁력을 유지·강화시키는 것이다. 전기·전자부품 중에서 앞에서 본 제품 이외에도 브라운관이나 콤프레셔와 같은 기간부품은 ASEAN이 강한 경쟁력을 가지고 있다. 경쟁력을 강화하기 위해서는 인재육성과 기반산업의 육성이 필요하지만, 이는 즉효적인 대책이고, 좀더 중장기적으로 효과적인 대응책은 외자기업의 유치, 기존 외자기업의 사업규모 확대 등에 있다. 외자와 함께 경쟁력 강화에 필요한 기술이나 인재와 같은 자원이 도입되기 때문이다.

따라서 외자도입을 위한 환경과 제도를 한층 정비하는 것이 제2의 과제다. 정치적 안정이나 양호한 치안은 외자유치의 전제조건이다. 지금은 「국가가 기업(외자)을 선택하는」 것이 아니라, 「기업이 국가(입지처)를 선택하는」 시대이며, 외자유치를 위해서 어떻게 하면 매력적인 제도나 환경을 제공할 수 있을까 하는 면에서 나라 간 경쟁이 치열해지고 있다. 투자관련 제도·정책의 투명성 향상이나 외자에 대한 무차별 대우, 외자규제의 완화 등 투자 규정의 정비와 실효성 향상이 중요하다. 또 다국적 기업은 세계적 규모의 최적지 생산, 조달(글로벌 로지스틱스)을 전개하고 있어, 정보통신이나 수송과 같은 인프라를 각 기업의 요구에 부응할 수 있는 수준까지 정비하는 것이 필수적이다.

셋째, AFTA의 실현이다. 중국의 매력은 거대한 시장에 있다. 외자유치를 증가시키기 위해서는 ASEAN이 일체화된 시장을 실현하는 것이 필요하다. ASEAN 5개국(태국, 말레이시아, 인도네시아, 필리핀, 싱가포르)을 합계하면 인구로는 중국의 약 3%에 지나지 않지만, GDP로는 약 5%에 이르는 규모다. 자원이 풍부하고 임금수준이 낮은 인도네시아, 전기·전자산업을 축적하고 있는 말레이시아, 자동차 공급거점으로 주목받고 있는 태국, 전자산업이 발전하고 인재가 풍부한 필리핀, 통신이나 수송, 금융 기능이 충실한 싱가포르 등 다양성도 ASEAN의 장점이다. 각국의 우위를 활용하여, ASEAN 역내시장을 대상으로 생산거점을 집약시키는 것이 경쟁력을 강화시킬 수 있을 것이다.

한편 2002년부터 대상품목의 관세율을 5% 이하로 낮추는 AFTA는 원산지 인정과 관세당국에의 등록 등으로 인해 수속이 복잡하고 불투명하다는 지적을 받아왔다. 이런 연유로 AFTA를 통한 ASEAN 역내에서의 수출은 매우 미약한 실정이다(예를 들면 말레이시아에서는 수출의 2.6%에 지나지 않는다). 따라서 이러한 문제점을 해결하고 AFTA의 실효성을 높이는 것이 급선무다.[4]

중국의 저가 제품이 수입되는 것은 소비자에게 이익이 되고, 중국에서 부품을 조달하는 것은 ASEAN 제조기업의 코스트 절감에 도움이 된다. 요컨대 이러한 무역의 이익을 수입규제를 통해 제한하는 것이 아니라, 자국산업의 경쟁력을 강화하고 중국시장에 수출하는 보완관계를 발전시켜가는 것이 ASEAN 제조업의 바람직한 방향이라 할 수 있다.

|2| 중국 ― 산업발전과 해외전개의 시점

구로다 아츠오(黑田篤郎)

2001년 11월 10일 중국의 WTO 가입이 결정되었다. 새로운 투자환경의 개선과 시장규모의 확대를 기대하는 외국기업의 대 중국 직접투자는 다시 붐을 맞고 있다. 2000년 직접투자 수입계약액은 627억 달러(전년비 51% 증가)를 기록했고, 2001년 상반기에도 334억 달러, 전년 동기대비 38.4% 증가하여 금액으로는 대 아시아 직접투자의 약 절반을 차치하는 놀라운 성장을 보이고 있다.[1] 투자 내용을 보아도 반도체, 광픽업, 액정표시 장치와 같은 하이테크 전자부품, 플라즈마 디스플레이 패널, 노트북, 디지털 카메라, 휴대전화와 같은 하이테크 제품을 중심으로 공장들이 차례로 들어서고 있다.

또 근래 수년 간 중국 현지계 기업도 눈에 띄게 성장했다. 하이얼(海爾), 캉지아(康佳), TCL, 궤롱(科龍), 메이더(美的) 등으로 대표되는 현지계 기업은 미국의 경영기법을 받아들여 우수한 시장전략과 판매 서비스 전략으로 외자계 기업을 누르고 가전과 정보기술(IT) 제품, 오토바이, 통신기기, 플랜트 기기 등 많은 품목에서 중국시장의 절반을 차지하고 있다. 또 이 여세를 몰아 2000년경부터는 동남아시아, 중남미, 중동, 아프리카 등 개발도상국 시장과 미국시장까지도 해외진출을 본격화하기 시작했다.

본 장에서는 이러한 중국산업의 성장세를 3가지 시점에서 살펴보고자 한다. 우선, 외자계 기업의 진출을 계기로 현지계 기업도 상승하여 대응하는 형태로서, 중국 연해부에 주강(珠江) 델타, 장강(長江) 델타 북경 중관촌(中關村)이라는 3개의 특징적인 산업집적이 형성돼가고 있다는 사실에 착안하여, 그 형성요인과 현상, 장점의 요인을 분석한다. 이어서 이들 산업집적 안에 있는 기업 중에서도 특히 최근 뚜렷하게 성장하고 있는 중국 현지계 기업의 경쟁력을 소개하고, 그들의 장단점을 검토한다. 마지막으로 최근 현지계 기업이 해외 진출을 시작하고, 수출형 외자계 기업의 발전과 더불어 아시아에서 중국산업의 위상이 높아지고 있는 상황을 간단히 소개한다.

1. 외자계 기업의 집중과 산업집적의 고도화

(1) 세계 유수의 전자산업집적 · 주강 델타의 성립

「세계의 공장」 중국을 바라보면 연해부에 확대되는 3개의 산업집적에 주목하게 된다.

제1은 화남 광동성에 전개되는 주강 델타다. 주강 하구 동쪽 끝의 홍콩, 서쪽 끝의 마카오 북쪽에 인접한 심천(深圳), 주해(珠海)라고 하는 경제특별구가 설치된 지 20여 년, 지금은 그 사이에 동완(東莞) · 혜주(惠州) · 광주(廣州) · 순덕(順德) · 중산(中山) · 주해라는 공업도시가 반경 약 100km의 범위에 자리잡고 있다. 복사기 · 프린터, 데스크톱 컴퓨터 부품, 광 픽업, 마이크로 모터 등으로 세계 생산량의 절반 이상을 차지하고 있다고 할 만큼, 세계적인 산업집적을 이루고 있다.

이 지역의 산업 발전사에는 매우 흥미진진한 것이 있다. 우선 1979년 개혁개방 정책이 시작됨에 따라 1980년대에는 섬유, 잡화, 가전 등에서 홍콩계 기업의 진출이 시작되었다. 그들은 조달 · 판매 · 자금관리 등은 홍콩에서 실시하고, 생산만 중국에서 하는 위탁가공 비즈니스 모델을 형성했다.

다음으로 1980년대 후반 플라자 합의 후, 급속한 엔고 속에서 일본계 기업이 이 지역에 투자를 하기 시작했다. 처음에는 섬유 · 잡화가 중심이었지만, 1990년대 이후에는 시계, 카메라 등 정밀기계, TV, 에어컨과 같은 가전, 나아가 복사기 · 프린터까지 확대되었다. 이 분야에 최초로 진출한 일본계 기업은 삼전공업〔三田工業(현재는 교세라에 흡수)〕이었는데, 이 때 25개사의 일본계 부품업체가 같이 진출하고, 다음으로 유사한 일본계나 홍콩계 부품기업을 담당한 리코의 복사기 공장이 진출했다. 이로 인하여 부품업체가 급증하고, 이것을 보고 또 복사기 공장이 진출하는 형태로 말하자면 어셈블리와 부품업체가 상호간 집적도를 높여간 것이다.[2]

그 다음은 대만계 기업이었다. 1990년 리덩후이(李登輝) 정권에 의해 대륙에의 기업투자가 사실상 해제되어, 고임금에 시달려온 대만기업은 우선 연안의 복건성(福建省)을, 다음으로 홍콩을 경유하여 투자하기 쉬운 광동성(廣東省)을 중심으로 투자를 시작했다. 처음에는 가방과 신발이 많았고 다음으로 PC와 부품업체가 대거 진출했다. 우선 전자 산업 지역인 심천에, 그리고 심천이 혼잡해지면 북쪽에 인접하면서 농촌이었던 동완으로 진출하기 시작했다. 현재 광동성에 있는 대만계 기업은 약 1만 4,000개사이고, 이 중 동완에 약 4,000개사가 입지해 있어, 중국 최대의 대만기업 집적지 중 하나라고 할 수 있다.[3]

동완의 대만계 기업 부품조달 상황을 조사해보면,[4] CPU, 메모리, HDD 이외의 PC 부품은 전부 현지 복수기업에서 조달이 가능하며, 게다가 수주 및 발주의 유연함과 의사결정의 신속성이라는 특징을 가지고 있는 대만기업의 네트워크도 있어서 모든 부품이 전화 한 통으로 1~2 시간 안에 조달될 수 있다고 한다.

주강 델타에는 이후 IBM, 컴팩, 델 등의 미국계 기업, 노키아, 필립스 등과 같은 유럽 기업, 삼성과 같은 한국기업 등에서 PC, 휴대전화와 관련부품의 생산거점과 위탁가공처를 설립했다. IBM의 간부는 『동완과 홍콩을 연결하는 고속도로가 중단되면 세계 PC 출하의 70%에 영향을 준다』고 말했다고 한다.

다음 절에서 볼 수 있듯이 수많은 중국 현지계 기업이 주강 델타에서 발상하여 여기에 본부를 두거나 주력공장을 설립하고 있다. 동시에 이 지역에서는 현지계 중소 부품업체도 외자계 기업에서 부품을 소화해주고 지방 출신자가 기업을 일으키는 형태를 포함하여 많은 기업을 육성시키고 있다. 외자계 기업에서도 이러한 현지계 부품의 사용비율이 계속 높아지고 있다.

이와 같이 주강 델타에서는 다양한 국적의 기업에 의해 부품과 어셈블리가 상호 보완하는 「집적이 집적을 낳는 자기확대 과정」이 일어나고, 이것이 현지계 기업의 성장을 더욱 강하게 촉진하고 있다.

(2) 주강 델타의 장점

이런 집적의 장점은 전국에서 모인 질과 양을 겸비한 인재의 풍부함, 부품집적의 두터움, 물류와 금융거점인 홍콩의 존재 등에서 찾을 수 있다. 이들이 서로 어울려 경쟁이 심한 정보기술 관련기기나 전자부품의 대량생산에 적합한 「저비용, 신속, 유연」한 생산환경을 만들어 내고 있다.

우선 인재에 관한 주강 델타의 최대 특징은 내륙에서 유입되는 저임금 노동자를 거의 무한대로 고용할 수 있는 시스템이 존재한다는 것이다. 현재 광동성의 인구는 7,300만 명이지만 성내에 약 2,000만 타지방 노동자들이 있다고 추정되며, 이들의 주요 출신지인 사천(四川), 호남(湖南), 강서(江西) 등 광동성 배후지의 7성 1시 인구는 모두 4억이 넘는다. 주강 델타의 많은 진(鎭)이나 촌(村)에는 내륙부 특정 마을에서 정기적으로 젊고 우수한 노동자를 2~3년의 계약으로 선발하여 고용할 수 있는 체제가 확립되어 있다. 게다가 이러한 노동자는 18~22세 전후의 젊은 여성이 대부분이다.

주강 델타 중소기업의 일반 노동자 임금수준은 잔업수당을 포함하여 월 500~700위안이 공식(심천 특구 외곽지역의 경우) 가격이고, 외화로 환산하면 10년 이상 인건비가 상승하지 않았고, 앞으로도 상당기간은 임금상승이 없을 것으로 예상된다. JETRO 조사에 의하면,[5] 이 수준은 요코하마의 32분의 1, 쿠알라룸푸르의 3분의 1, 방콕의 3분의 2이고 자카르타나 하노이와는 거의 같은 수준이다.

　　질적인 측면에서는 노동자들이 처음 내륙부에서 유입되었을 당시에는 많이 미흡하지만, 1주일 정도의 연수를 거쳐 라인에 투입되어 작업에 익숙해지면 다른 아시아나 일본의 생산거점보다 높은 퍼포먼스를 발휘한다고 한다. 특히 현미경 수준의 상흔도 빼놓지 않는 주의력, 상당히 복잡한 작업공장과 변경사항도 재빨리 이해하는 흡수력, 높은 노동의욕에 대한 평가가 매우 높다.

　　주강 델타 자체에는 고급인재를 공급하는 공급원이 많지 않아서 대졸 수준의 고급인재(엔지니어나 관리직)는 전국에서 모집하고 있다. 단지 중국에는 1998년까지 1,022개의 대학과 동급의 학교가 있고,[6] 약 410만 명의 학생과 약 23만 명의 대학원생이 재적하고 있다. 여기에서 매년 약 88만 명의 학생이 졸업하여 노동시장에 공급되고 있다. 이 중에서 이공계만도 약 52만 명에 이르러 전체적인 인재공급에는 문제가 없다.

　　기업 관계자로부터 자주 듣는 것은 같은 대학생일지라도 일본의 10배 인구에서 선발된 학생이어서 일본의 학생에 비해 우수하고 성실하다고 한다. 또 일·중 양국에 연구개발 시설을 갖고 있는 일본기업은 『일본보다 중국의 젊은 연구원이 우수하다』는 이야기를 많이 하고 있다. 또한 엔지니어의 급여 수준을 보면(JETRO 조사) 심천 교외의 엔지니어 평균 임금은 요코하마의 14분의 1, 쿠알라룸프르의 절반, 방콕이나 하노이와는 거의 같은 수준이며, 자카르타의 2배라고 한다.

　　그러나 더 중요한 비용 경쟁력의 원천은 부품집적의 두터움에 있다. 왜냐하면 지금은 아시아 어느 기업에게 물어도, 가공 조립형 제품의 원가에서 차지하는 인건비 비율은 고작해야 몇 퍼센트이고 부품비가 원가의 80% 이상을 차지하고 있기 때문이다. 따라서 부품비를 삭감하기 위하여 어떻게 하면 저가이면서 좋은 품질의 부품을 신속하고 안정적으로 조달할 수 있는지의 여부가 주요한 과제라 할 수 있다.

주강 델타에서는 이상과 같이 다양한 국적의 부품산업과 조립형 산업이 상호 보완하면서 기반산업의 건실함을 다져왔다. 그 결과 동남아시아에서와 같은 일본계 기업 중심이 아니라 홍콩계, 대만계, 한국계, 중국계를 포함한 세계 유수의 부품산업 기반이 형성되어 있으며, 그 중에서 일본계 기업은 오히려 소수파라고 할 수 있다. 전모를 파악하는 것은 어렵겠지만, 어림잡아도 주강 델타에만 5만 개 이상의 부품·가공 업체가 존재한다고 한다.

전자부품이나 기구부품, 금형, 도금, 프레스, 절삭, 사출성형 등의 가공까지 전자·전기산업에 필요한 부재와 가공은 IC, 액정 등 일부를 제외하고는 주강 델타에 거의 입주해 있다. 게다가 동종의 부재와 가공을 제공할 수 있는 기업이 가까운 지역에 몇백 개가 있어서 복수의 기업에 품질과 가격을 비교하면서 비용을 낮추고 품질을 높일 수 있다고 한다. 또한 부품가격은 부품의 종류, 기업의 국적에 따라서 커다란 차이가 있지만, 일반적으로 중국에서 생산되는 홍콩계, 대만계 기업의 전자부품은 동남아시아에서 생산되는 일본계 기업의 부품에 비하여 20~30% 정도 저렴하면서 품질적으로는 큰 문제가 없는 것으로 전해지고 있다.

주강 델타의 장점으로 들 수 있는 또 하나는 홍콩의 물류, 무역, 금융과 같은 기능이다. 홍콩기업이 발명한 「위탁가공 방식」의 생산활동을 지원하는 거점으로, 또 수출입, 자금관리, 정보교환의 중심지로서 홍콩의 역할은 「비용·신속·유연성」이 핵심이 되는 주강 델타의 기업활동에 빼놓을 수 없는 요소로 자리잡고 있다.

(3) 급신장하는 하이테크 집적 · 장강 델타

주목받는 산업집적의 두번째는 화동의 상해(上海), 강소성(江蘇省), 절강성(浙江省)을 아우르는 장강 델타다. 장강 델타에 공업이 집중하고 있는 곳은 서쪽으로는 강소성 남경(南京)에서 진강(鎭江) · 상주(常州) · 무석(無錫) · 소주(蘇州) · 곤산(昆山) · 상해와 장강(長江)을 따라 동으로 이어지는 공업도시군을 중심으로, 남으로는 절강성 항주(杭州)와 영파(寧波)에 이르기까지 반경 200km 정도의 영역이다.

장강 델타는 예부터 풍부한 농업생산력을 자랑하고 상공업도 발달한 지역으로 많은 자본축적과 기술축적이 이루어졌다. 이러한 이유로 철강이나 자동차와 같은 유력 국유기업과 섬유제품, 플라스틱과 같은 향토기업이 다수 입지했고, 1990년 후반에 들어 섬유, 자동차, 가전, 반도체, 휴대전화, 석유화학과 같은 광범위한 업종에 외국투자가 모여들어 주강 델타를 급속히 따라가고 있다. 특히 근래 몇 년에 걸쳐 대만의 PC나 반도체 기업의 진출이 눈에 띄게 늘었다.[7]

이 지역에 진출한 외자계 기업의 특징은 거대한 국내시장을 노린 내수형, 그 중에서도 비교적 자본장비형 대형투자가 많았다는 것이다. 일본계 기업만도 상해에는 NEC 반도체의 전(前) 공정, 마쓰시타의 PDP, 도시바의 노트북 PC, 소주에는 엡슨의 컬러 액정표시 장치, 후지 필름의 디지털 카메라, 무석에는 소니의 휴대전화용 폴러머 전지 등, 하이테크 공장이 계속 입지하고 있다. 구미계의 모토로라, 필립스, GM 등 IT · 기계류, 석유화학, 식품, 화학제품 공장도 많다.

또 일본계 기업은 일본과 가까운 지리적 이유로 섬유, 잡화, 식품과 같은 소비재 분야에서 대 일본 수출용 거점으로서의 입지하는 측면도 급속히 증가하고 있다. 이런 유형의 기업은 최근 「고유한 현상」으로 유명해졌지만, 중국쪽 비즈니스로는 상당히 오래 전부터 많이 진출한 형태다.

이 지역의 장점은 첫째로 높은 소득계층의 커다란 시장이 존재한다는 것이다. 장강 델타 2성 1시의 인구는 1억 3,000만 명, 1인당 GDP는 1,573달러로 중국에서도 부유한 시장을 포함하고 있으며, 특히 가전제품이나 IT 제품의 중추적 시장을 구성하고 있다.[8] 두번째로는 대졸 고급인재가 풍부하다는 것이다. 예를 들어 소주시 18~22세 젊은이의 약 25%가 대학이나 전문교육을 받았다고 한다. 개도국으로서는 상당히 높은 수준이다. 이 지역 엔지니어 급여는 기술 수준에 따라 다르지만 입사 2~3년차로 2,000~4,000위안으로 심천과 거의 비슷한 수준이다. 일반 노동자의 임금수준은 상해 시가 1,100위안, 곤산시 월 800위안 전후이다. 상해에서는 타지방 근로자를 그다지 사용하지 않는 만큼 심천에 비하여 2배 가까이 높지만, 이도 일본에 비하면 17분의 1에 지나지 않는다. 세번째로 전국의 물류중심지라는 것이다. 상해는 중국 연해부 한복판에 위치하고 장강 운하의 출발점이기도 하다. 이른바 연해부와 장강을 T자로 연결하는 곳에 위치하고 있다. 해운, 철도, 도로도 내륙교통의 요충지라 할 수 있다.

부품조달에 대해 살펴보면, 현 시점에서 장강 델타의 부품조달의 편리성은 주강 델타에는 미치지 못하지만, 전자부품이나 금형을 주강 델타에서 조달하는 분업이 성립되었다고 한다. 단지, 최근 대만계 전자기업이나 일본계 디바이스 업체 수가 급속히 증가하여 앞으로 2~3년 안에는 부품산업의 내실화가 급속히 진행될 것으로 예상된다. 또 국유·향토기업 또는 산하에서 독립채산화한 부품공장이 외자계 기업의 기술지도와 자본참가를 통하여 기술적으로 고도화되고, 프레스 부품이나 성형품, 트랜스나 코일 등을 공급하여 로컬계 부품산업으로 개화하기 시작했다는 것도 주목할 만하다.

(4) 중국의 실리콘 밸리—북경 중관촌

세번째의 산업집적은 상기 두 가지 제조업 집적과는 성격이 다른, 「중국의 실리콘 밸리」라고도 불리는, 북경의 중관촌 지구에 확대되는 소프트웨어 개발과 IT 관련 연구개발 기능의 집적이다.

중관촌 지구는「촌(村)」이라고는 표기하지만 북경시 서북부 해정구를 중심으로 하는 시가지다. 여기는 원래 북경대학이나 중국과학원이 많이 연결된 교육지구였다. 1980년대 초, 대학이나 연구기관을 대상으로 수입품 전자기기나 부품을 판매하는 점포가 모이기 시작하고, 다음으로 일본의 아키하바라와 같은 전자 전문상가가 형성되었다. 1988년 중관촌 주변은 하이테크 산업개발구인「북경시 신기술 산업개발 시험구」로 지정되었고 (후에「중관촌 과기원구」로 개칭 확대), 내외 기업의 연구개발 거점을 유치하고 기업촉진을 유도했다. 1988년에 500개사 정도였던 시험구 내의 기업 수는 3년 후인 1991년에 약 1,300개사, 94년에는 약 5,100개사로 급속히 신장했고 2000년 말에는 약 8,200개사에 달하고 있다.[9]

현재 중관촌 과기원구에는 북경대학, 청화대학, 중화인민대학 등 70여 개에 가까운 대학과 전문학교, 중국과학원 산하의 전자연구원, 계산기술연구소, 반도체연구소, 소프트웨어 연구소 등 200개 이상의 공적인 과학기술 연구기관이 모여 있고 여기에 약 38만 명의 연구자 · 기술자가 근무하고 있다. 또 이 지역의 대학에서 매년 약 3만 명의 졸업자와 약 6,000명의 대학원 졸업자가 배출되고 있다.

이들 대학이나 연구소의 집적, 많은 연구자의 존재, 우수하고 저렴한 임금의 이공계 인재 고용 등의 이점으로 인하여 약 1,200개사의 외자계 기업이 이곳에 연구개발 거점을 설치했으며 마이크로소프트, 인텔, 모토로라, IBM, 휴렛팩커드(HP), 노키아, 르센트, NEC, 후지쓰, 마쓰시타, 도시바 등 많은 세계의 IT 기업이 이 지역을 중심으로 북경시 내에 소프트 개발거점이나 연구거점을 가지고 있으며 실리콘 밸리와 같은 세계 각지의 연구개발 거점과도 연계하여 소프트웨어 개발이나 IT 관련 연구개발 활동을 벌이고 있다.

또 중국의 현지계 기업도 「스통(四通)」외에, 중국과학원계의 「롄샹(連想)」, 북경대학계 「베이따팡증(北大方正)」, 청화대학계 「쳉화동팡(淸華同方)」·「쳉화츠꽝(淸華紫光)」 등 중관촌에서 발생한 많은 IT 기업이 본사나 연구개발 거점을 설치하고 있다. 주강 델타가 본거지인 통신기기 업체 「화웨이(華爲)」나 「중씽(中興)」도 중관촌에 연구거점을 가지고 있다. 또한 구미의 대학에 유학하고 실리콘 밸리에서 활약하고 있는 우수한 중국인 연구자가 U턴하여 벤처기업을 설립하는 움직임도 활발하게 일어나고 있다.

중관촌의 발전사에서 빼놓을 수 없는 특이한 것은 지방대학이 담당하고 있는 역할이다. 1980년대 후반부터 대학의 규제완화와 재정지원 축소를 계기로, 중국의 대학은 산학연휴를 통하여 연구성과를 사업화하는 움직임이 활발하게 전개되었다. 전국 757개의 이공계 대학에 약 2,600개의 자회사가 설립되었다. 중관촌에서도 「베이따팡증」·「쳉화동팡」·「쳉화츠꽝」 등 거대 산·학 연휴기업이 차례로 설립되고 교원이 비즈니스에 관여하면서 연구성과를 실용화·제품화했다. 중관촌 8,200개사 이상의 연구개발형 기업 중에서 어떤 형태로든 대학이 관련되어 설립된 것만도 1,000개사가 넘는다고 한다.

(5) 3개 집적의 연휴와 경합

이들 3개의 산업집적은 각각 발전경위와 특색이 다르기 때문에 상호 보완적 성격을 가지고 있다. 예를 들면 같은 것을 만드는 거점으로서 장강 델타가 내수지향형 대기업 중심, 자본장비형으로 고급인재 활용, 기업 내 풀세트 생산형이라는 특징을 가지고 있는데 비해, 주강 델타는 수출지향 중소기업 중심, 노동집약형 저임금 인재활용, 부품산업 집적활용형으로 대조적이다. 최근에는 연해부 물류망을 정비하고 지방주의적 색채가 약해져 북경에서 연구개발된 IT 제품을 주강 델타나 장강 델타에서 생산한다. 주강 델타의 전자부품을 장강 델타에서 조립하고, 장강 델타의 소재를 주강 델타에서 소비하는 집적 간 상호연계를 통하여 기업의 전략적 분업이 시작되고 있다.

따라서 중국 연해부를 인체에 비유하여 말하면, 북쪽에서부터 차례로 「두뇌(연구개발)·상반신(하이테크 생산)·하체(부품기반)」이라는 유기적 연계가 성립되기 시작했다고 할 수 있다. 이 3개의 영역은 보완적 성격을 갖고 있는 각각의 우위성을 발휘함과 동시에 상호 투자환경의 개선을 지속하고 있다. 이러한 효과가 있어서 이 3지역을 중심으로 중국의 WTO 가입과 거대시장을 노린 직접투자 붐이 재연되고 있는 것이다.

2. 중국 현지계 기업의 발전과 장·단점

(1) 중국 현지계 기업의 성장세

이처럼 중국 산업집적의 발전과, 이와 함께 빠르게 집중해가는 외자계 기업, 그리고 외자계 기업으로부터 자극을 받아 성장을 시작한 현지계 기업 등이 차와 바퀴가 되어 중국의 산업 경쟁력을 급속히 높여가고 있다. 특히 선진국 수준의 경영전략을 갖고 국내시장에서 중심적 위치를 차지하며, 해외시장에도 진출하기 시작한 현지계 기업의 성장세는 다른 아시아 개발도상국과 비교하여도 커다란 차이를 보이고 있다.

중국 연해부의 가전 전문점을 방문하면 냉장고, 에어컨, 세탁기, 전자레인지 등 모든 백색가전의 70~80%, TV, DVD와 같은 AV 기기의

〈표 2-1〉 중국의 가전·내구소비재 시장의 브랜드별 점유율 (단위 : %)

제품	1위		2위		3위	
냉장고	海爾	32.9	科龍	11.8	新飛	8.5
컬러 TV	長虹	18.7	康生	18.5	TCL王牌	10.0
에어컨	海爾	17.7	美的	13.8	格力	12.8
세탁기	海爾	23.6	小天鵝	22.4	宋事達	7.5
전자레인지	格蘭仕	67.1	LG	12.1	松下電器	5.3
전화기	步步高	23.2	TCL王牌	15.8	万德荣	3.1
VCD/DVD	新科	17.7	步步高	12.9	万利達	8.2
휴대전화	모토로라	30.1	노키아	28.7	에릭슨	21.6
PC	連想	20.1	長城	3.6	TCL王牌	3.6
오토바이	嘉陵	11.5	혼다	8.7	五羊	7.7
자가승용차	샤레드	17.8	산타나	15.6	제타	15.6

자료 : 북경국제광고유한공사 및 북경중앙전시대 공동조사(2002년 2월)

60~70%는 로컬 브랜드다. 품목별 베스트 3을 보아도(〈표 2-1〉), 외국인에게는 익숙치 않은 로컬 브랜드가 즐비하여 휴대전화를 제외하고는 외자계 기업이 고전하고 있는 모습을 볼 수 있다. 로컬 브랜드 제품은 잘 모르는 사람에게는 외국기업의 제품과 별반 차이가 없으면서 가격이 저렴하다. 그러나 저렴하다고 해서 저급품만 있는 것이 아니다. 예를 들면 최근은 TV 매장의 3분의 1에서 절반 이상이 평면 TV가 차지하고 있어 중국 연해부에 한정하면 인기상품이 선진국과 그다지 시차가 발생하지 않는다는 것을 느낄 수 있다.

로컬 브랜드가 외국 브랜드를 압도하는 현상은 가전제품에 한정하지 않는다. PC 매장에 가면 「렌샹」, 「창충(長城)」, 「베이따팡증」·「쳉화동팡」, 「TCL」, 「하이얼」 등 70% 이상의 로컬 브랜드 PC가 범람하고 있다. 대부분은 유력한 국유기업이나 민영기업 제품이다. 또 오토바이는 일본의 혼다, 야마하, 스즈키 등의 업체가 중국에서 매우 강한 인지도를 가지고 있지만 지금은 「젠서(嘉陵」, 「지아링(建設)」, 「우양(五羊)」이라는 중국의 로컬 오토바이 업체가 시장을 압도하고 있다. 이러한 로컬 업체 제품은 최근 베트남, 인도네시아 등 아시아 시장으로 수출을 시작하여 일본기업으로서는 이중 위협이 되고 있다.

또 중국의 공장을 시찰하면 현지 로컬 브랜드인 공작기계나 검사기기가 자주 눈에 띈다. 그다지 정밀한 것은 아니지만 동남아시아의 일본계 공장에서는 대부분이 일본제 기계로 현지 기업제품의 설비가 거의 없다는 것과는 매우 대조적이다. 나아가 디지털 호환기, 휴대전화 기지국과 같은 통신기기도 화웨이, 중씽이라는 로컬 업체가 일본계나 구미계 업체를 누르고 국내시장에서 3분의 2에 가까운 점유율을 갖고 있다. 양사 모두 많은 기술자와 연구자를 고용하고 중국 각지뿐만 아니라 해외에도 연구개발 거점을 설치하여 아시아 통신시장에서도 점유율을 높여가고 있다. 이 외에 플랜트, 선박, 철강, 화학품, 섬유, 소프트웨어에 이르기까지 중국시장에서 로컬기업의 비율은 높아 외자계 기업이 고전하고 있다.

(2) 현지계 기업의 장점

이렇게 성장해가는 현지계 기업에는 민영기업도 소수 있지만, 의외로 국유기업이나 공유기업이 많다. 단지, 과거와는 달리 소관 부국이나 지방정부에 의한 경영개입이 없고 인사면에서도 기업의 의사를 존중하여 뛰어난 경영자가 자유롭게 경영을 하고 있는, 이르는 국공유민영기업이라고 불리는 형태가 많다. 경영진과 면담을 해보면 사장은 대체적으로 40대이고 주위의 경영진은 30대로 북경대와 같은 유명대학에서 경영학을 공부했고, 잭 웰치(Jack Welch)의 경영론을 애독하며, 미국이나 유럽에 유학한 경험이 있는 사람도 적지 않았다. 이와 같이 젊고 유연한 경영층 아래서 제품개발, 생산관리, 판매전략 등이 선진국 기업에 뒤지지 않는 수준으로 실시되고 있다.

예를 들면 1980년대에 시작한 현지계 가전업체의 대부분은 일본 브랜드를 흉내내거나 외자계 기업의 기술습득을 통하여 시작했다. 그러나 자국 내 이공계 대졸 엔지니어나 미국 유학생을 고임금으로 채용하고, 북경, 상해, 남경만이 아니라 실리콘 밸리나 인도 등 해외에 개발거점을 두거나 대학과 공동개발 시설을 설치하여 주요부품이나 요소기술의 자주적 개발을 진행해온 기업도 적지않다.

또 제품 디자인이나 기능은 중국 소비자의 선호도와 라이프 스타일에 맞는 제품을 개발, 저렴한 가격으로 발매하여 성공한 기업이 많다. 예를 들면, 중국의 가전 전문점에서 냉장고 매장에 가면 로컬 브랜드 냉장고 중에서 가장 잘 팔리는 유형은 위가 냉장고이고 아래가 커다란 문을 가진 냉동고로, 안에는 3~4개의 서랍 형태로 되어 있는, 외국에 서는 볼 수 없는 스타일이다. 이것은 맞벌이가 대부분인 중국 도시에 서 식품을 한꺼번에 사서 냉동해둘 필요가 많아서 만들어진 것으로, 외국계 기업은 이러한 형태의 제품을 만들지 않고 있는 듯하다.

판매 측면을 살펴보면, 중국 최대의 가전업체인 하이얼은 중국 전역 에 걸쳐 차로 순회하는 서비스 망을 구축하고 24시간 대응할 수 있는 전화 센터에서 서비스 요청을 받아 24시간 이내에 무료로 수리 · 교환 해주는 서비스로 시장을 개척해왔다.[10] 고장이 날지 모르지만 곧바로 교체가 가능한 로컬 브랜드가, 고장이 나지 않지만 그래도 만에 하나 고장이 났을 때 보상을 받을 수 없는 외국 브랜드보다 낫다고 소비자 들이 인식한 것이다.

생산 측면은, 중국기업과 합병을 한 경험자로부터 자주 듣는 것이, 합병 당사자들이 「하나를 알려주면 10가지를 아는」 중국측 합병상대 에게 기술을 빼앗길지 모른다는 두려움을 가지고 있다는 것이다. 아시 아와 중국에서 오랫동안 현지계 기업을 상대로 품질관리 기술을 지도 해온 외국인 전문가에 의하면, 동남아시아 기업의 경우 매년 같은 공 장을 지도해보아도 전년에 가르친 것부터 복습하지 않으면 거의 진도 가 나가지 않는다. 이에 비해 중국기업은 다음 단계까지 예습해 오기 때문에 강사 스스로가 새로운 사실을 공부하지 않으면, 2~3년 뒤에는 거의 가르칠 것이 없어서 기업으로부터 「더 이상 오지 않아도 됩니다」 라는 말을 듣게 된다고 한다.

(3) 현지계 기업의 단점

여기서는 현지계 기업의 단점을 2개 정도 거론해보도록 하자. 하나는 오리지널 연구개발, 기간부품, 소재의 제조기술이 아직은 부족하다는 것이다. 요즈음 중국 대형 전기 업체로부터 외국 기업과의 제휴를 희망하는 러브 콜이 많아지고 있다. 이는 격화되는 국내 경쟁 속에서 벗어나기 위해서는 외국기술에 의존하지 않으면 안 되는 중국기업의 기술적 현상을 보여주고 있는 것이라고 생각된다.

또 현지계 기업전체의 경쟁력을 감안해보아도, 예를 들어 자동차용 강판, 금형용 주철, 티탄이나 마그네슘 합금, 고급 플라스틱 소재와 같은 중국 내에서는 손 댈 수 없는 소재가 많고(이러한 소재계통은 중국 기업이 장점으로 여기는 리버스 엔지니어링이 어렵다는 배경이 있다), 고집적 반도체나 HDD, CPU와 같이 중국 국내에서는 만들 수 없는 하이테크 디바이스도 적지 않기 때문이다.[11]

성장해가는 중국기업 대부분에 공통으로 해당하는 또 하나 최대의 단점을 거론하면, 시장경쟁이 심하지 않던가 확대경영에 대한 강박으로 재무적으로 어려움에 처하기 쉽다는 것이다. 예를 들어 창홍은 근래 수년 간 경영위기와 외자에 의한 매수에 휩싸여 있으며, 남경팬더 전자와 같이 수년 전까지는 매우 훌륭하다고 많은 사람이 칭찬을 했지만 지금은 어려움에 처한 기업이 적지 않은 것도 사실이다. 자본시장이 아직 충분히 정비되지 않은 중국에서 사업을 급격히 확대시켜가는 기업이 어떻게 자금을 안정적으로 조달하고 순환시킬 것인지가 중요한 과제다.[12]

3. 아시아에서 중국산업의 위상 상승

(1) 계속되는 중국 현지계 기업의 해외진출

중국 국내시장을 석권한 현지계 기업은 1999~2000년경부터 수출과 해외생산을 개시하여 아시아를 포함한 개발도상국 시장에서의 위상을 서서히 높여가고 있으며, 일본계 기업에게도 위협이 되고 있다. 특히 중국이 비용 우위를 강하게 발휘할 수 있는 저가의 TV, 냉장고, 에어컨, 오토바이, 통신기기, 플랜트 기기 등의 분야에서는 동남아시아, 인도, 중동에서 아프리카, 중남미, 중동, 유럽에 이르기까지 중국 업체가 수출과 함께 현지 생산을 본격화하고 있다. 최근 중국 현지계 기업의 해외진출 배경에는 중국 국내의 공급과잉구조가 정착하여 해외에서 시장을 찾지 않으면 안 되는 측면과, WTO 가입을 계기로 모방상품을 재고 처분해야 할 필요가 있다는 지적도 있지만, 오히려 중국의 전자기기나 기계부품의 경쟁력이 강해지면서 중국시장에서 해외시장으로 전선을 전개해나갈 필연적 상황이 전개되고 있다는 것이 솔직한 답이라고 생각된다.

예를 들어 중국 2위의 TV 업체인 「캉지아」는 북미, 동남아시아·인도, 중동을 3대 유망시장으로 잡고, 북미에는 멕시코 공장에서 인도는 현지공장에서, 다른 지역은 중국에서 수출을 하며, 일본계 기업의 거점인 동남아시아에서도 필리핀, 베트남, 인도네시아 등에서 점유율을 높여가고 있다. 그들이 이러한 시장에서 팔고 있는 것은 중국 국내에서 인기가 있는 평면 TV가 아니라 가장 저렴한 상품이 중심이다. 왜냐하면, 하이엔드 시장에서는 아직 일본이나 한국을 이길 수 없다고 인식하고 있기 때문이다. 또 인도네시아에서는 세계 최대의 생산능력을 갖춘 TV 업체 「창훙」도 현지생산을 시작하여 점유율을 높여가고 있다.

베트남에서도 작년 중국 3위의 TV 업체인 TCL이 현지기업의 공장을 매수하여 현지생산·판매를 시작하여 이미 10% 정도의 시장점유율을 차지했다고 한다. 일본계 기업이 압도적 장점을 가지고 있는 말레이시아에서도 최근에는 중국제 소형 컬러 TV 수입이 급증하여 일본계 업체의 40%라는 저렴한 가격을 장점으로 10% 가까운 점유율을 차지했다고 한다.

개발도상국만이 아니다. 선진국에서도 브랜드에 대한 저항이 일본이나 유럽에 비해 상대적으로 낮은 미국에서는 이미 중국제 가전이 시장에 침투하기 시작했다. 중국 최대의 백색가전업체 「하이얼」은 2000년 봄부터 미국 사우스캐롤라이나 주에서 연간 20만 대 규모의 생산능력을 갖춘 냉장고 공장을 설립했다. 호텔을 중심으로 하는 미국의 소형 냉장고 시장에서는 30% 가까운 제1의 점유율을 갖고 있다. 또 중국 최대의 전자레인지 업체인 「끄란서(格蘭仕)」는 저가격 전자레인지를 양산하여 미국을 중심으로 이미 세계에서 35%의 점유율을 차지하고 있다.

(2) 아시아에 침투하는 중국제 부품

제품분야만이 아니다. ASEAN 산업에서 커다란 비중을 차지하는 일본계 전자·전기 업체에서는 4~5년 전부터 범용부품을 중심으로 중국제 부품 (중국에 있는 홍콩계, 대만계, 일본계, 한국계, 중국 현지계 기업이 생산하는 부품)의 사용비율이 점점 높아지고 있다. 예를 들면 인도네시아 일본계 TV 업체는 중국 현지계 기업의 대 인도네시아 TV의 수출증대와 현지생산 개시에 대항하기 위하여, 지금까지 말레이시아에 있는 일본계 부품업체로부터 조달해온 코일, 콘덴서, 와이어와 같은 범용 전자부품을 대만과 홍콩기업을 통해 20~30% 저렴한 중국제 부품으로 대체하기 시작했다.

여러 일본계 기업으로부터 들은 느낌을 종합적으로 정리하면, 현 시점에서 중국제 부품의 사용비율(부품수 기준)은 평균 10~20% 정도라고 한다. 앞으로 외환변동 또는 외환시세가 이대로 유지된다 하더라도 중국 제품의 저가격화에 의해, 중국부품 비율이 5년 후에는 적어도 30~40%는 될 것이라고 한다. 부품의 국적과 품질에 대한 저항이 세계에서 제일 강한(역으로 과잉품질을 요구하는) 일본계 기업에서도 이 정도라면 외자계 조립형 기업은 더욱 유연하게 중국의 저렴한 부품으로 대체하고 있는 것 같다.

일본계 기업이 ASEAN에 입지한 상태에서 중국 제품과의 경합 및 글로벌 가격경쟁에서 부자재의 비용을 줄이기 위해서는 첫째, 현재 사용하고 있는 현지 일본계 부품을 입지국 안의 현지계 기업으로 변경하는「현지화」, 둘째, ASEAN 내의 분업구조를 재편해 ASEAN 역내 전체를 시야에 두고 좀더 저렴한 부품을 조달하는「역내 조달화」, 셋째, 역외인 중국 등지로부터 수입하는「역외 조달화 = 중국화」등 3가지 방법이 있다. ASEAN에서는 일찍부터 현지 조달률을 향상시키고 이를 뒷받침하는 기반산업을 육성하고자 하는 노력이 지속되고 있지만, 전체적으로는 로컬 기업의 성장은 지체되고,「현지화」의 어려움은 지속되고 있다. 또 ASEAN 전역에서 부품을 무관세로 수입할 수 있는 AFTA를 형성하기 위한 역내 장벽철폐의 구체적 행동이 당초 예상보다는 느려지고, 「역내 조달화」의 실현도 매우 늦어지고 있다.

이에 비해 제1절에서 보았듯이 1990년 대에 들어 중국의 홍콩계, 대만계, 현지계의 부품산업은 주강 델타를 중심으로 차례로 집적도를 높여 코스트 경쟁력을 향상시켜왔다. 또한 가공조립형 다국적 기업들은 국제부품조달 거점(IPO)을 홍콩이나 싱가포르에 설치하는 이른바 서플라이 체인 매너지먼트(SCM)를 구축하여 「세계 규모로 보아 싸고 좋은 부품을 조달할 수 있는 곳에서 대량, 신속, 유연하게 부품조달을 실시한다」라는 사고방식이 자리잡고 있으며, 이것이 부품의 중국화에 박차를 가하고 있다. 어떤 전자 · 전기 업체는 싱가포르의 IPO에서 부품을 수출하고 있는데, 종래는 ASEAN의 일본계 기업의 제품이 대부분이었지만, 최근에는 서서히 중국제 부품의 비중이 높아지고 있으며 이미 30~40%가 중국제 부품이라고 한다.

(3) 중국산업의 부상에 높아지는 아시아 위기감

이상에서 보았듯이 외국투자의 중국집중이나 중국의 산업집적의 고도화, 현지계 기업의 대두 또는 중국 제품 · 부품의 아시아 침투라는 상황에 직면하여, 2000년경부터 ASEAN을 시작으로 아시아 각국에서 중국산업에 대한 경계심이 높아지고 있다.

최근 수년 간 외국투자 수입액을 기준으로 ASEAN 주요 5개국과 중국을 비교하면, ASEAN에 대한 투자는 아시아 경제위기의 후유증 등으로 일시 주춤해진 반면, 중국은 1990년대 중반을 정점으로 이후 점차 감소했지만 최근에는 WTO 가입과 더불어 외국투자 붐이 일고 있다. 2000년 해외투자 인가액 · 계약액을 살펴보면, 중국이 627억 달러로 전년대비 51% 증가함에 비하여, ASEAN 주요 5개국 합계는 315억 달러(동 31% 증가)에 머물렀다. 2001년에 들어서도 중국에의 투자증가는 멈추질 않아 2001년 상반기에는 계약액으로 38% 증가, 실행액으로는 21% 증가했다. 미크로 베이스로 보아도 ASEAN의 생산거점을 중국에 이전하는 대만이나 구미기업 등의 예가 적지 않고, 새로운 아시아 생산거점으로 중국을 선택하는 기업이 꾸준히 증가하고 있다. 세계에서 아시아로의 투자흐름은 ASEAN에서 중국으로 그 비중을 서서히 이전하고 있다고 할 수 있다.

이러한 외국투자의 집중과 현지계 기업의 발전에 따라 전자 · 전기 분야에서는 아시아 가운데에서도 중국의 비중이 급속히 증가하고 있다. 일본은 제외한 아시아 각국의 전자 · 전기분야 생산액을 비교하면 1996년부터 1999년에 걸쳐 3년 간 중국의 생산액은 한국, 싱가포르, 대만 등 NIES 3개국을 추월하여 아시아 제일의 위치를 차지하고 있다. 말레이시아 등 ASEAN 제국과의 차이도 더욱 커지고 있다.

중국의 WTO 가입 결과, 중국의 경제구조 개혁과 기업개혁이 진행되고 부자재 수입장벽이 낮아지고, 외국 투자도 더욱 증가하여, 중국의 생산거점으로서의 효율성과 집적도는 더욱 높아질 것이다. 그 결과 아시아에서 거점 간 분업은 더욱 진전되어 부품 · 제품이나 정보 · 기술의 아시아 역내에서의 흐름이 더욱 활발해질 것으로 예상된다. ASEAN의 많은 지식인들이 말하듯이, 중국시장의 개방은 아시아 전체의 입장에서 분업의 확대와 시장의 성장이라는 이점을 가져온 것은 사실일 것이다.

그러나 분업과 경합은 종이 한 장의 차이다. 중국은 자신 있는 분야를 서서히 확대하여 주변국으로부터는 기업을, 세계로부터는 투자를 흡수해갈 것이다. 이른바 안행형 모델에 맞추어 이러한 상황을 주변국의 입장에서 본다면, 지금까지 질서정연하게 날던 기러기떼가 크게 흔들리게 되는 것과 같을 것이다. 게다가 잠깐 사이에 나타난 중국의 전설상의 봉황과 같은 거대한 새가, 앞으로는 자신 있는 분야를 차례로 흡수하여 고도제품과 연구개발 분야까지 확대해나가는 한편, 뒤로는 저비용 생산력을 계속 유지하면서 후속하는 기러기떼(예를 들면, 베트남, 미얀마)에게 언제까지나 바톤 터치를 하지 않을 수도 있다.

이러한 흐름에 대해 어떻게 자국을 공동화시키지 않고 입지 우위를 확보하는가 하는 것이 아시아 각국의 과제다. ASEAN의 자유무역권 형성이나 기반산업 육성, 한국과 싱가포르의 IT 입국 전략도 이러한 움직임으로 이해할 수 있으며, 실로 구조개혁을 요구받고 있는 일본도 같은 과제에 직면해 있다고 생각해야 할 것이다.

|3| 말레이시아 — 지식 기반형 경제로 전환해 활로를 찾는다

이케시타 죠지(池下讓治)

말레이시아와 중국의 경제교류는 화교 문제 등 역사적 이유로 인해 소원한 관계가 오랫동안 지속되었다. 그러나 1980년대 정치적 접근을 실마리로 이 지역의 뚜렷한 경제발전을 통해 상황이 점점 변해가고 있다. 오늘날 중국은 말레이시아의 입장에서 볼 때 여덟번째 무역 파트너로 자리잡고 있다. 한편 중국의 막강한 힘은 말레이시아의 중소기업에게는 최대의 위협이 되고 있다.

본 장에서는 제1절에서 두 국가 간 경제교류의 확대·심화 배경을 화교 문제의 완화와 자유화, 외자 도입의 프로세스를 통한 수요 구조의 유사화·중복화라는 측면에서 무역 통계 등을 활용해 검증한다. 그리고 양국의 산업·수출 경쟁력을 비교하고 산업 간의 차별화 가능성을 모색한다. 제2절에서는 현지에서의 설문 조사를 토대로 중국 제품의 수입 상황을 백색가전과 이륜차를 중심으로 개관함과 동시에 외국

자본계 기업이나 화교계 말레이시아 기업의 대응을 각각의 전략 유형마다 분석, 소개한다. 제3절에서는 중국 진출을 맞이한 말레이시아 정부의 대응을 지역 내 통합과 지식 기반형 경제의 전환, 더 나아가서는 그 지방 기업의 진흥이라는 관점에서 평가 및 검토하도록 한다.

1. 확대 · 심화되는 중국과의 경제관계

(1) 국교수립 이후의 대 중국 경제관계

말레이시아가 중국과 국교를 수립한 것은 1974년으로, ASEAN 가맹국(당시에는 5개국) 중 가장 먼저 이루어졌다. 그럼에도 불구하고 양국 간의 경제 교류는 1980년대 중반까지 매우 소극적이었다. 특히 투자에 대해 살펴본다면 말레이시아에서 중국으로의 투자는 1985년, 중국에서 말레이시아로의 투자는 1987년에 이르러서야 겨우 본격적으로 시작했을 정도다. 왜냐하면 중국이 말라야(말레이시아 연방의 전신) 공산당을 지원하고, 화교계 말레이시아인에 대해 중국의 비합법 입국을 포함하는 특별 대우를 공여했던 점 등으로 국내 화교 문제에 대해 경계를 강화한 말레이시아 정부가 민간 경제교류를 엄격히 규제했기 때문이다.

따라서 화교계 기업 중에는 이러한 정부의 간섭을 꺼려 홍콩을 통해 대 중국 경제활동을 해왔던 예도 많이 볼 수 있다. 특히 1978년에 홍콩으로 거점을 옮긴 대부호 로버트 쿠오크(郭鶴年, Robert Kuok)의 경우는 부미푸토라 정책에 따른 자본 구성에 간섭하는 일에 대해 불만도 컸다.

그 후 1984년 5월 가자리 외상의 중국 방문을 계기로 화교 문제에 대한 중국측의 입장을 파악할 수 있었던 점과 중국의 개혁개방 노선이 어우러져 양국 간의 통상 확대를 위한 길이 본격적으로 열리게 되었다. 여기에는 건국 이래 처음으로 마이너스 성장을 보였던 1985년의 경제불황이 일부 선진국에게 지나치게 의존한 탓이었다는 판단에서, 말레이시아로서도 무역의 다각화를 지향할 필요성이 생겼다는 점이 그 배경에 있다. 그래서 말레이시아는 남북(南北)이 아니라 남남(南南)의 경제관계 촉진에 착수함으로써 이데올로기적 문제는 묵인하더라도 중국을 비롯한 사회주의 공화국과의 교역을 촉진시키기로 했다. 1985년 11월 마하티르(Mahatir) 수상이 130인의 통상 대표단을 거느리고 중국을 공식 방문한 것은 이러한 상황 하에서 실현되었다. 그 결과 이 중과세 방지협정, 직접무역 각서, 가공합병 사업에 관한 협정을 교환했다.

또한 1988년 11월에 양국의 투자보호협정이 조인된 점 외에도 1990년 8월에는 지금까지 60세 이상으로 제한했던 화교계 말레이시아인의 중국 도항(渡航)에 대한 나이제한 철폐 등 말레이시아 정부는 근본적인 규제완화책을 하나하나 내세워 중국과의 관계를 강화시키고자 노력했다.

이 같이 경제정책상의 사유로 인해 초래된 정치적 긴장관계의 완화를 실마리로 양국 간의 경제 교류는 점점 가속화되고 있다.

(2) 전기 · 전자, 통신기기류의 상호 보완이 무역 확대를 견인

말레이시아의 대 중국무역은 앞에서 소개한 바와 같이 관계 수복 과정을 거쳐 1986년 이후에는 확대 기조에 있다. 특히 2000년은 수출이 전년대비 30.7% 증가한 115억 링기(1달러＝3.8링기), 수입은 전년대비 51% 증가한 123억 링기로 확대되어 합계에서도 전년대비 40.5%의 대폭적인 성장을 기록했다. 그 결과 중국은 말레이시아의 입장에서 볼 때 1985년 당시 16번째에서 2000년에는 여덟번째 무역 상대국으로 발전했으며 무역 총액에서 차지하는 비율도 동 1.5%에서 동 3.4%로 확대되었다.

최근 양국 무역은 반도체 디바이스나 IC를 비롯한 공업제품의 거래가 쌍방향으로 확대되고 있는 특징을 나타내고 있다. 이것은 주로 자유화나 외자 도입과 유사한 공업화 프로세스를 통해 중국과도 기업 내 분업과 상호보완 체제가 점점 구축되어가고 있는 점에 기인한다. 이러한 가운데 중국의 총수입에서 차지하는 기계(전자 · 수송기기 포함)의 비율은 1980년의 25%에서 1999년에는 38%로 늘어났고 마찬가지로 말레이시아에 대해서도 그 비율은 동 39%에서 동 62%로 증가하는 등 양국의 수요 구조가 점점 유사 · 중복되어가고 있다.

대표적인 수요이론(린다)에 따르면 『1인당 국민소득 수준이 근접해 있으면 있을수록 두 국가 간의 수요 구조는 유사하고 수요 구조의 중복이 클수록 무역은 긴밀』한데 이 이론을 뒷받침하는 것처럼 1인당 국민소득의 격차도 1980년에서 1999년까지 약 8배(중국 250달러 : 말레이시아 1,900달러)에서 4배(789달러 : 3,238달러)로 축소되었다.

(3) 하이테크 분야에 우위성을 가진 말레이시아의 수출 경쟁력

하이테크 산업에 관해 말레이시아 및 중국을 비롯해 여러 국가의 수

<表 3-1> 하이테크 산업의 경쟁우위(RCA 지수)

구분	중국	한국	필리핀	태국	말레이시아	싱가포르
1988	–	0.99	–	1.02	2.53	–
1992	0.36	1.09	1.52	1.22	2.15	2.47
1997	0.61	1.24	2.47	1.44	2.29	2.66
1998	0.69	1.22	–	–	2.48	2.66

주 : RCA = 현시 비교우위지수

A국에 있어서 i 제품의 RCA지수=(A국의 i 제품 수출액/A국의 총수출액)/(세계 i 제품의 수출액 / 세계의 총수출액)

자료 : 국련대학

출 경쟁력을 현시 비교우위(RCA) 지수 및 무역특화 계수(NTR)로 정리한 것이 <표 3-1>에서 <표 3-2>까지다. RCA 지수는 1을 기준으로 수치가 커질수록, NTR은 0을 기준으로 1에 가까울수록 해당 상품의 수출 우위성을 나타낸다.[1]

하이테크 산업에 대해서는 여전히 말레이시아가 우위을 점하고 있어 중국과는 아직도 상당한 격차가 있다(<표 3-1>). 또한 말레이시아

<표 3-2> 말레이시아 하이테크 제품의 수출경쟁력

하이테크 제품	1994		1995		1996		1997		1998	
	NTR	RCA	NTR	RCA	NTR	RCA	NTR	RCA	NTR	RCA
항공우주	-0.15	1.50	-0.35	1.16	-0.22	0.71	-0.45	0.45	-0.26	0.58
컴퓨터 · 사무용 기기	0.47	1.93	0.45	2.14	0.33	2.04	0.39	2.58	0.57	3.24
전자 · 통신	0.02	3.81	-0.01	3.74	0.01	3.81	0.02	3.71	0.03	3.82
제약 · 의약품	-0.70	0.03	-0.65	0.04	-0.69	0.03	-0.64	0.04	-0.51	0.04
과학기기	-0.12	0.53	-0.16	0.54	-0.09	0.53	0.00	0.62	0.07	0.54
전기기계	-0.38	0.75	-0.20	0.83	-0.33	0.58	-0.31	0.49	-0.18	0.66
화학	-0.71	0.15	-0.54	0.28	-0.52	0.29	-0.44	0.35	-0.12	0.46
비(非)전기기계	-0.94	0.09	-0.92	0.08	-0.87	0.09	-0.74	0.09	-0.63	0.11

주 : NTR=무역특화계수[무역특화계수(NTR) = (수출액－수입액)/(수출액＋수입액)]

자료 : 말레이시아 경제연구소(MIER)

〈표 3-3〉 미국과 EU의 수입에 있어 중국과 아세안 점유율 추이

하이테크 제품	싱가포르		필리핀		태국(97년)		인도네시아	
	NCR	RCA	NCR	RCA	NCR	RCA	NCR	RCA
1. 컴퓨터 · 오피스용 기기	0.40	5.73	0.21	2.14	0.40	2.53	0.74	0.33
2. 전자 · 통신	0.02	3.09	7.34	3.74	-0.12	1.43	0.28	0.30

자료 : 말레이시아 경제연구소(MIER)

의 하이테크 제품 수출 경쟁력을 품목별로 보면 컴퓨터 · 오피스용 기기의 RCA 지수가 1993년의 1.93에서 1998년에는 3.24로 대폭 상승해 있는 점 외에 전자 · 통신 부문도 1994년 당시부터 높은 경쟁력을 유지하고 있음을 알 수 있다(〈표 3-2〉). 또 인도네시아를 제외한 싱가포르, 필리핀, 태국 등 인근 여러 국가도 유사한 경쟁 우위성이 있다고 할 수 있다(〈표 3-3〉).

한편 NTR로 보았을 경우 말레이시아의 전자 · 통신 부문은 거의 0이기 때문에 경쟁력이 있는 같은 부문의 수출입이 균형을 이루고 있어 지역 내 공정간 분업 또는 상호보완 체제가 기능하고 있음을 엿볼 수 있다.

말레이시아에서는 앞으로 AFTA에 대한 프로세스를 통해 이들 경쟁 우위에 있는 하이테크 부문으로 생산을 이전할 것으로 예상된다. 하지만 이러한 낙관적인 견해는 일단 유보할 필요가 있다. 하이테크 부문의 발전을 떠받치는 기술자 육성 · 확보라는 과제는 여전히 남아 있기 때문이다.

(4) 양국 간의 투자 사정에 큰 변화가 일어나는가

중국이 대 말레이시아 투자에서 일약 제1위로

말레이시아에 대한 중국의 직접투자 실적(제조업, 인가 기준)을 살

펴보면 1987년부터 2001년 6월까지의 투자 건수를 모두 합쳐도 75건 밖에 안 되고 연간 투자 건수도 두 자리 수를 넘은 해는 없다. 투자액 도 1991년(3억 9,000만 링기)과 1998년(3억 6,000만 링기)에 각각 귀금 속과 전자·통신 부문 등에 대한 대형 투자가 있었던 점 외에는 대체 로 저조한 수준을 기록해왔다. 그런데 2001년(1~6월)에는 종이 펄프 공장 관련 부문에 약 29억 링기에 이르는 대규모 투자를 실시함으로써 중국이 일본과 미국을 누르고 일약 최대의 투자국으로 등장했다. 하지 만 현지 컨설팅 회사에 의하면 동 프로젝트는 현재 출자비율 문제 등 으로 인해 실행될지 어떨지 미묘한 상황에 있다고 한다.

다음으로 중국으로부터의 투자 분야를 보면 1990년까지는 고무 제 품이 주류를 이루었으나 최근에 와서는 투자 분야가 다양해지고 있다. 특히 1996년 이후에는 전기·전자나 화학, 기계, 식품 등의 분야에 대 한 투자 건수가 점차 늘고 있다.

아시아 통화 위기를 계기로 변모된 대 중국투자

〈표 3-4〉는 대 중국투자에 대한 말레이시아 중국은행(BNM) 통계 (국제수지 기준)와 중국측의 직접투자 수입통계(실행 기준)를 기초로 작성된 것이다. 1994년 이후의 대 중국투자(홍콩 포함)는 동년(同年)을 정점으로 감소하는 추세에 있다. 특히 1998년 이후의 감소가 뚜렷하여 전세계 투자에서 차지하는 시장점유율을 보면 1994년의 31%에서 1998년 이후에는 2~3%대로 내려갔다. 한편 중국측 수입통계를 보면 1997년 이후는 점차 감소하고 있지만 말레이시아측의 통계에서 볼 수 있는 정도로 급격한 하향은 없다. 또한 1998년 이후로는 동 통계보다 도 금액이 대폭 웃돌고 있음을 엿볼 수 있다.

구 분	1994	1995	1996	1997	1998	1999	2000
세계	6,799	7,742	10,725	10,463	8,691	10,367	13,458
중국	217	331	514	331	79	201	153
홍콩	1,892	816	769	936	169	160	157
중국·홍콩계	2,109	1,147	1,283	1,267	248	361	310
대 세계점유율	31.0	14.8	12.0	12.1	2.9	3.5	2.3
중국측 수입액 *	n.a.	n.a.	n.a.	382	340	238	n.a.

주 : * 중국에 있어서 말레이시아에서 들어오는 직접투자수입 실행액(단위 : 100만 달러)
자료 : 말레이시아 중앙은행(BNM)통계《JETRO 투자백서 1999년·2000년》에서 작성

이에 대해서는 1998년부터 본격화된 아시아 통화 경제위기의 영향 등으로 인해 말레이시아 국내로부터의 자금조달이 어려워졌기 때문에, 그 후 대 중국투자에 대한 자금흐름에 변화가 생겼을 가능성도 부정할 수 없다. 즉 「홍콩이나 싱가포르의 오프 셰어 시장에서 자금을 조달」했거나 이미 중국에 진출해 있는 화교계 기업이 「재투자를 활성화」시켰을 가능성이다(화교계 기업의 대 중국투자 사례에 대해서는 본 장 제2절 참조).

2. 중국의 부상과 기업의 대응

(1) 중국 제품의 유입

백색 가전 ― AFTA 달성 후에는 태국 제품도 유입

말레이시아로 유입되는 중국제 가전은 현재 저급한 백색가전에 한

정돼 있다. 말레이시아에는 마쓰시다전기와 소니와 같은 두 회사만으로도 말레이시아 수출 총액의 5.5%(2000년)에 달하는 등 일본기업이 확고한 자리를 굳히고 있어 지금까지의 경제성장 효과와 일본 브랜드의 침투가 중국 제품의 진출을 가로막고 있다고도 할 수 있다. 하지만 2~3년 전에는 2~3%에 지나지 않았던 중국 브랜드의 AV 제품 시장점유율(금액 기준)이 2001년 상반기에는 10%를 넘는 등 그 위협은 확실히 증가했다.

2001년 9월 전자동 세탁기, 냉장고, 14~21인치형 컬러 TV, VCD 플레이어 등에 대해 필자가 실시한 콸라룸푸르 시내 점두(店頭) 조사에서는 중국 브랜드가 동종의 일본 브랜드에 비해 20~35%, 한국 브랜드보다 15~30%, 현지 브랜드보다 5~10% 저렴한 가격으로 판매되고 있었다.

한편 중국 브랜드에서 눈에 띄는 것은 거의 「하이얼」 제품뿐이었다. 이것은 하이얼 이외의 중국 업체는 말레이시아 본토 기업에 대해 OEM을 제공하고 있기 때문이다. 예를 들면 카인드(KHIND, 키인인더스트리의 전신)에서는 백색가전의 거의 전량(95%)을 중국에서 SKD(semi knock down) 또는 CKD(완전 knock down) 형식으로 수입한 다음 자사 브랜드로 판매한다. 조달처는 제품별로 다양한데, 컬러 TV는 TCL, 세탁기는 리틀스완, 전자레인지는 세계 최대의 갤런츠(GALANTZ)로 되어 있다. 특히 전자레인지에 있어서는 불량품 발생률이 1% 이하로 품질 면에서도 카인드의 고위 임원에 따르면 『일본제에 뒤지지 않는다』라고 한다.

일본계 기업의 중국 부품 조달 비중은 약 10% 정도다. 예를 들면 현재 소니가 중국에서 조달하고 있는 것은 기판, 트랜스, 표면 보드 등 부품 전체의 약 10%다. 마쓰시타전기도 TV용 부자재의 약 10%를 중국에서 수입하고 있을 정도이다. 한편 샤프가 2002년에 판매할 컬러 TV에서는 중국제 부품이 30%를 차지한다.

중국 제품은 가격이 저렴하지만 「품질상의 문제점」도 지적되고 있다. 그러나 왕성한 기술흡수 의욕을 가진 중국인들은 일본기업 등을 통한 훈련과정을 거치면서 품질에서의 문제점도 점점 개선하고 있으며, 전자레인지의 예에서 본 것처럼 「물품에 따라서는 경쟁력의 차이가 없어지고 있는」 실정이다.

앞으로는 일본계 기업에서도 공통 부품을 중심으로 중국제 구입으로 전환하는 움직임이 강화될 것으로 예상된다.

WTO 가입 후에는 중국의 수출보조관세[3]가 조만간 폐지될 것이기 때문에 오히려 부품 산업이 발달해 있는 태국에서 조달할 가능성도 지적되고 있다. 이러한 가운데 그 지방의 부품업체는 앞으로 생존을 건 치열한 경쟁에 직면하게 될 것이다.

이륜차(스쿠터, 오토바이 등)—신규 시장 개척이 과제

최근에는 인근 여러 국가에서 중국제 이륜차 수입이 급증하는 것으로 보고되고 있는데 1999년 말레이시아에서도 동 제품 수입이 1,340만 링기로 급격히 증가했다.

한편 말레이시아에서 중국으로 수출하는 이륜차도 전년대비 78%가 증가한 1,736만 링기로 크게 신장하여 1998년에 수입 초과에서 수출 초과로 역전된 이후 대 중국 이륜차 관련 무역에서는 오히려 말레이시아측의 수출 초과 폭이 넓어졌다.

이륜차 제조업체 라이온 그룹에 의하면 중국에서 이륜차 가격은 말레이시아의 약 3분의 1에 지나지 않는다. 그럼에도 불구하고 중국산 이륜차를 쿠알라룸프르 시내에서 보게 되는 일은 거의 없다. 그 이유에 대해 동사 중국 그룹 이사인 얀요유지앙(顔友將) 씨는 다음과 같은 보호정책이 있음을 지적한다.

- 수입관세 존재(예: 배기량 500cc 이륜차의 경우는 120%)
- 수입 라이선스가 실질적으로 부미푸토라(주로 말레이시아계) 기업에만 부여되고 있어 중국과의 비즈니스에 정통한 화교계 기업은 수입할 수 없다.
- 제조 라이선스가 국민 이륜차 업체인 모데나스 이외에는 일본계 4사(카와사키, 혼다, 스즈키, 야마하)에만 부여되어 있다.

또한 말레이시아에서는 현재 일본 브랜드의 품질이 표준으로 되어 있어 비록 중국 브랜드가 들어왔다고 하더라도 상당히 싸다는 느낌이 들지 않는 한 말레이시아의 운전수는 일본 제품을 고수할 것이라는 견해를 시사하고 있다.

하지만 AFTA나 WTO의 무역관련 투자조치(TRIM) 협정에 의한 현지 조달화 규제철폐 등 시장이 개방되면 중국 등지로부터 수입되는 이륜차가 급증할 가능성이 높다. 그럴 경우 그 영향을 가장 크게 입는 것은 그 지방의 부품업체다. 한편 일본 국내의 5대 이륜차 제조업체의 입장에서도 말레이시아에서는 이미 ASEAN 각국 중 가장 많은 인구 1,000명당 223대의 비율로 이륜차가 보급되어 있는 등 시장이 포화상태에 도달한 것으로 판단되는 바 앞으로는 신시장 개척 등 심각한 대응책을 마련해야 할 것이다.

(2) 기업 전략에서 보는 중국을 겨냥한 대응

SCM을 전개하는 일본기업

중국기업의 공세가 지속되는 가운데 말레이시아의 외자기업(주로 일본계 제조업)은 비용절감이나 고부가가치화를 지향함으로써 국내외 가치사슬(value chain)의 재편·고도화를 도모해가고 있다. 그러나 그 대응의 정도는 해당 시장에서 그 기업의 위치 부여에 따라 크게 달라진다.

이하에서는 각 유형별 기업군의 특징을 기술한다.

① 전략적 리더(Strategic Leader)

기업 전략상 말레이시아를 중요한 시장으로 위치 부여하고 동시에 경쟁력이 높은 「전략적 리더형」 외자기업의 경우에는 주로 네 분야에서 고부가가치를 위해 대응한다.

첫째, AFTA를 주시함으로써 지역 내에서의 생산분업 체제를 재편·구축하려는 움직임이 있는데 ASEAN 산업협력스킴(AICO)[5] 기업이 바로 그 대표격이다. 이 기업들 중에는 더 많은 「의사결정권 획득」을 목표로 하는 움직임도 있다. 혼다는 말라카에 설립한 공장에 이어 2000년 11월에는 쾰라룸푸르 근교에 합병기업을 설립하여 그 때까지 32년에 걸쳐 말레이시아에서의 조립·판매권을 장악한 현지의 파트너를 대신해 경영권을 갖게 되었다. 이는 본사와 각 공장 간의 의사통일과 지역 내 생산체제의 강화를 도모하기 위함이다.

둘째는 「지역적 허브 기능」의 설치다. 독일의 대표적인 통신기기 공급자인 「Q-telecell」은 2000년 12월 아시아·태평양 지역에 대한 동(同) 기능을 말레이시아에 설치하기로 발표했다. 마쓰시타전기는 아시아 여러 국가에 분산되어 있는 가전의 기획·개발·설계 기능을 말레이시아에 집약함으로써 본격적인 개발 거점을 신설함과 동시에 개발에서부터 생산·판매에 이르기까지 일관된 체제를 구축할 방침이다.

셋째는 주변산업이 발전해 있어 「집적 효과」를 기대할 수 있는 말레이시아에 경쟁 우위 부문을 집약함과 동시에 중국 등과의 차별화를 지향할 움직임이다. 알프스전기는 SCM 하에 고비용이었던 멕시코의 생산 거점을 폐지하고 말레이시아(튜너)와 중국의 천진(키보드)으로 생산 거점을 이관했다. 아이와(AIWA)는 일본에서의 생산 거점을 2002년 3월까지 모두 폐쇄함과 동시에 해외도 인도네시아와 영국 웨일스의 공장을 청산하고 오디오 기기 전반에 걸친 부품산업이 집결해 있는 말레이시아 공장으로 일원화할 방침이다.[6] 소니는 말레이시아에서 VTR 생산을 중급 기기로 특화함과 동시에 「저급」은 중국으로 이관하는 작업을 마쳤다. 한편 「엡슨(EPSON)」은 물류에 있어서는 중국, 말레이시아, 필리핀에서 생산 조달하는 한편 상류(商流)에 대해서는 일본을 경유한다는 체제를 구축했다.

넷째는 시장과 고객의 요구에 입각한 마케팅 활동의 강화다. 알프스전기는 일부 제품의 커스터마이즈화(주문생산)를 시작함으로써 중국 제품 등과의 차별화를 도모했다.

② 고부가가치에 공헌(Contributor)

우수한 경쟁력을 갖고 있지만 시장이 좁거나 별로 중요하지 않을 경우 외국 자본계 자회사는 기업 전체의 가치사슬 고도화에 공헌하는 경우가 있다. 말레이시아의 일본계 기업에서는 두 가지 대표적인 사례가 있다.

첫째는 마쓰시타전기에 의한 특정 시장용 상품 개발이다. 마쓰시타 전기는 말레이시아인이나 중국인, 독일인용 가전제품의 상품을 개발해왔는데, 이러한 R&D 활동은 니치 시장 개척을 위한 마케팅 활동의 일환으로서 그 색채가 강했다고 할 수 있다. 둘째는 가오(花王)가 대표격인 리소스 베이스(Resource Base)형 상품개발이다. 동사에서는 예전부터 최첨단 기기를 일본에서 들여와 야자나무 기름을 이용한 비누 제조 등 말레이시아의 천연자원을 활용한 신제품 개발에 힘써왔다.

③ 소규모 기업 활동의 실천(Implementer)

특별히 경쟁력이 있는 것도 아니고 시장의 중요성도 낮을 경우 외자기업은 본사의 통상적인 기업 전략을 그대로 답습하는 경우가 많다. 말레이시아에서는 금융·보험업이나 가구 제조업 등 폐쇄적인 시장이나 국내용 기업활동에서 볼 수 있다. 하지만 이 경우에 중국 요소의 영향은 작다.

④ 블랙홀(Black Hole)

말레이시아를 매우 중요한 시장으로 위치 부여하고 있음에도 불구하고 경쟁력이 점점 상실되어가는 경우도 있다. 예를 들면 기술혁신에 따른 가격 저하나 중국 제품과의 경쟁 등으로 인해 수익 체감 상황에 있는 디스크 드라이브나 저급 백색가전 관련기업 등이 이 범주에 해당한다. 특히 도금 등 재래형 장치산업의 경우는 투하 자본을 회수하는데 다소 시간이 걸린다는 단점도 있어 고객이 국외로 이전하더라도 쉽게 추수(追隨)할 수 없다. 또한 진출 당시에는 각종 우대 조치를 받았으나 현 시점에서는 이미 각국에 그 지방의 기업이 육성되어 있다는 등

의 이유로 새로 중국 등 제3국에 투자하더라도 우대 조치는 부여되지
않아 이득이 별로 없는 경우도 있다. 이러한 기업은 앞으로 손을 쓰지
않는 한 시장에서 사라져갈 가능성이 많다.

기업이 블랙홀 상태에 빠졌을 경우에는 주로 다음 네 가지의 선택
안을 생각할 수 있다.

첫째는 해외 자회사의 주요 목적을 생산활동에서 시장이나 경쟁 상
대의 기술동향 조사 등으로 변용시키는 「정관(靜觀) 모니터형」이다.
단, 말레이시아에서는 이런 유형의 기업을 별로 찾아볼 수 없다.

둘째는 「대규모이면서 장기적 투자형」이다. 여기에는 방대한 자금
력과 장기적인 관점에 선 정확한 시장동향 분석력이 요구된다. 아시아
전용 개발차의 예를 들 수 있다. 동남아용 저가형 차로서 개발한 도요
타의 「소루나」와 혼다의 「시티」는 이른바 「아시아 자동차」로서 각광을
받았는데 그 생산이 2003년까지 중단될 예정이다. 시장 투입 직후에
엄습한 통화위기의 영향에 따른 판매 부진이 가장 주된 요인이지만 이
지역의 중간 소득층 확대나 소비자 의식에 관한 양사의 느긋한 견해를
지적하는 소리도 있다. 이러한 가운데 양사는 그 대체 차종으로서
1000cc급의 「월드 카」를 말레이시아와 태국에서 현지 생산하여 주변
여러 국가로 수출할 계획이다.

셋째는 「전략적 제휴」다. 앞으로는 일본기업뿐만 아니라 말레이시
아 기업과 중국기업 또는 태국기업과의 전략적 제휴가 확대될 것이다.

넷째는 「철수」다. 일본기업의 경우 말레이시아에서 완전히 철수하
는 예는 거의 볼 수 없으나 생산 라인의 일부를 중국과 인도네시아 등
제3국으로 이전하는 사례는 점점 늘고 있다. 따라서 관련부품업체들
중에는 상당한 수익 악화를 초래하는 경우도 볼 수 있다. 한편 비교적

홀가분한 대만기업의 경우는 복수 거점을 아시아 지역에 둘 정도의 여력이 없기 때문에 이미 중국으로 이전한 예도 있다고 한다.

이상과 같이 네 가지 선택 안 중에서 둘째, 셋째 방법의 경우 적절한 현황 인식과 전략 하에 실시된다면 「전략적 리더」로 변모할 수 있는 가능성이 높다. 한편 「철수」는 피하는 것이 좋으나 결코 최악의 방법은 아니다. 원래 「Dog Ear」라고 할 정도로 심하게 변화하는 정보화 시대의 해외투자에 있어 기업은 진출 못지않게 철수 시기와 방법까지 염두에 둔 전략을 사전에 구축할 필요가 있다.

중국과의 관계 강화를 모색하는 화교계 기업

중국을 위협적 요소로 인식하는 기업이 많은 가운데 화교계 기업을 중심으로 이를 새로운 비즈니스 기회로 받아들이려는 움직임도 있어 적극적으로 중국과의 관계를 구축해가려는 경향도 증대되고 있다. 화교계 재벌기업인 홍룽 그룹의 다오헨은행(Dao Hen Bank)이나 쿠오크 형제그룹인 샹그릴라호텔 체인은 홍콩을 대 중국투자의 교두보로 인식하고 있다. 화교계 기업의 투자처로는 중국 연해부나 화남지역이 많고 인프라, 도시개발, 전기 · 전자, 부동산, 금융, 유통 등 다양한 분야에 걸쳐 있다.

그 중에서도 1993년 이후 합병을 기반으로 중국에서 많은 프로젝트에 관여하고 있는 기업이 라이온그룹이다. 동사에서는 지금까지 자동차, 백화점(파크손), 맥주, 양조 등 다양한 분야에 총 8억 달러 이상의 자본을 투입했다.

특히 이륜차 합병회사(Zhejiang Qianjian Motor Cycle)는 1999년 6월 말레이시아 기업으로는 처음으로 중국의 주식시장에 상장한 점 외에도 2001년 9월에는 관련회사(Anhui Jiang Huai) 기반의 회사를 두번째로 상장하는 데도 성공했다.

그러나 중국기업과의 제휴는 화교계 기업의 입장에서도 반드시 쉬운 일은 아니다. 예를 들면 라이온그룹이 지금까지 수행한 조업과 결부된 중국 내의 프로젝트 수는 60건에 이르지만 현재까지 지속되고 있는 것은 50건에 지나지 않는다.

그리고 전술한 카인드에서는 1997년 중국의 하이얼과 합병 계약을 맺어 말레이시아 국내시장에 하이얼 브랜드 제품을 공급하기로 했다. 그러나 그 직후 발생한 아시아 통화 위기로 링기화 가치가 폭락했기 때문에 카인드는 하이얼측에 가격 변경을 호소하기에 이르렀다. 하지만 하이얼측이 고정가격 유지를 고집함으로써 1998년 말 합병 계약은 해지되고 말았다. 중국기업과의 비즈니스에서 나타나는 어려움 때문인지는 몰라도 대 중국투자도 의외로 신장되지 않고 있다(〈표 3-4 참조〉). 그러나 WTO 가입으로 중국의 비즈니스에서 국제 룰이 엄수된다면 대 중국 비즈니스에도 한층 탄력이 붙을 것이다.

3. 경쟁력 강화를 위한 말레이시아 정부의 대응과 과제

거대 중국에 대처하려면 일면적인 대응으로는 한계가 있을 수밖에 없다. 말레이시아는 지역 내 시장 통일에 의한 규모 경제의 달성, 지식기반형 경제로 전환하는 구조 개혁, 외자 의존 체질로부터의 탈피를 목표로 지방기업의 특별 조처 등 입체적인 대응책을 강구하려 하고 있다.

(1) ASEAN 지역 내 단일시장 — AFTA 계획의 최대 장애는 「리더십 부재」

중국에 맞서려면 AFTA에 의한 단일시장 창설이 불가피하지만 요즘 동(同) 계획의 지연은 앞으로 치명적인 영향을 미칠 수도 있다. 말레이시아 경제연구소(MIER)의 아리프 소장에 의하면 문제는 ASEAN이 심각한 「리더십 위기(ASEAN Leadership Crisis)」에 빠져 있다는 데 있다. 일찍이 ASEAN의 맹주인 인도네시아가 그 역할을 맡았지만 지금은 국내 문제로 인해 그렇지 않다. 굳이 꼽는다면 말레이시아가 가장 유력한 후보라고 할 수 있다. 그러나 AFTA 하에서의 완성차와 녹다운(knock down) 차의 수입관세 인하정책을 당초 예정보다 2년 늦춘 2005년부터 실시하기로 했기 때문에, 예정된 자유화 프로그램에서 공업제품을 제외한 최초의 국가가 된 말레이시아를 따를 국가는 없을 것이다. 그러기는커녕 어느 일본계 자동차 회사가 염려하는 것처럼 말레이시아의 자동차 부문 자유화에 의심을 품는 다국적 기업들 중에는 앞으로 AFTA에 의한 자동차 부품의 상호보완 체제에서 말레이시아를 제외할 움직임이 나올 가능성도 부정할 수 없다.

말레이시아는 물론 ASEAN 회원국은 모두 자국의 이익을 지역의 이익에 우선하고 있는 느낌을 부인할 수 없다. 그러나 『투자가는 한 국가만을 보는 것은 아니다』라는 아리프 소장의 주장처럼 국내 문제도 「지역적인 틀 안에서 해결을 도모하는 것(regional solutions to national problems)」이 중요하다. 따라서 AFTA나 ASEAN 투자지역(AIA)을 실현함으로써 시장의 통일화를 도모하는 것이 국내 문제 해결로도 이어질 전망이다.

(2) 지식기반형 경제(Knowledge Economy)로의 전환과 인재 개발

1990년대 노동력의 절대 부족과 외국인 근로자 증가로 인한 사회적 비용 증대라는 「성장의 딜레마」에 빠진 말레이시아가 21세기에 새로운 성장 엔진으로서, 효율화를 향한 구체적인 대책으로 찾아낸 결론이 곧 정보통신 산업(ICT)에 입각한 「지식기반형 경제(Knowledge Economy)」로의 전환이다.

사실 외국인 근로자가 노동인구(920만 명)의 약 20%를 차지하고, 또 그 중 약 40%에 해당하는 70만 명 이상의 불법취업 근로자가 체재하고 있음에도 불구하고 공장 등에서는 노동력 부족을 겪는 모순된 현실 속에서 현재 지식기반형 경제로의 전환은 말레이시아의 입장에서는 불가피한 선택일 수밖에 없다. 앞으로 해외 기술자 등 두뇌 수입을 필요로 하지만 아리프 소장에 따르면 적어도 『그 사회적 비용은 예전보다도 훨씬 적어진다』는 것이다.

지식기반형 경제를 달성하기 위한 중심 시책은 바로 멀티미디어ㆍ슈퍼ㆍ코리도(MSC)로 대표되는 고도의 인프라 기반 정비와 그것을 위한 인재 개발이다. MSC를 통한 하이테크 산업을 유치할 때는 이것이 국가적 최우선 과제라는 인식 하에 세제상의 혜택뿐만 아니라 이른바 부미푸토라 정책에 의한 자본 규제나 외국인 지식 근로자의 고용 제한 등 모든 규제가 면제되어 있다. MSC 안에 있는 4개 대학에 있어서는 말레이시아인을 우선하는 틀조차도 폐지되었다. 이렇게 철저한 경쟁 원리를 도입함으로써 MSC 지위(status)를 취득한 기업은 2001년 8월 27일 현재 이미 당초의 계획을 웃도는 551개사가 되었다. 그러나 실제로 입주 완료한 기업은 전체의 3분의 1에 지나지 않는다. 시황 변화나 주변의 인프라 정비 지연이 주된 요인이지만 인재 확보에 대한 불안도 클 것이다.

그런데 경제계획국(EPU) 조사에 의하면 고등교육기관 수가 1996년에 170개교에서 1999년에는 623개교로 증가했다는 점 등으로 볼 때 노동 인구에서 차지하는 지식근로자의 비율도 1996년 11.1%에서 1999년에는 17.3%(약 156만 명)로 늘어났다. 그리고 1999년부터 2005년까지 지식근로자의 신규 수요 전망은 10만 7,940명인데 비해 동(同) 공급 수는 10만 4,821명으로 양적인 면에서는 어느 정도 충족할 수 있는 상황이 되었다. 그러나 대부분은 경험이 없는 신규 졸업자이기 때문에 기업이 찾는 인력 수준과는 사실상 거리가 멀다는 소리도 들린다.

이러한 상황 하에서 정부는 해외로 나간 인재를 불러들이기 위해 2년 간의 소득세 면제 등을 구비한 지식근로자 U턴 촉진 프로그램을 2001년부터 실시하고 있는데, 2001년 8월 26일 현재 그 적격자는 120명에 지나지 않아 그 성과를 의문시하는 경향도 있다. MSC에 한정하고 있는 외국인 지식근로자의 고용 완화책을 전국으로 확대하는 등의 대책이 요구된다. 한편 정부는 2004년 이후 MSC 영역 외에도 사이버 도시개발에 따른 MSC 지위에 대한 우대 조치 확충을 검토 중이나 전제 조건인 통신 인프라 정비가 급선무이다.

(3) 본토 기업의 진흥

말레이시아 정부는 2001~10년까지 제3차 장기 종합계획(OPP 3) 중에서 1997년에 발생한 통화·경제위기의 교훈에 입각해 외자에 지나치게 의존하는 형태에서 본토 자본이 이끄는 경제구조로 전환해야 할 필요성을 강조하고 있다. 이를 위해 제조업 투자에서 차지하는 내외 비율을 2000년의 4 대 6에서 역전하여 본토 기업의 시장점유율을 60%로 늘릴 것을 목표로 각종 조성조치와 진흥책을 내놓고 있다.

한편 산업 정책에 있어서는 지금까지 공업기본 계획(IMP, 1985~95년)에서는 한국으로부터 배운 중공업화 정책을 채택했으며 제2차 공업 기본 계획(IMP-2, 1996~2005년)에서는 클러스터 어프로치로서 진흥해야 할 산업군을 세부적으로 규정했다. 그리고 OPP3에서는 특히 물건 제조에 따르는 서비스 우대책과 물류 부문에 대한 인프라 투자 등 「하류 부문의 강화」를 명확히 내세우고 있다. 또한 앞에서 소개한 아리프 소장은 향후 본토 기업의 발전을 기대할 수 있는 분야로서 「자원활용형 산업」의 강화를 언급했다.

한편 전기·전자산업에 대해서는 자유무역지역(FTZ)을 기점으로 외자기업에 의한 「수출지역」형 발전 형태를 유지해온 관계로 후방 연관 효과가 약하기 때문에 본토 기업으로 기술 이전이 이루어지지 않는다는 문제를 안고 있다. 그리고 자동차 부품업체의 입장에서는 WTO의 TRIM 협정에 의한 현지 조달화 규제철폐(2003년)나 AFTA에 의한 자동차시장 개방(2005년)이라는 난제가 임박해 있다.

이러한 가운데 중소기업진흥공사(SMIDEC)에서는 중국이나 태국 등과의 경쟁 심화를 눈앞에 두고 생산성 향상을 지향하는 본토 중소기업에 대해 융자, 기술개발, 시장 접근 등과 관련한 다양한 조치를 취하고 있다. 특히 ISO 취득을 지향한 산업기술지원기금(ITAF) 스킴은 1990년 실시 이래 2000년 말까지 참가한 기업 수가 2,710개 사에 이른다. 그리고 2000년 6월부터는 해외무역개발협회(JODC)에서 일본자동차공업회(JAMA)를 통해 파견된 5명의 전문가로 구성된 기술지원 활동도 시작했다. 그러나 지금까지 정책보호 하에 경쟁에 노출된 경험이 없는 본토 기업들 중에는 「위기의식이 없는 기업도 많다」(SMIDEC에서의 설문조사)는 점에서 AFTA 실시 후에는 경쟁원리에 입각한 시장에서 도태할 가능성이 있는 것으로 예상된다.

본 장에서는 중국의 대두가 말레이시아에 미치는 영향을 미시적·거시적 양면에서 개관하고 그 문제점과 대책에 대해 검토했다. 우선 무역 면에서는 양국의 경제발전 프로세스에 따른 수요 구조의 유사성과 지역·문화적 특성 등으로 인해 수출입이 모두 확대되는 경향이 있다. 말레이시아는 RCA 지수 등으로 판단하건대 앞으로 경쟁 우위에 있는 전자·통신기기 등으로 주력부문이 이전해갈 것이다.

투자에 대해서는 자본력이 있는 중국의 직접투자 증가와 더불어 중국의 WTO 가입으로 화교계 말레이시아 기업의 대 중국투자나 중국기업과의 제휴 증가를 기대할 수 있다. 한편 외국 자본의 중국 집중을 완화하기 위해서라도 말레이시아는 AFTA의 실현을 서두를 필요가 있다.

AFTA는 말레이시아 정부의 입장에서 볼 때 양날을 가진 검(劍)이다. AICO 기업 등 「전략적 리더」형 외자기업은 상관이 없지만 정부의 보호 하에 발전해온 본토 기업은 단번에 도태될 우려가 있기 때문이다. 그러나 지나친 보호정책에 의한 AFTA에 대한 대응 지연은 해당 자동차 부문의 지역 내 상호보완 체제로부터의 배제라는 최악의 사태로 이어질 수도 있음을 정부는 명심해야 할 것이다.

이러한 문제에 대처하려면 지식기반형 경제로의 전환과 인재육성을 서두름과 동시에 능동적으로 대응할 수 있는 기업가 정신을 육성하는 것이 가장 중요하다. 거기에 대해서는 역설적일지도 모르나 MSC 영역 내에서 이루어지고 있는 것처럼 말레이시아 사회에도 경쟁원리를 도입해가야 할 것이다. 부미푸토라 정책의 마이너스 측면에 대해서는 이미 졸고(池下, 2000)[7]에서 지적했지만 앞으로는 경쟁체제의 정비 등 조기 단계에서 경쟁 원리에 기초한 비즈니스 환경 구축을 도모해가야 할 것이다.

와카마츠 이사무(若松勇)

중국의 위협은 태국에서도 서서히 고조되고 있다. 태국 국내시장으로 유입되는 중국 제품은 현재 일부 AV 제품을 제외하고는 그다지 눈에 띄지 않지만 일본계 기업 간에도 장차 위협적인 존재로 인식되고 있다. 일본계 기업이 생산 거점을 태국에서 중국으로 이전하는 움직임은 거의 볼 수 없다. 하지만 일본의 신규 투자가 서서히 중국으로 옮겨지는 경향이 나타나고 있다. 그리고 중국의 부상과 관련해 태국 정부와 기업은 중국의 발전을 오히려 비즈니스 기회의 확대로 인식하고 이로부터 이득을 얻기 위해 노력하고 있다.

본 장에서는 태국과 중국과의 무역·투자 관계를 개관하고 태국 국내 및 제3국 시장에서 중국 제품과의 경합관계, 생산 거점의 중국 이전, 태국기업의 대 중국투자 현황을 소개한다. 또 중국의 WTO 가입, 중국의 대두에 대해 정부와 기업은 어떤 대응을 하고 있는지를 밝히고 끝으로 태국을 생산 거점으로 한 향후 전망을 살펴보기로 한다.

1. 활발한 대 중국 경제교류

태국과 중국과의 무역·투자관계 현황을 살펴보기 위해 아래에서는
우선 통계자료 등을 토대로 전반적인 실상을 개관한다.

(1) 중국용 IC 수출 급증

태국과 중국의 무역은 국교가 수립된 1975년 이후 본격화되었다. 그
러나 당시에는 중국에서는 디젤 오일, 면섬유, 사료를 수출하고, 태국에
서는 설탕, 천연고무를 중심으로 수출하는 1차산업 중심의 무역이었다.

현재 중국은 태국의 중요한 무역 파트너로 성장했는데, 상무성 통계
에 의하면 수출 6위, 수입 4위로 되어 있다. 수출, 수입 전체에서 차지
하는 중국의 시장점유율(2000년)은 각각 4.1%와 5.5%로 결코 크지는
않으나 해마다 상승하고 있다.

2000년의 대 중국수출은 28억 3,660만 달러로 전년대비 52.4%가 증
가함으로써 큰 폭의 성장세를 기록했다. 수출 최대품목은 컴퓨터 및
동 부품(4억 3,640만 달러)으로 대 중국수출 전체의 15.4%를 차지한
다. 기타 농산물에서는 고무, 쌀, 타피오카 제품 등이 주요 수출품목으
로 되어 있다.

눈길을 끄는 것은 IC로서 1998년에는 불과 1,170만 달러이었던 것
이 2000년에는 1억 5,450만 달러로 약 15배 가까이 확대되었다. 이것

〈표 4-1〉 태국의 대 중국 주요 수출품목				〈단위 : 100만 달러〉
품 목	1998	1999	2000	신장률(%)
컴퓨터 · 동 부품	527.6	344.4	436.4	26.7
고무	161.0	140.0	299.7	114.1
액화천연가스(LNG)	45.2	115.4	224.7	94.8
폴리머(플라스틱재료)	80.2	104.4	200.4	91.9
IC	11.7	29.7	154.5	420.2
쌀	120.3	81.0	118.6	46.4
화학제품	56.5	96.8	97.0	0.2
컬러 TV · 브라운관	1.2	30.1	84.1	179.6
철강제품	24.7	22.3	67.5	202.3
종이 · 동 제품	39.2	59.8	63.4	6.1
기계 · 동 제품	17	34.1	48.4	41.9
새우	117.1	80.5	47.1	△ 47.1
냉장고용 콤프레서	11.5	37.8	40.9	8.4
타피오카제품	30.8	40.5	31.1	△ 23.3
기타 전기제품 및 부품	25.5	25.9	14.4	△ 44.6
주요 15개 품목 합계	1,269.6	1,251.6	1,928.2	54.1
기타 전기제품 및 부품	497.1	609.3	908.4	49.1
대 중국수출 총계	1,766.7	1,860.9	2,836.6	52.4
수출 전반에 차지하는 중국비율	3.3%	3.2%	4.1%	

자료 : 태국 상무성 상업경제국

은 중국 내에서 전기 · 전자 제품을 생산 확대한 것에 기인한다(〈표 4-1〉 참조).

한편 중국으로부터의 수입도 전년대비 37.1%가 증가한 33억 8,970만 달러로 크게 확대되었다. 품목별로 보면 전기기계 및 동 부품(5,790만 달러), 컴퓨터 및 동 부품(5,529만 달러) 등이 전체 수입의 약 3분의 1을 차지한다. 기타 부문에서는 공작기계, 섬유, IC 등 자본재와 중간재의 수입이 두드러지고 있다(〈표 4-2〉 참조).

품목	1998	1999	2000	신장률(%)
전기계 · 동 부품	292.4	391.9	579.0	47.7
컴퓨터 · 동 부품	323.4	436.7	552.9	26.6
섬유(생지)	139.5	179.1	252.3	40.8
화학제품	161.7	216.5	245.5	13.4
철 · 철강	70.8	87.9	161.4	83.7
공작기계	117.8	101.2	151.4	49.6
전기제품	51.7	104.5	148.6	42.3
IC	59.4	107.5	107.5	0.0
의류 · 신발 기타 섬유제품	54.9	74.1	106.7	44.1
직사	37.9	60.4	96.1	59.2
금속제품	60.0	62.1	93.0	49.7
과학 · 의료기구	30.7	54.5	80.2	47.2
기타 금속	45.1	56.7	66.1	16.6
원유	13.1	20.4	65.7	221.5
플라스틱제품	24.2	48.8	65.6	34.5
주요15개 품목합계	1,482.7	2,002.3	2,772.0	38.4
기타	319.2	469.9	617.7	31.5
대 중국수입 총계	1,801.9	2,472.2	3,389.7	37.1
수입 전반에서 차지하는 중국비율	4.2%	4.9%	5.5%	

자료 : 태국 상무성 상업경제국

무역수지는 항상 태국측이 적자를 면치 못하는데, 2000년에는 5억 5,310만 달러의 적자를 기록했다.

(2) 대 중국투자가 대 태국투자를 크게 웃돈다

태국과 중국의 투자관계 특징은 중국기업에 의한 대 태국투자보다 태국기업에 의한 대 중국투자가 압도적으로 많다는 점이다. 지금까지 태국기업의 중국에 대한 투자 건수 및 액수는 약 2,600건으로서 1,250억 바트에 달한다(2000년 누계).[1] 주요 기업으로는 태국을 대표하는 재벌인 챠룽 포카판(CP) 그룹, 사하 유니온 그룹(의류), 방콕은행, 사이암상업은행, 태국농업은행, M태국 그룹, MDX 그룹, 쿠라틴덴 그룹(스포츠 음료), 사이암시멘트 그룹 등을 들 수 있다. 주요 업종은 농산물 가공, 맥주 제조, 석유화학, 전력, 오토바이 제조, 은행, 호텔, 주유소, 부동산개발 등이다. 투자 지역은 북경, 상해, 광동, 운남(雲南) 등이고 일반적으로 연해지구에 집중되어 있다. 그러나 최근에는 자원이 풍부하고 중국 정부도 개발에 힘을 쏟고 있는 서부 지구의 투자에 대해서도 관심이 높아졌다.

하지만 아시아 경제위기가 발생한 1997년을 정점으로 태국기업의 대 중국투자는 정체된 상태로, 1996년 24억 바트(네트 기준)에 달했던 것이 2000년에는 4억 바트로 떨어졌다.

한편 중국기업에 의한 대 태국투자는 누계기준 약 200건으로서 많지는 않으며[2] 태국투자위원회(BOI)의 통계(인가기준)에 의하면 1994년 이래로는 한 자리대의 건수를 유지하고 있다. 투자업종은 전기 · 전자, 화학, 제지, 세라믹, 섬유, 금속, 기계 등으로 다양하며, 이는 주로 태국의 국내시장을 타깃으로 하고 있다.

이러한 가운데 2001년 8월에는 중국 국영 부동산 · 무역업의 복합기업인 월드베스트 그룹에 의한 대형 프로젝트가 인가되었다. 면사 및 홈텍스타일(커튼, 침대시트 등)과 구연산 제조공장을 태국 동부의 라욘 지구에 건설할 예정이다. 동 그룹은 동 지구의 로쟈나 공업단지로부터 4억 바트에 토지를 구입하는 계약을 체결했으며 투자 총액은 63억 바트에 이를 전망이다. 면사는 생산의 70%, 구연산은 90%가 수출

된다. 모두 2002년 말경 조업을 개시할 예정이다.[3]

수년 전부터 중국 정부는 태국기업과의 합병을 통해 유카리의 플랜테이션 재배와 종이 펄프 공장 건설을 제안했다. 프로젝트 원안에서는 중국측 51%, 태국에서 가장 규모가 큰 제지업체인 어드밴스 아구로사가 49% 출자함으로써 태국 동부의 챠춘사오, 푸란친부리 등 세 개 현(縣)에 총면적 1,300만 m²의 플랜테이션을 설치해 연간 70만 톤의 펄프를 생산할 계획이다. 투자액은 무려 450억 바트에 이를 전망이다. 그러나 유카리 재배는 토양의 열화를 초래하는 등 환경에 미칠 악영향이 염려되고 있으며 환경보호 단체의 반대도 만만치 않아 시행 여부는 불투명한 상태다. 2001년 8월 말에 타쿠신 수상이 중국을 방문했을 때도 주룽지 총리와 동 안건에 대해 이야기를 나누고 환경영향 평가를 실시한 후가 아니면 프로젝트는 실행하지 않는다는 데 동의했다. 그리고 타쿠신 수상은 유카리의 플랜테이션을 캄보디아로 옮기는 것을 제안했다고 한다.[4]

2. 「세계의 공장」과의 경합 관계

(1) 야금야금 침투하는 중국 제품

「세계의 공장」으로 발전해가는 중국은 막강한 공급력을 바탕으로 세계 각국의 시장에 의류, 완구류 등의 경공업 제품에서 최근에는 AV 제품, 가전, PC 등과 같은 정보기술(IT) 관련 제품, 그리고 오토바이에 이르기까지 폭넓은 제품군을 수출하기 시작했다. 태국 내 시장으로는 중국 제품이 어느 정도 유입되고 있을까. 아래에서는 특히 최근 중국 본토 기업의 진출이 활발한 AV 제품 및 가전을 중심으로 각 품목의 태국 침투 현황을 살펴보기로 한다.

전기 · 전자 제품 — 중국제 VCD가 시장을 석권

가전 · AV 분야에서는 아직 몇몇 품목을 제외하면 중국 브랜드가 태국시장에 넘쳐나는 상황은 아니다. 그러나 최근에는 조금씩 비중을 넓혀가며 태국시장을 공략하기 시작했다.

가전 제품을 중심으로 2001년 9월 방콕 시내의 매장을 조사했더니, 우선 일본계 백화점에서는 중국 브랜드를 거의 취급하지 않았다. 한편 그 지방에서 가장 규모가 있는 센트럴 백화점의 가전 매장에서는 일본계와 서구 브랜드가 주류를 이루고 있지만 이브(EVE), 엠파이어(Empire), 아스티나(Astina)라는 중국 브랜드의 전자동 세탁기도 팔리고 있었다. 가격을 비교해보면 중국 브랜드는 일본계 브랜드나 한국계 브랜드와 거의 같은 수준으로서 결코 싸지 않다. 판매원에게 최근 잘 팔리는 것을 묻자 『현재 가장 잘 팔리는 것은 한국의 LG 브랜드다. 비교적 저렴한데다 신문, TV 등에서 적극적으로 광고도 하고 있다. 그리고 몸체를 광택나게 하는 메탈릭 실버를 채용하는 등 차별화를 도모하고 있다. 일본계 브랜드도 꾸준하게 인기를 모으고 있다』라고 답변했다. 한편 중국제는 『현재 거의 팔리지 않는다』고 한다.

냉장고 매장에서도 중국 브랜드는 거의 찾아볼 수 없고 일본계 및 한국계 브랜드가 주류를 이루고 있었다. 이 같이 중국 브랜드의 대형 가전이 별로 유통되지 않고 있는 이유로는 주로 다음과 같은 사항을 지적할 수 있다.

　첫째, 태국인은 옛날부터 일본계 등의 브랜드에 익숙해 있어 강한 브랜드 지향성을 나타내고 있다.

　둘째, 중국 제품은 북부 국경의 육로를 통해 밀수로 들어오는 사례도 상당히 많지만 상품의 규모가 크기 때문에 이 루트를 사용하기가 어렵다.

　셋째, 중국 제품은 주로 중소 수입업체들이 수입하고 있다. 업자들은 국내에서의 판매까지 일시적으로 상품 대금을 선대(先貸)해야 한다. 그러나 태국 국내 금융기관은 경영상황이 나빠 자금을 충분히 조달할 수 없다.

　넷째, 애프터 서비스 체제가 충분히 갖춰져 있지 않다.

　TV, DVD, VCD(비디오 CD) 등 AV 기기에 대해서도 백화점에서 판매되고 있는 상품은 모두 일본계 브랜드, 한국 브랜드가 주류를 이루고 있고 중국 브랜드는 거의 보이지 않는다. 하지만 일본계 브랜드는 태국뿐만 아니라 인근의 말레이시아, 싱가포르에서 생산된 것도 많이 팔리고 있다.

　그렇지만 방콕 시내의 전기상가인 프라카논 지구(스쿰비트 71번가)에서는 라디오, VCD 등의 경우 값싼 중국 브랜드가 매장을 석권하고 있었다. VCD를 예를 들면, 가장 싼 중국 브랜드(Aconatic)가 일본계 브랜드 가격의 3분의 1 이하인 1,790바트에 판매되고 있었다. 같은 기종에서 다양한 이름의 중국 브랜드가 매장에 빽빽히 들어차 있다. 그 브랜드명을 보면 Aconatic, Panavox, Waron, RCR, Soken, SABA, MXJVC, MITOCHIBA, Quaker 등 셀 수 없을 정도로 다양하다. 상점 판매원을 인터뷰했더니 『VCD는 작년 2000년경부터 급격히 팔리기 시작했다. 그 중에서도 중국 브랜드는 가격이 압도적으로 싸기 때문에 아주 많이 팔리고 있다』고 한다. 또한 『중국의 공장에서 출하될 때는 브랜드명이 들어가 있지 않아 수입업자들이 선호하는 브랜드명의 스티커를 붙여 태국 내로 들여온다』는 이야기도 들었다. 품질에 대해서는 『거의 문제없다』고 한다. 그리고 판매하고 있는 상품이 밀수품인지의 여부를 판매점에서는 파악하고 있지 않았다. 현재 태국 내에서는 해적판 비디오 CD 소프트가 한 장에 100바트 정도의 가격으로 나돌고 있어 최신 영화 등도 곧바로 볼 수 있다. 이렇게 저가의 소프트웨어 유통이 VCD의 수요를 높여가고 있다고 할 수 있다.

TV 부문에서는 일본 및 한국계 브랜드가 중심을 이루고 소규모 상점에서도 중국 브랜드는 거의 발견되지 않았다. 그러나 저소득자들이 주로 쇼핑을 하는 쿠론토이 시장(방콕 시내)의 가전 판매점에서는 중국 브랜드(MXJVC)의 29인치형 평면 TV가 판매되고 있었다. 가격은 1만 2,290바트로서 소니의 같은 기종이 2만 5,000바트에 판매되고 있는 것에 비해 훨씬 저렴하다고 한다. 상점 주인에게 물으니 『중국 브랜드는 가격이 싼데다 품질도 나쁘지 않기 때문에 최근에 잘 팔리고 있다』라고 답변했다.

그리고 PC, 프린터 등 이른바 IT 관련 제품에 대해서도 방콕 시내의 컴퓨터 전문상가를 조사했더니 판매하고 있는 것은 미국, 유럽, 일본, 대만, 태국 본토계 브랜드가 중심을 이루고 있으며 현재 중국 제품은 거의 유통되지 않고 있다.

이 같이 일부 AV 제품을 제외하고 태국시장에서 일반적으로 판매되는 중국 제품은 아주 적다. 그러나 태국공업연맹(FTI) 부회장이자 미쓰비시전기의 합병회사인 칸욘 와타사의 회장이기도 한 프라파트 씨에 의하면 최근에 와서 본토계 기업경영자도 서서히 중국 제품에 대해 위기감을 느끼고 있다고 한다. 그는 『한국 브랜드가 태국시장에 받아들여지는 데 10년이 걸렸다. 따라서 중국 브랜드가 그렇게 갑자기 시장을 침투해가리라고는 생각하지 않는다. 그러나 한편으로 중국기업의 성장에는 놀랄 만한 것이 있어 한국기업보다 짧아 5년 정도면 시장에 들어갈 가능성이 있다』라고 말한다.

한편 중국에서 유입되는 밀수품도 상당한 규모에 이르는 것 같다. 태국공업연맹 가전부회에 의하면 중국에서 밀수되는 전기 제품은 연간 10억 바트에 달한다.[5] 밀수품으로 들어오는 것은 라디오, 비디오 플레이어, VCD, DVD 등 소형 제품에 한정되고 있어, 특히 소득수준이 낮은 국경 부근의 지방에 많이 나돌고 있다.

지금까지 전기·전자 분야의 완성품이 태국시장에 유입되는 상황을 살펴보았다. 그렇다면 부품의 경우는 어떠할까. 일반적으로 이 점에 대해 재(在) 태국 일본계 기업의 입장은 신중하다. 대기업 가전업체 A사는 『사양이 간단히 맞는 것은 아니므로 조달할 수 있는 것은 한정되어 있어 범용 부품 등을 몇 퍼센트 정도 수입하고 있는 실정이다. 일정한 품질 이상의 제품을 제조하려 한다면 중국제 부품은 좀처럼 사용할 수 없다』라고 말한다. 대기업 가전업체 B사도 『부품은 태국 내에서 많이 조달할 수 있으므로 중국에서 적극적으로 들여올 필요성은 느끼지 않는다. 비용은 싸도 고장이 났을 때 대응하기가 어렵지 않겠는가』라고 말하고 있다.

그러나 국내외에서 경쟁이 한층 치열해지고 있는 가운데 비용절감 압력이 강화되면 앞으로는 범용 부품을 중심으로 값싼 중국제 부품 조달비율이 높아질 가능성도 있다고 본다.

자동차 및 관련부품 — 중국제 보수 부품의 시장 참여

현재 태국에는 세계 주요 자동차회사가 거의 모두 집결되어 있어 1톤 픽업 트럭에 대해서는 각 회사가 세계의 공급 거점으로서 위치를 부여하고 있다. 승용차에 대해서는 각 기업의 전략이 반드시 정확한 것은 아니지만 아시아 지역 내의 생산 거점이 되고 있음에 틀림없다고 본다. 완성차 제조업체 진출에 뒤이어 부품업체도 많이 진출하여 인근의 ASEAN 각국과 비교하면 태국의 우위성은 어느 정도 확보되어 있는 것으로 보인다. 국내시장은 일본계 기업이 90%에 가까운 시장점유율을 나타내고 있다. 수입차는 관세가 높은 점도 있어 판매 대수 약 26만 대 중 불과 1만 2,560대에 지나지 않는다(2000년).

그러면 중국으로부터 자동차 관련 제품은 얼마나 유입되고 있을까. 태국에서 본토 부품업체의 지도자격인 일본인 전문가는 『완성품, 기간 부품, 보수 부품으로 나누었을 때 완성차의 경우 태국은 안전 배기 가스 규제가 있기 때문에 당분간 들여오는 일은 없을 것이다. 높은 관세와 비관세장벽으로 인해 중국 자동차 업체의 참여가 곤란하다. 부품에 대해서도 중국 본토 업체는 기간 부품을 생산할 수 있을 정도의 기술 수준이 현재는 없다. 하지만 액세서리 등의 보수 부품(After Market)에 대해서는 값싼 중국 제품이 이미 국내시장에 많이 나돌고 있다』고 한다. 또한 『이러한 보수 부품은 일찍이 대만이 주로 생산했지만 지금은 이러한 대만기업이 중국 본토에서 생산하고 있다. 보수 부품을 제조하고 있는 태국의 본토 기업은 2,000개 정도인데 큰 타격을 입을 것이다』라고 한다.

그리고 중국제 오토바이는 현재 국내시장에 참여하지 않고 있다. 태국의 오토바이 시장의 경우 주요 일본계 업체가 일대 생산 거점을 갖

고 있으며 판매망도 확립되어 있다. 하지만 인도네시아나 베트남 시장
에는 이미 중국기업의 오토바이가 참여하고 있어 앞으로는 태국시장
에도 참여할 가능성이 있다.

철강 — 중국 내 수요 급증으로 진출 전망은 희박

중국에서 수입되는 철강 제품은 2000년에 약 50만 톤이다. 그 중에
서 41만 톤이 슬래브(slab), 비레트 등의 반제품이다. 일본계 대기업 철
강 업체인 C사는 『중국기업은 태국시장에 판매 서비스망이 없고 중국
내 수요가 높아 중국제 철강 제품 유입이 앞으로 급증하리라고 생각하
기는 어렵다』고 전망하고 있다.

태국에 진출한 일본계 기업의 견해 — 높아지는 중국 제품의 위협

현지의 일본계 기업은 중국 제품의 유입을 어떻게 보고 있을까. 방
콕 일본인 상공회의소가 2001년 5~6월 회원기업에 대해 실시한 앙케
이트 조사에 의하면(대상 기업 1,151개, 응답률 30.6%), 자사 제품과
중국 제품(중국 본토에서 생산된 중국 브랜드)과의 경쟁 상황에 대해
서는 『이미 치열하다』라고 응답한 기업의 비율은 12%(복수 응답)에 불
과해 그다지 높지 않았다. 그러나 여기서 『현재는 경쟁이 치열하지 않
으나 장래에 치열해질 가능성이 있다』고 응답한 기업 16%를 더하면
약 30%에 달하는 일본계 기업이 중국 제품을 위협적으로 생각하고 있
음을 알 수 있다. 하지만 업종마다 격차가 있어 특히 기계, 수송 기계,
전기 · 전자 기계에 대해서는 국내시장에서 『이미 경쟁 치열』 또는 『장
래 치열해질 가능성 있음』이라고 응답한 기업의 비율이 각각 46%,
39%, 34%로 비교적 높았다. 한편 식료품은 『경쟁 없음(장래에도 가능

성 없음)』이라고 응답한 기업이 57%에 이르러 중국 제품에 대한 우위성에 자신감을 표출했다.

일본계 기업의 인터뷰에서도 중국 제품에 대한 평가가 반드시 일치하는 것은 아니지만 장차 위협할 것이라는 예측에 대해서는 견해를 같이 하고 있다. 태국에서 오랫동안 영업을 해온 대기업 가전업체 A사는 『중국 제품은 저급품 시장에 들어가 있다. 시장으로서는 작은(minor) 부분이라는 인식이다. 중국 제품의 이점은 가격이 싸다는 것일 뿐 품질이나 그 밖의 면에서는 모두 일본 제품이 우위에 있다. 그러나 기술적으로 맹렬히 추격하고 있음은 사실이다』라고 한다. 한편 대기업 가전업체 B사는 『중국 제품은 가격 경쟁력이 있고 제품의 수준이 향상되어가고는 있으나 애프터 서비스 체제가 정비되어 있지 않아 시장에 침투해가기까지는 앞으로 5~6년 정도는 걸릴 것이다. 그러나 당사로서도 위협을 느낀다』고 한다. 그리고 중국제 카피 상품을 고민하고 있는 기업도 있다. 일본계 사무기기 업체 D사는 『복사기 소모품인 토너 등의 중국 제품(카피 상품과 중국 브랜드 양쪽)이 들어와 있다. 가격은 당사의 절반 이하다. 특히 지방은 소득이 낮은 탓에 많이 나돌고 있는 것 같다. 화질은 나쁘나 기술적으로 점점 향상되고 있다』고 한다.

(2) 더욱 치열해지는 제3국 수출시장에서 중국 제품과의 경합

일본이나 구미 등 태국의 주요 수출시장에서 벌이는 중국 제품과의 경쟁 실태는 과연 어떨까. 여기서는 노동집약형 산업인 섬유제품과 최근 중국 업체가 생산을 급속히 확대하고 있는 가전 · AV 제품을 살펴보기로 한다.

섬유제품은 지금까지 태국의 수출을 견인해왔다. 현재도 수출품목으로는 컴퓨터 및 관련부품, IC에 이어 세번째 자리를 고수하고 있지만 이미 1990년대 초부터 임금 상승 등으로 인해 서서히 수출 경쟁력을 잃어가고 있다. 우선 일본시장에서 벌이는 중국 제품과의 경쟁 실태를 보면 중국 제품의 장점은 압도적이다. 어패럴(직물)에서는 일본의 전체 수입에서 차지하는 중국 제품의 시장점유율은 1998년 67.9%(당시로도 높은 수준)에서 2000년에는 77.0%로 과거 3년 사이에 10포인트 가까이 높아졌다. 태국 제품의 시장점유율은 원래 낮지만 동 1.7%에서 1.1%로 훨씬 저하되었다. 한편 구미시장에서는 태국 제품 및 중국 제품 모두 MFA(다국간 섬유 결정)의 수입범위가 할당되어 있기 때문에 중국 제품의 시장점유율은 10%대로 현저하게 확대되고 있는 상황은 아니다. 그러나 2004년에 이 수입범위가 철폐되면 태국 제품은 중국 제품과 치열한 경쟁에 직면하게 된다. 태국공업연맹(FTI) 경제위원회 사무국장이자 오리엔탈가멘트사의 회장이기도 한 챠와리트 닌무라오 씨는 향후 전망에 대해 다음과 같이 말한다.

『구미 시장의 수입할당 제도가 철폐되기까지는 3년의 유예기간이 있어 각 기업은 그 동안 생산 효율을 높여야 한다. 이것도 3년 후에는 어떻게 변화할지 모른다. 저가품으로 중국과 경쟁하기는 어렵기 때문에 태국 제품은 중고가품에서 살아남는 수밖에 없다.』

한편 가전 · AV 제품은 어떠한가. 일본시장에서의 경쟁 상황을 살펴보면 특히 AV 부문에서 중국 제품이 시장점유율을 확대하고 있다. 예를 들면 TV는 태국으로부터의 수입 시장점유율이 1998년 17.3%에서 2001년(1~7월, 이하 동일)에는 10.8%로 저하되는 한편 중국의 시장점유율은 22.3%에서 32.1%로 상승했다. 비디오데크도 마찬가지로 태국의 시장점유율이 1998년 4.4%에서 2001년에는 2.9%로 저하된 반면 중국의 시장점유율은 25.5%에서 33.7%로 상승했다. 하지만 TV, 비디오데크 모두 최고의 수입 시장점유율은 말레이시아이고 동국의 시장점유율도 아울러 상승하고 있기 때문에 태국 제품의 시장점유율 저하는 반드시 중국 제품과의 경쟁 때문만이라고는 할 수 없다.

구미 시장에서 차지하는 AV 제품의 태국시장점유율은 대체로 낮은 편으로서 많은 품목이 10% 미만이다. 중국 제품도 라디오 등을 제외하면 점유율은 그렇게 높지 않다. 예를 들면 미국 시장에서는 멕시코가 TV 부문에서 60%대의 시장점유율을 자랑하고 있는데 지리적으로 가까운 이점을 활용할 뿐만 아니라 북미자유무역협정(NAFTA)에 의한 관세 면제의 이점을 살려 장점을 발휘하고 있다.

유럽의 경우 TV 부문에서 최고 시장점유율을 기록하고 있는 나라는 일본이고 터키, 폴란드, 헝가리를 비롯한 남유럽 및 동유럽 여러 국가들이 그 뒤를 잇고 있다. 태국 제품과 중국 제품은 각각 2~3% 정도의 시장점유율을 차지한다. 따라서 현 상태에서는 양국의 제품이 명확한 경합 관계에 있다고는 할 수 없다.

태국 내 일본계 기업은 수출시장에서 중국 제품과의 경합을 어떻게 보고 있을까. 방콕 일본인 상공회의소의 앙케이트 조사 결과에 의하면 제3국의 수출시장에 대해서는 『이미 중국 제품과 경쟁이 치열해졌다』고 응답한 기업의 비율은 26%(복수 응답)로서 국내시장에서의 경쟁보다 비율이 높은 결과로 나왔다. 여기에 『현재는 경쟁하고 있지 않으나 장래에는 치열해질 가능성이 있다』라고 응답한 기업의 비율 12%를 더하면 약 40%의 기업이 수출시장에서 중국 제품을 위협적으로 느끼고 있다. 업종별로는 특히 섬유에 대해서는 68%에 이르는 기업이 『이미 수출시장에서 경쟁이 치열해졌다」고 응답했다. 전기·전자·기계도 34%의 기업이 중국 제품과의 경쟁 심화를 호소했다. 그리고 중국 제품과 이미 경쟁이 치열해진 구체적인 수출시장으로는 「일본」이 24%, 다음은 ASEAN이 18%로 되어 있다. 한편 미국(동 10%), 유럽(동 12%)은 상대적으로 비율이 낮았다.

대기업 가전업체 B사는 수출시장에서 벌이는 자사 제품과 중국 제품과의 경쟁에 대해 다음과 같이 말한다. 『일본시장에서는 TV 가격이 내렸고 선풍기 등은 대리점들이 값싼 중국 제품을 선호하고 있다. 그리고 선풍기는 동남아로 수출하고 있으나 인도네시아에서도 중국 제품과 경쟁이 벌어지고 있다.』

(3) 일본계 기업의 생산 거점을 중국으로 이전할 것인가

외국 자본이 중국에 집중되는 것에 대한 우려의 목소리도 들린다. 2001년 상반기의 투자통계를 보더라도 일본이 중국에 직접투자하는 금액(계약 기준)이 전년 동기 대비 89.8% 증가한 29억 달러를 기록하는 한편, 일본의 태국투자액(투자위원회 인가 기준)은 동 10.5% 감소한 379억 바트(약 8억 6,000만 달러)를 기록하고 있어 대조적인 모습을 보이고 있다.

그러면 앞으로 일본계 기업은 태국의 생산 거점을 중국으로 이전해 버릴 것인가. 확실히 말할 수 있는 것은 생산 거점을 모두 중국으로 옮기는 일은 있을 수 없다는 점이다. 중국이 정치적으로나 경제적으로 여전히 리스크를 안고 있는 한, 중국 거점에만 생산을 집중시키는 일은 없을 것이다. 일본계 기업 간에도 현재 태국에 있는 생산 거점을 축소해서까지 생산 거점을 중국으로 옮기는 기업은 매우 드물다. 그러나 신규 투자에 대해서는 중국을 택하는 경향이 보이는 것도 사실이다.

중국과 태국의 외국자본 투자 유치를 비교할 경우 주의해야 할 점은 일본계 기업의 대 태국투자는 일찍이 1960년대부터 시작해 설비투자가 상당히 진전되어 있다는 점이다. 대기업의 경우 이미 상당한 수준의 투자진출이 이루어진 듯하다. 따라서 앞으로 일본에서는 중소 부품업체가 진출하는 일은 있겠지만 대형 투자는 별로 없을 것이다. 한편 중국은 대외적으로 개방한 지 불과 20년 남짓 되었고 일본계 기업이 투자를 본격화한 것은 최근 10년 간에 나타난 일이다. 따라서 단순히 태국과 비교하면 중국에 대한 투자가 늘고 있다고 해서 생산 거점으로서 태국의 중요성이 후퇴하고 있다고는 할 수 없을 것이다.

(4) 중국으로의 진출을 적극적으로 도모하는 CP 그룹

태국이 중국으로부터 공격만을 받고 있는 것은 아니다. 거대 시장의 품속으로 뛰어드는 기업도 있다. 예를 들면 태국의 최대 재벌인 차룽포카판(CP) 그룹의 대 중국투자 누계액은 자산 기준으로 약 300억 달러에 이른다. 중국에 진출한 관련 기업은 약 200개 정도이고 그 중의 170개가 농산물 관련 기업이다.

중국에서 CP 그룹이 전개하고 있는 사업은 농산물 관련업 및 유통업 등이다. 이 업종들은 정부의 통제가 있어 통상적으로 참여하기가 어렵다. 하지만 성공하면 반사 이익이 매우 커진다. 그룹 총수인 타닌 회장은 대 중국 비즈니스에 대해 『장애가 작으면 벌이는 작다. 장애가 크면 벌이도 크다』라고 말한다. 중국사업에 대한 그룹의 사고방식은 바로 이 말에 집약되어 있다.

CP 그룹이 가장 주력하고 있는 것은 소매업이다. 현재 4개의 점포가 있는 할인점 「로터스」를 2002년까지 8개 점포로 확대할 예정이다. 중국에서 가장 큰 쇼핑 센터인 「슈퍼 브랜드 몰」은 3억 3,000만 달러에 이르는 투자를 통해 2002년 2월에 완성된다. 사라신 부사장에 의하면 『이 쇼핑 센터는 경제 위기 전부터 계획이 진행되었으나, 경제 위기로 인한 금융기관의 경영 악화로 융자가 중단되면서 프로젝트가 좌절되었다. 그러나 강을 따라 환경 1급 지역에 건설되고 있기 때문에 중간에 방치하면 경관을 해친다는 판단에 따라 결국은 중국 정부가 융자해주었다(총투자액의 3분의 1 정도)』고 한다.

또한 동 쇼핑 센터의 임차인은 대부분 태국기업이기 때문에 「슈퍼 브랜드 몰」은 태국 제품이 중국시장에 참여하기 위한 돌파구가 되기를 기대하고 있다. 그 밖에도 중국의 작은 상점을 대상으로 회원제 도매점인 「증따(正大)」의 전개를 계획하고 있다. 「로터스」는 현재 상해 주변지구에만 있으나 「증따」는 중국 전역에 20개 점포가 영업 중에 있다. 기타 회원제 도매 센터인 「마크로」는 광동성에 두 개의 점포가 오픈되어 있다.

또한 CP 그룹은 낙양에서 오토바이를 조립하고 있다. 혼다에서 기술을 전수해 연간 40만 대를 생산하고 있다. CP 그룹이 중국에서 벌인 사업 활동 중 주목할 만한 것은 TV 프로그램 제작이다. 상해에서는 1999년부터 매주 다큐멘터리 프로그램을 제작하여 방영하고 있는데 이는 CP 그룹의 지명도를 높이기 위한 홍보 활동의 일환이다.

3. 중국과의 공존 모색

(1) 중국의 WTO 가입으로 중장기적으로는 경쟁 심화—태국 정부의 견해

중국의 WTO 가입으로 태국은 어떤 영향을 받을까. WTO 가입에 대한 태국 정부의 견해는 상무성 상업경제국이 2001년 6월에 발표한 보고서 「중국의 WTO 가입 : 비즈니스 기회와 영향」에 나타나 있다. 이 보고서에 의하면 2000년 6월 중국의 WTO 가입에 대해 양국 간 교섭 결과 136개 품목(농산물 39품목, 어패류 12품목, 공업제품 85품목)의 관세 인하가 합의되어 있다. 그리고 쌀, 설탕의 수량제한 철폐, 관광, 호텔, 레스토랑업의 외국자본 개방에 대해서도 합의되었다(《표 4-3》 참조).

따라서 중국의 WTO 가입으로 인해 태국 정부는 단기적으로는 쌀, 천연고무, 타피오카 제품, 과일 등의 농산물, 그리고 컴퓨터 부품 등의 대 중국수출이 확대되어 이점을 누릴 것으로 보고 있다. 또 호텔, 레스토랑 등 서비스 분야의 대 중국투자에서도 플러스로 작용할 것으로 예상된다.

그러나 중장기적으로 보면 제3국 시장에서 중국과의 치열한 경쟁이 예상된다. 이 보고서에 의하면 특히 의류, 신발, 가구, 완구, 스포츠용품, 가죽 제품, 컴퓨터, 가전 제품 등과 같은 품목은 양국의 기술 수준이 낮아 거의 모든 품목에서 경합한다고 한다. 유럽, 미국, 일본의 수출시장에서 태국이 우위에 서 있는 제품은 천연고무, 고무장갑, 설탕 등 극히 한정된 품목에 지나지 않는다. 한편 중국 제품도 앞으로는 태국시장으로 유입이 증가할 것으로 보고 있다. 특히 노동집약형 제품인

분야		합 의 사 항
무 역	관세	1. 농산물 : 39개 품목에 대한 관세를 평균 41.9%에서 16.9%로 인하한다. 주요 품목의 관세인하 예는 아래와 같다. • 타피오카 제품 10~20% → 5~10% • 용안(과일) 30% → 12% • 파인애플캔 30% → 15% 2. 어류 : 냉동새우 등 새우관련12개 품목에 대한 관세를 평균 22.9%에서 10.3%로 인하한다. 3. 공업제품 : 섬유제품, 가구, 부엌용품 등 85개 품목에 대해서 관세를 평균 25.9%에서 11.8%로 인하한다.
	관세 이외	쌀, 사탕에 대해서 수량제한을 철폐하고, 관세할당제를 적용한다. 1. 쌀 : 2000년 쌀 및 쌀 제품의수입양을 266만톤으로 하고, 2004년에는 양을 532만 톤까지 확대한다. 쌀 관세율은 1%, 동제품은 9%로 한다. 양의 50%까지 민간기업이 수입할 수 있다. 2. 사탕 : 2000년의 양을 160만톤, 관세율 30%로 설정. 이것을 2004년에는 194만 5,000톤, 관세율 20%로 인하한다. 3. 고무 : WTO 가입과 동시에 관세율을 30%에서 20%로 인하한다. 수입량을 당초 42만 9,000톤으로 하고, 연률 15%의 비율로 양을 확대. 2004년에는 수입량을 철폐한다.
서비스업		관광, 호텔 · 레스토랑은 외자에 개방한다. 1. 호텔 · 레스토랑 호텔 · 레스토랑업에 대해 태국기업은 합병기업을 설립할 수 있다. WTO 가입 4년후에는 외자계 출자 100%의 지점설립도 인정한다. 2. 관광업 중국기업과 합병으로 관광회사를 설립할 수 있다. WTO 가입후 3년후에는 합병으로 메이저가 되는 것을 인정한다.

자료 : 태국 상무성 상업경제국

의류, 가구, 가죽 제품 등은 중국 제품의 비용이 싸기 때문에 충격이 클 것으로 전망되며, 가전 제품 등에 대해서도 중국으로부터 수입이 증가할 것으로 예상된다.

또한 WTO 가입으로 중국의 투자 환경이 개선됨으로써 외국 투자가 중국으로 이전해갈 것을 염려하고 있다. 이로써 중국의 생산 능력이

더욱 높아져 태국의 수출은 더 큰 타격을 입을 수 있을 것으로 예측된
다고 한다.

(2) 경쟁에서 공존으로

정부는 이러한 상황을 맞이해 어떤 대책을 강구하고 있을까. 실제로
중국의 WTO 가입 또는 중국의 대두에 따른 개별적이고 구체적인 대
응책은 보이지 않는다. 그러나 정부는 한편으로 1999년 4월부터 5개년
계획을 통해 산업의 경쟁력 강화를 위한 주요 13개 업종의 산업구조
개혁사업에 몰두하고 있다. 공업성 공업경제국의 다무리 국장은 『산업
구조 개혁사업은 중국을 타깃으로 하고 있는 것은 아니나 중국과의 경
쟁 심화 때문에 그 중요성은 더 더욱 높아졌다고 할 수 있다. 그러나
중국과 경쟁하려면 연구개발(R&D), 마케팅 등의 분야도 강화해가야
한다』고 말한다. 그리고 앞서 소개한 태국공업연맹의 프라파트 부회장
은 중국 제품의 국내시장 참여를 막기 위해 『카피 상품 배제와 태국 내
의 규격기준제도(TISI)를 강제할 필요가 있다』고 역설한다.

그러나 최근 태국 정부는 중국이 약진하는 모습을 보면서 중국과 직
접 경쟁하려고는 하지 않는 것 같다. 오히려 중국의 발전으로부터 비
즈니스 기회를 창출하려 노력하고 있다. 상무성 스리라트 부국장은
『무역이든 투자든 중국을 적으로 삼기보다는 친구로 사귀는 편이 낫
다』고 밝히고 있다.

원래 태국과 중국은 역사적으로 오랫동안 교류해왔다. 태국의 선조
는 중국의 운남성에서 남하해왔다. 특히 19세기 이래로 많은 중국인이
태국으로 이주했으며 화교 자본이 정미업, 소매업, 은행업 등으로 진

출하면서 경제 면에서 중심적인 역할을 다하게 되었다. 1911년에는 국적법에 따라 속지주의가 채택되었다.[7] 이러한 배경을 고려할 때 중국인의 동화라는 측면에서 태국인은 ASEAN 여러 국가와는 비교가 안 될 정도로 진전되어 있다.

1975년 국교 수립 이후 양국은 정치·외교 면에서 긴밀한 관계를 유지해왔다. 태국의 푸미폰 국왕의 차녀 시린톤 공주는 북경대학에서 유학한 경험이 있다. 이것만으로도 태국이 중국을 얼마나 중요시하고 있는지 알 수 있다.

1999년 2월에는 양국 외상이 방콕에서 『태국·중국 21세기를 향한 행동계획』이라는 공동 선언에 서명하고 안전보장, 무역투자, 기술협력, 메콩 강 유역 개발, 교육문화, 관광 등 폭넓은 분야에서 서로 협력을 다져나가기로 합의했다. 2001년 5월 주룽지 총리가 태국을 방문하고 동년 8월 하순에는 타쿠신 수상이 취임한 후 처음으로 중국을 공식 방문하는 등 활발한 수뇌 외교가 반복되고 있다. 북경에서 열린 주룽지 총리와의 수뇌회담에서 타쿠신 수상은 『태국과 중국은 오랜 역사 속에서 우호관계를 쌓아왔다. 양 국민은 친구라기보다는 친척에 가깝다. 양국은 정치 분야뿐만 아니라 경제 분야에서도 전략적인 파트너십을 구축해야 한다』라고 연설했다.[8] 방문 일정 동안 열린 회담에서는 메콩 강 유역 개발과 관련해 운남성과 방콕을 연결하는 도로 건설에 합의한 점을 비롯해 중국 국제무역촉진위원회와 태국 상공회의소 사이에 비즈니스협의회가 결성되기에 이르렀다. 그리고 중국측은 태국 국영기업의 민영화 프로그램, 태국 자산관리회사(TWMC), 태국투자펀드(외국자본으로 출자를 모아 장래성 있는 태국기업에 출자한다)의 출자에 관심을 보였다.

(3) 맺음말

태국시장에 중국 제품의 유입으로 인한 영향은 아직 그렇게 두드러지지는 않는다. 그러나 중국 제품은 착실히 태국시장을 잠식하고 있으며 제3국 시장, 특히 일본시장 등에서는 경쟁이 더욱 심해졌다. 외국 투자의 수입, 특히 신규 투자에 있어서는 일본기업을 포함한 외국 투자의 중국 이전이 앞으로 점점 현실화돼갈 것 같다.

태국은 장기간에 걸쳐 일본기업의 중요한 생산 거점이었다. 이미 거액의 설비투자가 이루어져 일본식 생산 관리와 노하우가 정착되어 있다는 것도 큰 장점이다. 정치적으로도 안정되어 있다. 따라서 일본기업의 생산 거점으로서 태국의 중요성은 계속 유지될 것이지만 일본기업이 해외 생산을 확대하는 가운데 그 비중이 서서히 중국으로 옮겨갈 공산은 크다고 할 수 있다.

이러한 현실에 대해 태국 정부는 산업구조조정 사업 등을 통해 주요 산업의 경쟁력 강화를 위해 노력하고 있지만 아직 충분하다고는 할 수 없다. 정부는 오히려 중국의 부상을 기회로 삼아 경제 분야에서의 「전략적 파트너십」을 구축하려고 추진 중이다. 그러나 최근에 기술력을 높여가고 있는 중국에 대해 어떤 비교우위를 갖지 않는다면 파트너십(분업 관계)은 성립되지 못할 것이다. 노동집약형 산업에 장점을 가지면서 최근에는 하이테크 제품도 동시에 다루는 중국과 어떤 분업관계가 성립될 수 있을까.

하나의 대응책으로는 비교우위 산업의 선택과 집중이 있을 것이다. 태국의 경우 자동차산업은 아시아의 생산·수출 거점으로서 발판이 상당한 수준으로 다져졌다. 이미 일본, 구미의 어셈블러가 집결해 있어 부품산업의 집적도 주변의 여러 국가에 비해 충실하다. 식품가공에 대해서도 원재료가 풍부하고 이미 일본계 기업이 많이 진출해 있어 상당한 우위를 점하고 있다.

가전제품도 백색가전의 생산 거점으로서 일본계를 비롯해 외자기업이 집결해 있다. 이러한 이점을 지닌 분야에 정책적으로 지원을 집중함으로써 살아남기를 도모해야 할 것이다. 이것은 중국과의 관계뿐만 아니라 AFTA에 의해 지역 내 생산 집약화 움직임이 가속되고 있다는 점에서도 매우 중요하다고 할 수 있다. 이미 자동차산업에 대해서는 산업구조조정 사업의 일환으로써 1999년 4월에 태국 자동차산업진흥기구(Thai Automotive Institute : TAI)가 설립되어 로컬 공급업체 육성, 연구개발기능 강화 등이 일본 정부의 지원을 통해 실시되고 있다. 태국 정부는 일본 엔화로 약 120억 엔의 총공사비를 들여 완성차의 시험 코스 건설에도 착수할 예정이고 태국을 아시아에서 자동차산업의 허브 거점으로 육성하고자 지속적인 노력을 기울이고 있다.

아무튼 이미 태국은 저임금 국가의 수준을 벗어나고 있어 어떤 산업을 선택하더라도 좀더 고급스럽고 부가가치가 높은 제품을 제조해나가야 할 필요성에 직면해 있다. 그러므로 기술적으로 높은 수준을 목표로 하면서 그러한 기술개발력을 갖지 못한 태국의 입장에서는 외자유치 촉진 이외에는 선택의 여지가 없다. 외자를 유치하려면 반드시 투자 환경을 한층 개선해야 한다. 특히 태국의 경우 외자를 받아들이고 실행할 수 있는 인재가 부족하다는 장애 요인을 가지고 있다.

예를 들면 태국의 인재 공급력을 중국과 비교하면 연간 이공계 졸업생 수는 태국이 1만 4,000명(70개 대학)인데 비해 중국은 그것의 약 30배인 41만 7,000명으로서 훨씬 부족한 실정이다.[9] 또한 주변 여러 국가를 포함한 효율적인 생산 네트워크를 구축해감에 있어 관세제도 및 물류망의 개선도 매우 중요하다고 할 것이다.

한편, 앞으로 태국이 외국자본을 받아들이면서 지속적인 발전을 쌓아갈 수 있을지의 여부를 결정할 수 있는 또 하나의 중요한 열쇠는 중국의 경제동향이다. 중국은 WTO 가입 이후에도 현재와 같은 성장을 지속할 수 있을까. 중국도 국유기업 개혁 등 실업문제와 직결되는 심각한 과제를 안고 있다. 요컨대 중국이 이러한 과제를 극복하면서 한편으로는 법제도의 투명성 향상 등을 착실히 진전시켜 가게 되면 외국자본의 중국 이전은 더욱 탄력이 붙을 것이기 때문에 태국으로서는 앞서 말한 투자환경 개선을 위한 노력이 한층 중요한 의미를 갖게 될 것이다.

다나카 가즈후미(田中一史)

필리핀에서는 중국 제품이 국내시장을 석권하는 듯한 특별한 움직임은 보이지 않지만 최근 중국 제품의 급속한 침투가 우려되기 시작했다. 저가를 무기로 필리핀 시장에 공세를 가하고 있는 중국 제품이 시장에 나돌게 된 것은 최근 1~2년 전으로, 시장점유율은 낮지만 급속한 성장세를 보이고 있다. 이에 따라 AV 기기, 가전, 오토바이, 의류 등과 같은 공업 제품을 취급하는 업계에서는 소리없이 다가오는 저가의 중국 제품에 어떻게 대응해야 할지가 커다란 문제 가운데 하나로 떠오르고 있다. 그리고 최대의 수출 부문으로 국가의 운명을 거는 전자산업에서도 글로벌 경쟁에서 살아남기 위해 중국과의 제휴를 모색해가면서 아시아 대국의 생산분업 체제를 어떻게 구축할 것인지가 긴요한 과제로 남아 있다.

본 장에서는 우선 최근 중국과의 무역·투자관계를 개관하고 다음

은 중국 제품과의 경합이 예상되는 국내시장의 산업 동향과 향후 대응
에 대해 살펴본다. 그리고 끝으로 전자산업의 동향과 전망에 대해 검
토하기로 한다.

1. 심화되는 대 중국무역

무역수지의 적자 개선

중국은 필리핀의 무역 상대국 가운데 수출 제11위, 수입 제12위를 차
지하고 있다(2000년 금액 기준). 그리고 수출입 총액에서 중국의 시장점
유율은 수출 1.8%, 수입 2.5%에 이르고 있다(〈표 5-1〉 참조).

필리핀의 경우는 전통적으로 미국이나 일본과의 경제적인 유대가 강
해 무역관계도 최대의 수출처가 미국(수출 총액의 29.9%)이고 다음은
일본(동 14.7%)이다. 수입에 대해서는 일본(수입 총액의 19.2%)이 최대
의 상대국이고 그 뒤를 미국(동 15.5%)이 따르고 있다.

이 같이 필리핀의 대 중국무역은 전체적으로 보면 그렇게 큰 시장점
유율은 점하고 있지 않지만, 두 국가 간의 관계에서 보면 다음과 같은
특징을 들 수 있다.

〈표 5-1〉에서 무역 금액을 보면 양국의 무역은 확실히 확대되어가
고 있다. 무역액의 추이를 보면 수출은 1990년에 불과 6,200만 달러에
지나지 않았지만 2000년에는 6억 6,300만 달러로까지 확대되어 11배
에 가까운 성장을 보였다.

또 수입은 1990년 1억 6,200만 달러에서 2000년에는 7억 6,800만 달

구 분	1990	1995	1998	1999	2000	2001
수출총액	8,186	17,447	29,496	35,037	38,078	10,809
대 중국수출	62	214	344	575	663	188
(비율)	0.8	1.2	1.2	1.7	1.8	1.7
〈신장률〉	–	30.5	41	67.2	15.3	5.6
수입총액	12,206	26,538	29,660	30,742	31,387	9,965
대 중국수출	162	579	1,199	1,040	768	268
(비율)	1.3	2.2	4.1	3.4	2.5	2.7
〈신장률〉	–	96.9	37.5	-13.3	-26.2	0

〈표 5-1〉 필리핀의 대 중국무역 추이(1990~2001년) (단위 : 100만 달러, %)

주 : 2001년은 1~4월의 무역실적
자료 : 필리핀 중앙은행

러로 5배 가까이 증가했다.

두번째 특징은 대 중국무역에서는 과거 필리핀측의 만성적인 무역 적자가 지속되었지만, 최근 들어서는 그 적자폭이 급속히 축소되고 있다는 것이다. 1990년의 대 중국수출입 비율은 1 대 2.6이었으나 1999년에는 1 대 1.8, 2000년에는 1 대 1.2로 그 차이가 좁혀졌는데, 이것은 필리핀에서 중국으로의 수출 증가율이 수입 증가율을 웃돌고 있기 때문이다.

세번째 특징은 필리핀이 중국에 전자관련 부품이나 반가공품 등 비교적 부가가치가 높은 상품을 수출하고 있는 반면, 중국은 필리핀에 직물이나 땅콩, 담배잎 등 상대적으로 부가가치가 낮은 상품을 수출하고 있다는 점이다.

이와 관련해 2000년 필리핀이 중국으로 수출한 최대 품목은 반도체 장비로 대 중국수출 총액의 16.3%를 차지했다(〈표 5-2〉 참조). 그 뒤를 구리 음극선(대 중국수출 총액에서 차지하는 시장점유율 11.6%),

순위	수출상위 10개 품목	1997	1998	1999	2000
1	반도체 부품	3	42	178	108
2	구리음극선	20	59	96	77
3	전기기기 및 부품	4	8	24	66
4	기계용 부품	3	32	39	59
5	바나나	26	39	23	47
6	초소형조립	3	3	8	37
7	다이오드	0.4	0.6	14	31
8	석유	29	5	6	31
9	LPG	44	15	11	30
10	코코넛유	5	20	3	12
	수출총액	244	344	575	663
순위	수입상위 10개 품목	1997	1998	1999	2000
1	직물	20	23	14	29
2	땅콩	12	7	18	16
3	기계부품	32	18	21	14
4	잎담배	11	13	24	12
5	HDD	6	9	12	10
6	석탄	4	24	9	10
7	전기기기 및 부품	29	225	46	7
8	요소	1	0	0	6
9	면화	2	2	3	6
10	클레멘타인(소형 오렌지)	2	11	5	5
	수입총액	972	1,326	1,110	856

주 : 수출은 FOB 가격, 수입은 CIF 가격으로 표시
자료 : 필리핀 국가통계국(NSO)

기계용 부품(동 8.9%), 전기 기기 및 부품(동 8.9%) 등이 잇고 있다. 제 5위는 바나나가 차지하고 있다. 중국에서는 달고 모양이 좋은 필리핀산 바나나가 중화 레스토랑 등에서 고급 식자재로 취급되고 있다. 최대 수입품목은 직물이며(대 중국수입 총액에서 차지하는 시장점유율

3.4%), 땅콩(동 1.9%), 기계 부품(동 1.6%), 담배잎(동 1.4%) 등이 그 뒤를 잇고 있다.

이 같이 대 중국무역 관계는 무역수지의 개선 등 필리핀에 유리한 상황으로 진행돼가고 있다. 그 요인의 하나로 1997년 7월 아시아 통화·경제위기 이후의 페소화 안정 기조가 수출에 박차를 가함과 동시에 수입을 억제하는 효과로 작용한 점을 들 수 있다.

그리고 최근에는 필리핀과 중국에서 전자관련 산업의 집적이 급속도로 진행되면서 상호간의 부품 보완체제가 완성되어 가고 있는 점도 필리핀으로부터 중국으로 반도체 장비 등의 수출이 증가하는 요인이라고 할 수 있다.

한편 최근 수년 간 저렴한 중국 제품의 유입에 대해 필리핀 정부가 반덤핑(AD) 관세를 부과한 몇 건의 사례를 볼 수 있다. 구체적으로 살펴보면 1996년 8월에는 화장실용 리넨과 주방용 리넨(면제품, HS 코드 :

품 목	1997	1998	1999	2000	2001
총액	1,053	885	2,107	1,398	291
미국	117	243	84	245	52
일본	331	150	303	100	62
싱가포르	67	51	36	326	82
홍콩	60	21	20	16	1
말레이시아	11	1	25	53	1
네덜란드	41	85	385	170	45
영국	18	13	9	361	0
중국	2	72	111	48	0
(비율, %)	0.2	8.1	5.3	3.4	–

〈표 5-3〉 필리핀의 외국 직접투자 수입액(1997~2001년) (단위 : 100만 달러)

주 : 국제수지기준, 2001년은 1~6월의 투자실적
자료 : 필리핀 중앙은행

6302.60.00, 6302.91.00), 1998년 12월에는 철강제 파이프용 커플링(동 7307.19.00)과 3인산나트륨(동 2835.31.00)에 대해 각각 AD 관세를 부과했다. 현재 조사 중인 안건으로는 판유리(동 7003.19.90)가 있다.

급증하는 중국의 대 필리핀 투자

필리핀에 대한 중국의 직접투자는 연도에 따라 큰 변화를 나타내고 있지만 전체적인 흐름을 보면 1998년 이후부터 급증하고 있다(〈표 5-3〉 참조).

1997년에는 불과 200만 달러가 채 안 되었던 투자액이 1998년에는 7,200만 달러, 1999년에는 1억 달러를 넘어섰다. 업종별로 보면 상업 등에 투자한 금액이 가장 많아 1999년에는 투자 총액의 62.9%, 2000년에 이르러서는 72.1%를 차지했다(〈표 5-4〉 참조).

〈표 5-4〉 중국의 필리핀 업종별 직접투자액(1997~2000년)				(단위 : 100만 달러)
품 목	1997	1998	1999	2000
총액	1.97	72.06	111.41	48.49
금융	0.19	0.49	1.85	1.45
제조업	0.22	2.24	4.09	0.55
광업	–	–	0.09	–
상업 · 부동산	1.44	32.5	70.02	34.95
서비스	0.01	0.38	0.48	0.34
공익사업	–	0.18	0.53	0.15
농림수산업	–	0.08	0.45	0.3
건설	0.12	0.6	0.52	0.25
기타	–	35.61	33.38	10.5

주 : 국제수지 기준
자료 : 필리핀 중앙은행

개별 투자 안건은 분명하지 않으나 투자위원회(BOI)의 인가 통계에 의하면, 2000년에 「지엔서」가 오토바이 제조에 2,680만 페소(약 61만 달러)를 투자했다(1996~2000년에는 다른 인가 안건 없음).

한편 중국에 대한 필리핀의 투자에서 주목되는 것은 식품 대기업인 산미겔(San Miguel)사의 맥주 제조사업이다. 산미겔은 현재 광주, 순덕(모두 광동성), 보정(하북성) 3개소에 맥주 제조공장을 설립하고 중국 시판에 들어갔다.

그 밖의 투자는 대부분 중소기업 경영인인 필리핀 거주 화교인에 의해 이루어지고 있다.[1] 업종으로는 금융, 부동산, 여행대리점, 스낵 과자류 제조, 못·볼트·너트·건설 자재의 제조, 가방·우산·셔츠의 제조, 식료잡화점, 빵가게, 인쇄소 등을 들 수 있다.[2]

필리핀에서는 이러한 중소 규모의 대 중국투자가 주류를 이루고 있지만 일부에서는 대규모의 화교인 재벌에 의한 본국 투자도 찾아볼 수 있다.

그 대표적인 것으로는 필리핀 항공의 경영자인 루시오탄 씨에 의한 맥주, 담배사업, 대규모 유통회사인 슈마트(SM)의 헨리시 총사가 복건성에서 진행 중인 쇼핑몰 사업 등을 들 수 있다.

그리고 필리핀 전국의 165개 중국계 상공회의소를 통합한 비화교 상공연합총회에서는 해마다 몇 회에 걸쳐 경제사절단을 중국에 파견함으로써 본국과의 경제 교류를 적극적으로 추진하고 있다.

2. 중국과의 경쟁에서 어떻게 이길 것인가

(1) 가전 산업

중국 제품의 참여로 고조되는 치열한 시장점유율 싸움

필리핀에서 생산되는 AV 기기 및 가전 제품의 90%는 내수용이고 나머지 10%만이 수출된다. 2000년에 컬러 TV의 국내 판매량은 93만 대에 이르고 있고 다음은 냉장고 49만 대, 세탁기 58만 대, 에어컨 32만 대 등이다. 태국이나 말레이시아에 비해 시장은 작지만 약 8,000만 명에 이르는 인구와 1인당 GDP 1,000달러가 넘는 필리핀에서는 여전히 AV 기기 및 가전 제품에 대한 수요가 커 시장은 해마다 큰 성장을 이루고 있다.

이러한 상황 속에서 중국 가전업체의 시장 참여가 줄을 잇고 있다. 필리핀 시장 선발조인 「끄리(1995년 진출)」와 「하이얼(1997년 진출)」에 이어 1999년에 「캉지아」, 2000년에 「메이더」, 「춘란」, 2001년에 들어서는 TCL이 각각 판매 거점을 필리핀에 설치하고 본격적으로 시장에 참여했다. 그 중에서 TCL은 필리핀 자본의 솔리드사에 컬러 TV를 위탁 생산하고 있으며, 그 밖의 중국 브랜드는 필리핀의 수입판매 대리점을 통해 사업 전개를 도모하고 있다. 현재 필리핀 가전협회(CEPMA)의 멤버는 TCL뿐이기 때문에 각 브랜드마다 정확한 시장점유율은 알 수 없으나 TCL의 경우 컬러 TV의 시장점유율을 살펴보면 동사는 2000년에 3.4%(27,161대)였던 것이 2001년 1~5월에는 6.5%(20,457대)까지 확대되었다(샤프 필리핀사 간부). 그리고 최근에는 중국으로부터 에어컨 수입량이 급증하면서 1998년에는 불과 682대였던 것이 2001년 상반기에만 약 10배에 가까운 6,474대가 수입되었다. 이러한 중국 제품의 시장 참여로 업계 관계자는 현재의 중국 브랜드 시장점유율이 약 10% 수준에 달하는 것으로 보고 있다(CEMPA 간부).

한편 중국 브랜드에 대한 인지도도 높아지고 있다. 에어컨으로 정평이 나 있는 「끄리」에 대해서는 필자가 설문(hearing) 조사를 실시한 결과에 따르면 마카티시의 비즈니스가에서 일하는 비즈니스맨의 3분의 1이 그 브랜드에 대해 알고 있었다.[3] 그 밖에도 하이얼, 캉지아, 춘란과 같이 선진국에서는 아직 알려지지 않은 브랜드도 필리핀에서는 어느 정도 알려져 있어, 일반 시민들 사이에 중국 브랜드가 서서히 침투되어가고 있음을 엿볼 수 있다.

중국 제품의 장점을 말한다면 그것은 무엇보다도 가격경쟁력에 있다. 예를 들면 컬러 TV의 소매가는 창홍이 7,990페소, 캉지아가 8만 1,499페소인데 비해 한국의 삼성이 9,279페소, 그리고 일본의 파나소닉은 1만 4,499페소다.[4] TV의 크기는 동일하지만 기능과 품질 면에서 차이가 있기 때문에 일괄적으로 비교할 수는 없다. 하지만 대체로 중국 브랜드는 일본 브랜드에 비해 40% 이상 싸고 한국 브랜드보다도 10% 이상 저렴하다. 마찬가지로 에어컨의 소매가에 있어서도 끄리가 2만 1,000페소(1마력), 미쓰비시전기가 2만 8,600페소(1.5마력)로서 중국 브랜드가 일본 브랜드에 비해 30% 이상 저렴하다.

이렇게 싼 가격을 무기로 향후 중국 브랜드를 취급하는 수입판매대리점이 전국적으로 사업을 전개할 경우, 각 업체의 입장에서는 상당한 위협이 될 것이다. 또한 필리핀의 경우는 구조적으로 원가 측면의 경쟁력이 주변 ASEAN 여러 국가들에 비해 낮기 때문에 업체의 입장에서는 중요한 과제 가운데 하나로 남아 있다.

원가가 높은 요인으로는 첫째, 원재료 및 부품의 현지 조달률이 낮은 점을 들 수 있다. 예를 들면 샤프의 컬러 TV 현지 조달률은 40%(성형 부품, 스피커, 기능 부품 등)이고 기타 부품은 ASEAN(반도체 장비 등) 및 중국(브라운관 등)에서 각각 30%씩 조달하고 있다. 둘째는 판매 대리점의 대부분이 현금으로 결제하지 않고 2~3년의 론(loan)으로 구입하고 있어 금리(연이율 최대 80%) 상승분이 소매가에 더해지는 점을 들 수 있다(샤프 필리핀사 사장).

이러한 이유로 현지에서 생산하기보다는 FOB 가격이 싼 제품에 대해서는 관세를 지불하더라도 수입 판매하는 편이 훨씬 저렴하게 팔 수 있다.[5] 즉 앞에서 말한 원가 측면의 경쟁력 약화가 필리핀 시장에서 확산되어가는 중국 제품의 우위성으로 이어진다는 것이다. 한편 필리핀에서 중국 브랜드의 단점으로는 품질이 떨어진다, 애프터 서비스를 할 거점이 없다, 중국 브랜드에 대한 이미지가 나쁘다(조악품, 밀수품, 카피 상품 등) 등을 들 수 있다.

점점 요구되는 「선택」과 「집중」

중국 제품에 밀리고 있는, 즉 이미 진출한 일본계 및 한국기업들은 앞으로 어떤 대응책을 강구할 것인가. 종전에는 일본 브랜드와의 가격 차이(싸다는 점)를 무기로 필리핀에서 시장을 넓혀온 한국의 LG는 제품(품질)의 차별화를 도모해 라이프 스타일 제안형 상품을 내놓기 시작했다. 더불어 시장 타깃을 부유층으로 옮기고, 전국의 애프터 서비스 거점을 충실하게 함으로써 중국 브랜드를 앞질러가고 있다(LG Collins Electronics Manila사 간부).

한편 컬러 TV와 세탁기 등에서 시장점유율 1위인 샤프 필리핀사에서는 고부가가치 제품의 시장 투입 사이클에 있어 「중국 제품보다 한 발 앞선다」,[6] 「중국으로부터의 부품 수입률을 높여 비용 경쟁력을 강화한다」, 「2002년의 AFTA 실효를 주시해 중국을 포함한 아시아에서의 생산 품목을 분류한다」, 「경쟁력이 없는 제품에 대해서는 장래에 외주화한다」는 등과 같은 대응책을 모색한다.

이 같이 양국 기업 모두 값싼 중국 제품과의 차별화를 도모하기 위해 제품의 「선택」과 「집중」에 관심을 기울여야 할 시점에 직면했다고 볼 수 있다.

(2) 오토바이

필리핀의 오토바이 사정

필리핀의 오토바이 시장은 연간 20만 대의 규모에 이른다. 그 중 약 70%가 트라이스쿨(사이드카가 달린 삼륜 택시)용이고, 나머지 30%는 자가용을 포함한 기타 용도로 사용된다. 따라서 인구 규모가 같은 태국이나 베트남이 80~100만 대 시장인 점에 비하면 필리핀의 오토바이 시장은 매우 작다고 할 수 있다.

오토바이가 보급되지 않은 배경으로는 공공 교통기관이 싼 요금으로 보급되어 있다는 점과, 오토바이의 이미지는 주로 상용이기 때문에 자가용으로 사용하는 문화가 없는 점을 들 수 있다. 따라서 태국, 베트남, 인도네시아에서는 통근·통학용으로 적합한 「언더본」 스타일(발을 가지런히 하여 타는 식)이 주류를 이루고 있는 반면, 필리핀에서는 상용으로 적합한 「백본(발을 걸쳐서 타는 식)」이 주류를 이루고 있다.

현재 필리핀에는 19개에 이르는 오토바이 조립 업체가 존재(BOI 등록 기준)하는데 실제로는 일본계 업체인 카와사키, 혼다, 스즈키, 야마하와 같은 4개사가 96%(카와사키 31.1%, 혼다 27.6%, 스즈키 14.8, 야마하 22.7%. 단, 2000년 1~7월 실적)에 달하는 시장점유율을 가지고 있으며, 나머지는 대만계인 광양(光洋) 등이 차지하고 있다.

급증하는 중국제 오토바이

이러한 상황 속에서 2000년 이후 중국으로부터 오토바이 수입이 급증하고 있다. 1999년에는 277대(배기량 50cc 이상 250cc 이하)밖에 수입되지 않았는데, 2000년에는 627대, 2001년 상반기에는 4,004대로 급증했다.[7] 현재 중국제 오토바이의 시장점유율은 10% 이하로 보고 있으나(BOI 간부), 2001년 8월 시점에 지엔서, 춘란, 징치(輕騎), 중궈룽(中國龍), 리판(力帆)이 BOI로부터 SKD 인가를 받아 앞으로는 필리핀 시장에 본격적으로 참여하려 하고 있다.

중국제 오토바이의 위협은 무엇보다도 가격이 싸다는 점이다. 현재 필리핀에서는 일본계 브랜드의 오토바이(배기량 110cc)가 5만~6만 5,000페소에 팔리고 있는데 중국 브랜드는 이것보다 20~30% 싸다. 게다가 혼다의 4사이클 모델과 비슷한 기종이 당당히 시장에 투입되고 있어 이미지 저하 등 제조업체 측에 타격을 주고 있다.

중국제 오토바이를 둘러싼 또 하나의 특징은 판매 거점이 주로 세브 등과 같은 지방에서 전개되고 있어 마닐라 수도권에서는 실태를 파악하기가 어렵다는 것이다. 통계적으로는 2001년 상반기의 수입 대수가 4,000대로 되어 있으나 지방의 매점(복수의 브랜드를 취급하는 소매점) 중에는 「매월 1,000대 이상의 수입 판매를 소화시키는 곳도 있다」는 소문이 돌고 있다.

아무튼 중국제 오토바이와 가격 면에서 경쟁할 수 없게 된 일본계 업체에서는 종전과 같이 품질, 내구성, 애프터 서비스 등에 주력함과 동시에 투입 모델의 수를 늘려 상품력으로 승부하는 수밖에 없다고 생각한다(혼다 필리핀사 간부).

구체적으로는 상용을 목적으로 하는 지금까지의 오토바이 사용자뿐만 아니라 자가용 목적의 사용자층(언더본, 오프로드 유형의 시장 투입)을 신규로 개척함으로써 시장의 저변을 넓혀야 할 것이다(스즈키 필리핀사 사장). 그리고 2002년부터 AFTA의 실행과 관련해 완성차의 수입 관세가 모두 5%로 일정화되기 때문에(현행 법률에서는 2003년에 5%라고 규정되어 있음) 그룹 내에서 국가별·차종별 생산체제(대량생산화)를 구축해 비용절감을 더욱 강화하는 것이 급선무다.

(3) 섬유산업

중·저급 물품 생산의 중국 이전이 불가피

필리핀의 섬유산업은 홍콩, 대만, 중국 등으로부터 직물을 수입해 국내에서 가공·봉제함으로써 국내외에 판매하고 있다. 일반적으로 고품질의 물품이 세계시장으로 나가고 중·저급품이 국내시장용으로 소비된다. 그리고 필리핀의 섬유 제품에 대해서는 주요 수출처인 미국이나 유럽 등이 수입 쿼터(할당)를 주고 있어 실적에 따라 매년 일정한 수출량이 확보되어 있다. 그래서 필리핀 기업들 중에는 대량의 밀수품이나 값싼 중국 제품과 경합하는 국내시장에서의 경쟁을 피해 쿼터를 이용한 수출로 특화하는 사례도 적지 않다.

그러나 2004년 말까지는 구미 여러 국가와의 사이에 존재하는 쿼터제가 철폐되고[8] 또한 중국의 WTO 가입으로 경쟁 심화가 예상되면서 수출기업을 비롯해 필리핀의 섬유산업 전체가 구조전환의 필요성에 직면해 있는 것도 사실이다.

원래 근로자의 인건비가 중국이나 태국 등에 비해 높고 원재료를 수입에 의존하고 있는 필리핀의 섬유산업은 고비용 체질이어서 중국 제품과 가격으로 승부하기는 어렵다.

실제로 필리핀의 국내시장에서는 최근 값싼 중국산 섬유 제품이 유입되어 국내의 중소·영세기업이 상당한 피해를 입고 있다. 따라서 정부는 섬유산업의 경쟁력을 높이기 위해 새로운 우대조치 프로그램 책정을 검토하고 있다.

특히 세제 면 등의 우대조치를 부여함으로써 노후화된 공장 설비의 근대화를 도모해 생산 효율을 올리는 것이 글로벌 경쟁에서 살아남는 열쇠라 할 수 있다.

한편 업계 단체인 필리핀 섬유비즈니스협회(GBAP)에서는 국제경쟁력을 확보하기 위해 중·저급품의 생산을 중국과 인도로 이전해야 한다는 생각을 하고 있다. 필리핀 국내에서 생산하는 것은 부가가치가 높은 것으로 특화하고, 디자인, 상품 개발력, 마케팅 등의 측면에서도 경쟁력을 높여가는 것이 중요하다.

이러한 노력과 함께 미국과 거래하고 있는 필리핀 기업 대부분이 종업원의 근로조건이나 기업윤리, 법령준수(compliance) 측면에서 구미의 표준과 부합하는 경영을 수행하고 있는 바,[9] 이러한 국제 표준경영을 추진해가는 것도 필리핀의 경쟁력을 확보하는 데 중요한 요인이라고 할 수 있다.

(4) 전자(Electronics)산업

중국 제품과의 경쟁·구분 관계

전자 부문은 필리핀 최대의 수출산업으로 최근 들어 가장 경쟁력이 있는 산업이기도 하다. 한편 중국도 동 산업의 경쟁력을 급속히 갖추어가고 있다.

게다가 양국에 공통된 점은 하이테크 OEM을 맡을 본토 자본기업이 몇몇 존재하지만, 기본적으로는 외자기업이 중심이 되어 경제특구로의 진출과 전량 수출을 조건으로 법인세 면제 등 각종 투자 우대조치를 제공하고 있다는 점이다.

〈표 5-5〉에서는 전기·전자 제품을(2000년 말 기준) 「필리핀에서 생산되고 중국에서 생산되지 않는 품목」, 「중국에서 생산되고 필리핀에서 생산되지 않는 품목」, 「필리핀에서 생산되는 양이 많은 품목」, 「중국에서 생산되는 양이 많은 품목」 등과 같이 4개의 범주로 나누고 각각의 업종을 분류했다.

결과적으로 전자관련(정보통신 기기 및 유닛 제품·부품) 분야 중 중국에서 생산되고 있지 않은 것은 플래시 메모리뿐이고 그 밖의 품목은 모두 중국에서 생산되는 것으로 나타났다.

제3국 시장에서의 경쟁이 예상되는 품목으로는, 양국에서 동일하게 생산되고 있는 제품과 부품으로 노트북 PC, HDD, PPC, 잉크젯 프린터, 휴대전화, 디지털 무선전화, 마더보드, FDD, CD-ROM 등을 들 수 있다. 이러한 품목들에서는 ASEAN 여러 국가나 아시아 NIES라는 다른 국가·지역 제품과도 경쟁에 직면해 있는 것으로 보인다.

<표 5-5> 필리핀과 중국의 전자·전기 제품별 생산상황

필리핀은 생산하고, 중국은 생산하지 않는 제품	**유닛제품/부품** 플래시 메모리
중국에서 생산하고, 필리핀에서 생산하지 않는 제품	**AV 기기** 스테레오 세트, 포터블 CD, 포터블 MD **가전제품** 전자레인지, 청소기 **정보통신기기** 데스크톱 PC, 팩시밀리, 페이지 프린터, 디지털 스틸 카메라, 스캐너, 카네비게이션 시스템 **유닛제품/부품** CRT, 풀키보드, 스위칭 전원
필리핀의 생산량이 많은 품목	**AV 기기** STB · VTR카메라 **정보통신기기** 노트북 PC **유닛제품/부품** HDD
중국에서의 생산량이 많은 품목	**AV 기기** 컬러TV, VTR, 라디오, 카셋트, 헤드폰, DVD 플레이어, 카오디오 **가전제품** 룸 에어컨, 냉장고, 세탁기 **정보통신기기** PPC, 잉크젯 프린터, 휴대전화(AMPN/TDMA/PCS), 디지털 무선전화 **유닛제품/부품** 마더보드, FDD, CD-ROM, DVD-ROM 광픽업, 적층 세라믹 콘덴서

자료 : 《2001 월드와이드 일렉트로닉스 시장 총조사(세계편)》, 후지카메라총연 · 2001년에서 작성

비교우위를 살려 집적을 강화하는 HDD

필리핀의 주요 수출품목인 HDD 제조 기업은 중국과의 경쟁을 맞이해 어떤 전략을 채택하고 있을까.[10] 예를 들면 후지쓰는 종래 데스크톱 PC의 3.5인치 HDD와 MR 헤드를 필리핀과 태국 두 공장에서 생산했

다. 하지만 2001년 이후 IT 업계의 불황을 계기로 생산체제를 수정함으로써 생산기지의 일원화를 꾀했다. 이에 따라 MR 헤드의 생산은 필리핀 공장, 데스크톱 PC의 3.5인치 HDD는 태국 공장으로 각각 집약시켰다.

그러나 그 후의 전사적인 구조조정(2001년 8월 발표)을 통해 후지쓰는 시황이 악화되었던 데스크톱용 HDD의 개발을 중지하면서 태국에서 철수했다.

따라서 현재 후지쓰의 필리핀 공장에서는 최고 73기가의 서버용 3.5인치 HDD에 더하여 HDD의 심장부인 MR 헤드를 생산하고 태국 공장에서는 노트북 PC용 HDD만 생산하고 있다.

한편 후지쓰에서는 중국 제품의 대두가 위협적인 것으로 판단하지만 HDD 생산은 원래 자본집약형 산업이고 생산비에서 차지하는 인건비의 비율은 5~6%이기 때문에 이익률을 얼마나 올리는지가 전체의 비용절감에 매우 중요하다는 점에 주목할 필요가 있다.

이와 같은 말을 NEC의 필리핀 공장에서도 들었는데, 이 공장은 아시아 각지에서 전개하는 그룹 기업 중에서 이익률이 가장 높았다고 한다(NEC 컴퓨터 스토리지 필리핀사 간부).

또한 HDD 생산 입지 조건으로는 1년, 반 년에 기능과 기술 변화가 심한 기술개발에 곧바로 대응할 수 있을 것, 그리고 생산까지의 리드 타임이 짧을 것이 중요시된다.

리드 타임의 단축이라는 점에서 필리핀은 영어로 의사전달이 가능할 것, 동아시아의 중심에 위치하고 로지스틱스(logistics) 면에서 우위성이 있을 것, 우수한 기술자 확보가 용이할 것 등에서 비교우위에 있다고 한다(도시바 정보기기 필리핀사 간부).

그리고 필리핀에는 HDD를 생산하는 일본계 4대 업체(후지쓰, 도시바, 히다치, NEC)가 근접하는 지역에 진출해 있다. 그래서 HDD 제조과정에서 투입하는 부품 기업도 많이 진출하고 있어 이 분야에서는 산업집적이 이루어지고 있다.

지금까지 PC 용도가 주도적이었던 HDD 시장은 앞으로 가전제품이나 AV 기기와의 융합 및 기업의 데이터 저장 시스템의 거대화로 새로운 시장을 열어갈 것으로 예상된다.

이와 같이 필리핀에서의 산업집적 진행상황 및 설비투자 회수라는 관점을 고려할 때 이들 일본계 HDD 업체가 곧장 필리핀에서 중국을 비롯한 제3국으로 생산 거점을 이전할 가능성은 적을 것으로 추측된다.

3. 공존공영을 모색하는 필리핀 기업

(1) 산업의 분류 진전

중국과의 관계에 있어 필리핀이 가장 염려하는 것은 자국 내에 진출해 있는 외자기업, 특히 일렉트로닉스 기업이 생산 거점을 중국으로 이전하지 않을까 하는 점이다.

특히 외자를 도입하여 수출지향형 경제성장을 이룩해온 필리핀의 입장에서는 「세계의 공장」으로 불리는 중국 화남지역이 최대의 라이벌이라고 할 수 있을 것이다.

화남지역은 최근 수년 간 급속도로 산업집적이 진행되고 있는데, 이와 보조를 맞추기라도 하듯이 투자 대상처로서의 매력도 점차 높아지고 있다.[11] 따라서 정부와 산업계에서는 세계의 투자가 중국 한 곳에 집중되지는 않을까 하는 위기감이 확산되고 있다. 이를 상징적으로 보여주는 사건이 이른바 「시게이트(Seagete)사건」이다.

디스크 드라이브를 제조하는 미국의 대기업 시게이트는 1997년에 필리핀으로 진출하기로 결정한 다음 7,000만 달러를 투자해 HDD 공장을 건설했는데 시황 악화를 이유로 갑자기 필리핀에서의 생산을 포기했다.

그 후 시황은 회복되었지만 필리핀으로 돌아가지 않고 생산 거점을 중국(심천과 무석의 공장)에 집약시켰다.

그리고 1999년에는 통신기기 대기업인 유니덴(Uniden)이 필리핀에서 운영했던 무선전화 생산기지에서 철수함으로써 중국의 심천공장으로 전면 이관했다.

유니덴은 필리핀제 무선전화에 대한 미국의 특혜 관세(GSP)가 1999년에 기한 만료됨으로써 필리핀에서의 경쟁력이 없어진 점을 철수 이유로 들었다.

박리다매로 인해 상품의 사이클이 짧은 무선전화의 경우 인건비를 낮추는 것은 당연한 일이지만 현지 조달률을 얼마나 올리느냐 하는 것도 치열한 가격 경쟁에서 싸워 이기는 요인이 된다. 유니덴에 의하면 무선전화를 만들려면 기구 부품을 비롯해 모두 45개 부품이 필요한데 1999년에 중국에서 조달한 부품 점수가 30개 품목이었던 것이 2001년 7월 말에는 38개 품목으로까지 늘어났으며 최근에는 세라믹 콘덴서 등의 주요 부품도 중국 본토의 기업에서 조달할 수 있게 되었다고 한다(하지만 트랜지스터와 IC 등은 여전히 ASEAN과 일본에서 조달하고 있다).

이 같이 부품산업의 집적이 진행되어 외자를 유치하고 있는 중국(특히 화남)은 필리핀에게는 사실 위협적이다. 그러나 이미 진출한 일본계 기업이 필리핀에서 철수할 것인지에 대해서는 현 시점에서 볼 때 꼭 그렇다고는 할 수 없다.

결론부터 말하면 다국적 기업의 경우 리스크 분산이라는 관점에서 중국으로 생산 거점을 집중시킴은 현실적이지 못하다고 생각하는 경향이 지배적이다.

이러한 가운데 기업 내에서 어떤 시도가 이루어지고 있는 것일까. 유니덴의 경우 무선전화는 중국의 심천공장에서 전면 생산하고 있다. 하지만 CB 트랜시버, 스캐너, 레이다 디렉터처럼 난이도가 높은 제품은 필리핀에서 생산하는 것을 특화하고 있다.

즉 근로자의 인건비가 싼 중국 화남에서는 무선전화처럼 박리다매이면서 상품의 사이클이 짧은 제품으로 특화하고, 비교적 인건비가 비싼 필리핀은 부가가치가 높고 상품의 사이클이 비교적 긴 제품이 적당하다.

그러나 이것이 의미하는 바는 부가가치가 높은 것을 기술적으로 중국에서 만들 수 없다는 말이 아니라 필리핀에 비해 인건비가 싼 중국에서는 박리다매의 제품이 경쟁력을 확보하기 쉽기 때문에 이 같이 생산 품목을 분류하고 있는 것이다.

한편 잉크젯 프린터를 제조하고 있는 「세이코 엡슨(Seiko Epson)」에서도 리스크 분산을 이유로 아시아의 주요 생산 거점을 세 군데로 분할하고 있다(동사는 필리핀의 바탄가스 주, 인도네시아의 바탄 섬, 중국의 심천에 생산 공장을 갖고 있다).

프린터는 종전에 저급기, 중급기, 고급기와 같이 기능에 의한 기종으로 분류했으나 최근에 들어서는 기종에 따른 기능 차이가 거의 없어져 가격도 허물어졌기 때문에 부가가치에 따라 생산거점을 분류하는 방식이 불가능해졌다고 한다.

그래도 인건비가 비싼 필리핀에서는 부가가치가 높은 기종, 구체적으로는 A3에 대응하는 대형 프린터 등의 생산으로 특화함으로써 각각 생산 거점의 이점을 살리도록 연구하고 있다.

(2) 향후 과제

지금까지 말한 바와 같이 설비투자의 회수, 리스크 회피 등의 관점에서 필리핀에 있는 생산 거점이 금방 중국으로 이전될 가능성은 작지만, 중국이 가진 비용 경쟁력은 필리핀의 입장에서는 역시 위협적이다.

현재 필리핀에서는 비록 외자기업의 주도로 이루어지고 있지만 휴대전화의 심장부인 디지털 신호 처리장치(DSP)나 플래시 메모리(펜티엄 IV) 등의 고부가가치 제품이 세계로 수출되고 있다. 그러나 내실은 중국이 기술 수준에서 점점 따라가고 있어 일본, 구미와 같이 첨단 기술을 갖고 있지 않은 필리핀은 그야말로 「샌드위치 상태」에 있어 신중한 대응을 모색해야 할 필요성에 직면해 있다〔필리핀 반도체전자공업회(SEIPI) 간부〕.

SEIPI에서는 중국과의 경쟁 또는 글로벌 경쟁에서 살아남으려면 인재개발이 필수적이라고 인식한다. 그래서 SEIPI에서는 2001년 10월 이후 마카티 시내에 「전자 기술훈련 센터(Electronical Training Center)」를 개교하고 SEIPI 회원 기업에서 일하는 3만 명의 기술자를 대상으로 고도의 기능 훈련을 실시할 예정이다.

그리고 앞으로는 필리핀에서 경쟁력이 없어진 공업품, 특히 노동집약형 산업은 중국에 위탁생산하여 산업 전체의 경쟁력을 확보할 필요가 있다.

이러한 생각은 앞에 나온 AV 기기, 가전, 섬유 등의 각 업계에서도 공유하고 있어 중국과의 제휴, 협조를 한창 모색하고 있는 것으로 알려져 있다.

한편 필리핀 정부는 향후 국가 전략으로서 산업구조를 종전의 노동집약형 · 기계집약형 산업에서 지식집약형 산업으로 전환해야 할 필요성을 언급하고 있다.[12]

구체적으로는 세계적으로 통용되는 기술자를 육성해 소프트웨어 개발과 정보통신 서비스의 고용을 늘려가기로 했다.

그리고 정부는 취업 인구의 약 40%를 차지하는 농림수산업에도 주력하고 있다. 이 때문에 중국의 WTO 가입과 관련한 양국 간 교섭 과정에서[13] 농산품의 관세 인하를 제1순위에 두었다(무역공업성 국제관계국 간부).

이상에서 살펴본 것처럼 중국의 WTO 가입을 계기로 현재 필리핀에서는 정부 및 산업계에서 다양한 노력이 이루어지고 있다. 그러나 외자도입형 경제발전 패턴을 취하는 필리핀의 당면 과제는 외국 투자가의 신임을 얻는 것이 무엇보다 중요하다. 필리핀과 관련한 정치불안이 언론매체를 통해 종종 세계로 발신되기 때문에 정치 안정과 치안 회복이 매우 중요하다.

동시에 투자 환경을 정비하고 필리핀이 투자처로서 얼마나 최적한지를 적극적으로 홍보할 필요가 있다.

　그렇게 하려면 기업이 안심하고 필리핀에서 사업 활동을 할 수 있도록 진출 기업 간에 종종 문제점으로 지적되는 노무 문제나 최저임금제를 적절하게 시행하고 또한 정비되지 않은 인프라에 대해서도 개선해 가는 노력이 중요하다.

|6| 인도네시아 — 공세가 강화되는 중국 제품

혼조 쓰요시(本庄剛) · 쓰케 히로토(柘植裕人)

　인도네시아와 중국과의 경제관계는 무역과 투자 모두 긴밀하며 인도네시아 경제에서 중국의 위협이 더해가고 있다. 중국의 대 인도네시아 투자는 2000년에 1억 달러에 달하고 중국 제품은 낮은 가격을 배경으로 시장점유율을 급속히 높여가고 있다. 가전분야에서는 중국 업체가 인도네시아에 생산공장을 건설하는 등 점점 공세를 강화해가고 있어 이미 진출한 일본계 기업은 사업전략 재편에 직면해 있다.

　본 장에서는 제1절에서 인도네시아 · 중국의 외교 및 경제관계를 개관한 다음 제2절에서는 이륜차와 가전제품에 대해 중국기업의 진출 상황 및 일본과 중국 제품을 비교 검토한다. 제3절에서는 중국 WTO 가입이 인도네시아에 미치는 영향을 살펴보기로 한다.

1. 긴밀해지는 대 중국 외교·경제관계

(1) 호전되고 있는 외교관계

인도네시아와 중국은 중화인민공화국을 건국한 이듬해인 1950년 4월에 국교를 수립했다. 그러나 인도네시아 공산당 탄압을 초래한 1965년에 일어난 「9월 30일 사건」 이후 양국관계는 악화되어 1967년 10월에 국교가 단절되기에 이르렀다. 1980년대에 들어가서 양국은 국교 회복을 위해 노력하기 시작하여 1990년 8월 이 리펑 중국 수상이 인도네시아를 방문했을 때 정식으로 국교를 회복했다.

그러나 1998년 자카르타 폭동이 일어났을 때는 자카르타 북부의 중화가 코타지구에서 폭동이 발생하여 화교 상점과 화교 기업에 대한 투석, 약탈, 방화 등이 벌어졌다. 이에 대해 중국측이 인도네시아 정부에게 일련의 사건에 대해 철저한 조사를 요구했다. 1999년 10월에 취임한 와비드 대통령은 첫 공식 방문처로 중국을 방문, 양국 관계의 보다 긴밀한 관계와, 더불어 인도네시아에 거주하는 화교인 문제에 대해 배려한다는 의향을 표명했다. 2000년에는 후진타오 중국 국가 부주석이 인도네시아를 방문하는 등 안정된 관계가 지속되었다.

(2) 확대되는 양국 간 무역

인도네시아의 대 중국무역은 2000년에는 전년비 47.6%가 증가한 48억 달러로 전체의 5.0%를 차지했다. 이 비율은 인도네시아의 최대 무역 상대국인 일본의 4분의 1이다. 1996년 대 중국무역이 차지하는 점유율이 3.9%이었던 점에서 볼 때 급격하지는 않지만 인도네시아와 중국 간의 무역관계가 조금씩 확대되고 있음을 알 수 있다. 또한 최근 수년 간 중국은 인도네시아의 다섯번째 무역 상대국으로 성장했다.

뚜렷히 증가하는 전기 · 전자 제품, 이륜차의 수입

인도네시아의 대 중국 수입액은 2000년에는 전년대비 63.6%가 증가한 20억 3,200만 달러로 수출 신장률을 크게 웃돌고 있다(〈표 6-1〉 참조). 세계 전체에서 차지하는 점유율은 6.0%로 96년의 3.7%에서 높아졌다. 동아시아 주요국 · 지역[1] 중에서 중국은 16.7%를 차지하여 1996년의 14.7%에 비해 2포인트 확대되고 있어 점점 그 위협이 더해가고 있다. 또한 2001년에 들어와서도 중국으로부터의 수입은 계속 증가하고 있다.

품목별로 보면 최대 수입품목은 수출과 마찬가지로 광물 연료이고 석유의 국제가격 앙등으로 인해 전년보다 2.5배 늘어난 2억 8,200만 달러에 이르렀다. 아시아 통화 · 경제위기가 심해진 1998년에는 전년대비 80.9% 감소로 대폭 떨어졌지만 1999년과 2000년에는 계속 증가했다. 그 다음 품목은 곡물인데 2000년에는 전년대비 26.6% 감소한 2억 1,500만 달러를 기록했다. 그 다음은 일반 기계 · 기기(전년의 2.3배인 1억 6,500만 달러), 면과 면직물(전년의 1.9배인 1억 4,000만 달러), 철강(전년의 3.4배인 1억 2,600만 달러) 등으로 모두 중국이 아시아 지역 내에서 유력한 생산 거점을 갖고 있는 제품이다. 특히 일반 기계 · 기기부문에서는 중국에서의 생산력 증강이 뚜렷한 컴퓨터 및 관련부품이 전년에 비해 2배를 기록하면서 1,200만 달러로 증가했다.

상기 이외의 품목에서 급증하고 있는 것은 전기 · 전자 제품 및 이륜

〈표 6-1〉 인도네시아의 대 중국무역 주요품목 추이					(단위 : 100만 달러)
수 입					
품목 (HS 분류 2코드)	1996	1997	1998	1999	2000
광물연료(27)	240	209	40	113	282
곡물(10)	6	76	133	293	215
일반기계(84)	232	219	136	71	165
면직물(52)	24	18	32	73	140
철강(72)	125	159	32	37	126
무기화학제품(28)	92	80	74	75	107
전기 · 전자제품(85)	102	82	45	36	104
차량(87)	23	18	3	9	91
유기화학제품(29)	88	61	54	60	81
담배(24)	89	67	24	58	56
총 계	1,598	1,518	902	1,242	2,032
수 출					
품목 (HS 분류 2코드)	1996	1997	1998	1999	2000
광물연료(27)	1,072	915	384	583	1028
목재 펄프(47)	85	165	227	218	341
목재 · 동 제품(44)	259	293	306	247	306
종이 · 판지(48)	134	161	219	223	220
유기화학제품(29)	16	35	45	117	198
유지(15)	75	248	89	145	146
플라스틱(39)	24	50	57	53	100
전기 · 전자제품(54)	5	10	15	25	56
장섬유 · 동 직물	12	14	13	16	45
각종화학공업제품(37)	22	8	70	36	45
총 계	2,057	2,229	1,832	2,009	2,768

자료 : 인도네시아 중앙통계국

차 등의 차량이다. 전기 · 전자 제품은 전년에 비해 2.9배인 1억 400만 달러로 확대되었다. 그리고 차량에 대해서는 2000년의 수출액이 전년의 10.1배인 9,100만 달러로 다른 수입품목에 비해 수준은 낮지만 급격한 신장세를 보였다. 전기 · 전자 제품의 내역을 보면 필라멘트 전구 및 방전관이 최대 수입 품목으로 되어 있지만(전년의 2.4배인 1억 1,200만 달러) TV가 20.1배인 1,000만 달러로 급격히 증가하여 필라멘트 전구 및 방전관에 육박하는 기세를 보이고 있다. 그 밖에 TV 등의 부품이 전년의 6.0배인 600만 달러로 신장했고 TV는 완성품뿐만 아니라 부품에서도 수입이 증가하는 경향을 보인다. 한편 이륜차 수입은 2000년에 전년의 61.0배인 6,100만 달러로 급격한 증가를 보였다. 1996년에는 수입액이 제로이고 1997년부터 1999년에 걸쳐서도 큰 폭의 증가는 보이지 않았으나 2000년의 이륜차 수입 자유화로 인해 급증하는 계기를 맞게 되었다. 그리고 이륜차용 부품은 전년비 4.0배인 1,600만 달러로 이륜차와 더불어 차량 수입 전체의 80%에 달했다. 대수 기준으로 보더라도 2000년의 이륜차 수입은 835만 대에 이르고 있다.

전기·전자 부품의 대 중국수출 급증

인도네시아의 대 중국수출액은 2000년에는 전년대비 37.8%가 증가한 27억 6,800만 달러로 대폭 증가했다. 세계 전체에서 차지하는 점유율은 4.5%이고 인도네시아에서 중국은 다섯번째 수출국에 해당한다. 최근 5년 간의 순위변동은 없지만 점유율은 1996년의 4.1%에서 다소 높아졌다. 동아시아 주요국·지역에서 보더라도 수출처로서 중국의 위상은 향상되어 2000년 중국의 점유율은 12.9%를 기록했다.

그런데 2001년에 들어와 대 중국수출이 감소했다. 20001년 1/4분기에는 전년비 20.5% 감소한 5억 7,900만 달러로 세계 전체에서 차지하는 점유율도 3.9%와 4%를 넘나드는 결과가 되었다. 동아시아 주요국·지역에서 차지하는 중국의 점유율은 11.7%로 2000년의 수준에 비해 약간 낮아졌다. 이것은 인도네시아 최대의 수출품목인 광물 연료가 대폭 감소했기 때문이다. 인도네시아 중앙통계국(BPS)은 석유·가스 제품을 제외한 국가별 무역 통계를 발표했다.[2] 이에 의하면 2001년 상반기의 수출액은 전년 동기비 12.7% 감소한 7억 5,600만 달러이고 중국의 점유율은 3.4%이다.

다음은 2000년의 대 중국수출을 품목별로 살펴보기로 한다. 최대 수출품목은 대 일본수출과 마찬가지로 광물 연료로 대 중국수출의 40%를 차지한다. 석유 순수입국인 중국에 대한 수출은 2000년에는 전년의 1.8배인 10억 2,800만 달러로 크게 증가하여 대 중국수출 전체를 증가시키는 견인차 역할을 했다. 아시아 통화·경제위기가 심각해진 1998년에는 전년비 58.0% 감소로 대폭 떨어졌지만 1999년과 2000년에는 석유의 국제가격 앙등과 중국 국내의 수요 증대로 확대되었다. 그 다음이 목재 펄프이고 2000년에는 전년비 56.4% 증가한 3억 4,100만 달러이다. 그 뒤를 이어 목재·동 제품(전년비 23.9% 증가한 3억 600만 달러), 종이 및 판지(전년비 1.3% 감소한 2억 2,000만 달러), 유기화학품(전년비 69.2% 증가한 1억 9,800만 달러) 등이 뒤따르고 있으며 종이 및 판지를 제외하면 모두 두 자리수의 신장세를 보였다.

그 밖의 품목에서 대 중국수출이 급증하고 있는 것은 플라스틱 및 전기·전자 부품이다. 플라스틱은 2000년에 1억 달러에 달했는데 중국 국내의 왕성한 수요에 힘입어 전년에 비해 1.9배로 확대되었다. 그리고 전기·전자 부품에 대해서는 5,600만 달러로 수준은 낮지만 아시아 통화·경제위기의 영향이 심각했던 1998년, 1999년에도 계속 증가했다. 전기·전자 부품의 내역을 보면 진공관이 최대로 전년의 13배인 1,300만 달러, TV 등 부품이 전년의 10배인 1,000만 달러, AV 기기용 부품이 전년의 9배인 900만 달러로 상위 품목 모두가 2000년에 급증했다. 아시아의 컬러 TV 생산 대수에서 차지하는 중국의 점유율은 1996년의 29.3%에서 2000년에는 45.6%로, 마찬가지로 VTR도 1996년의

16.8%에서 23.3%로 높아졌다.[3] 이러한 점으로 볼 때 인도네시아에서 부품이 공급되고 중국에서 완성품이 생산되는 수평분업이 활발히 이루어지고 있음을 알 수 있다. 2001년에 들어와서도 AV 기기용 부품이나 IC의 대 중국수출이 증가하고 있어 수평분업이 가속화되고 있다.

(3) 확대되는 중국의 대 인도네시아 투자

중국의 투자를 냉정히 지켜보는 인도네시아 정부

인도네시아에 대한 중국의 직접투자는 2000년에 전년비 2.5배인 1억 4,690달러에 달하여(인가 기준) 인도네시아의 대 중국투자액을 처음으로 상회했다. 또한 인도네시아에 대한 중국의 투자인가 건수는 1998년부터 2000년에 걸쳐 각각 6건, 15건, 40건으로 투자액과 마찬가지로 1999년과 2000년에 증가했다.

구체적인 중국으로부터의 투자 사례로서 사천(四川)의 창홍전자집단공사가 2000년 9월 자카르타 교외에 연간 생산능력 80만 대의 컬러 TV 공장을 오픈한 사실을 언급할 수 있다.[4] 동사는 1999년 이후 자카르타를 포함한 자바 섬, 수마트라 섬, 스라베시 섬에서 자사 제품의 쇼룸을 전개하여 인도네시아 시장에의 참여를 모색했다.

동사는 인도네시아가 시장으로서도 유망할 뿐만 아니라 다른 동남아 여러 나라로의 수출 거점으로서도 중요하다는 점을 인식하고 향후 이를 발전시켜 나갈 의향이어서, 컬러 TV 생산이 궤도에 오른 후에는 현지에서 냉각기(Cooler) 생산에도 착수하려 하고 있다.

이외에 캉지아집단공사는 2000년 3월 컬러 TV 등 동사의 제품을 취급하는 전액 출자형식의 무역회사를 설립하고 인도네시아 시장에 대한 상품 진출을 모색했다.[5] 동사의 인도네시아 현지 법인에서는 연간 25만 대의 TV를 취급하게 되었다.

이 같이 중국이 인도네시아에 투자를 확대하는 경향에 대해 인도네시아 정부는 현재 이를 냉철히 지켜보고 있다.[6] 왜냐하면 중국의 직접투자액이 증가하고 있다고는 하지만 2000년을 통틀어 한국이 투자한 금액의 4분의 1정도에 머무르고 있어 직접투자 전체의 동향을 좌우하는 것은 아니기 때문이다.

그리고 중국기업이 투자허가 신청을 하기 위해서는 먼저 자국 정부의 복수 관청으로부터 허가를 받아야 하며, 중국기업의 경우 인도네시아 정부에게 합병 상대인 인도네시아 기업에 대한 보증을 요구하는 등의 문제가 발생하고 있다. 따라서 이러한 정황으로 볼 때 인도네시아에 대한 중국기업의 직접투자가 본격적으로 증가하려면 다소 시간이 걸릴 것이다.

또한 2001년의 중국투자액은 1~7월에 전년 동기비 76.7% 감소한 2,380만 달러(인가 건수는 20건)를 기록했다. 구체적으로는 이륜차 업체인 첸장(錢江)이 합병으로 이륜차 조립공장을 서자바 쟈바주 내에 개설하는 등 이륜차와 무역업 등에서의 투자활동이 중심을 이루고 있다.

여의치 않은 인도네시아의 대 중국투자

중국측 통계에서 1996년 이후 중국에 대한 인도네시아의 직접투자액을 보면, 1996년을 제외하고 8,000~9,000만 달러 수준을 기록했다 (계약 기준). 아시아 전체에서 차지하는 인도네시아의 직접투자 점유율은 0.2~0.4%로 매우 낮다. 계약 건수는 1996년에 73건에 달했지만 투자액과 마찬가지로 1997년부터 2000년 동안에는 그다지 큰 건수를 기록하지 못했다.

중국측 통계에서는 실행 기준의 투자액도 함께 발표되었다. 이것을 보면 1996년은 9,400만 달러(전년비 16.1% 감소), 1997년은 8,000만 달러(전년비 14.9% 감소), 1998년은 6,900만 달러(전년비 13.8% 감소), 1999년은 1억 2,900만 달러(전년 1.9배), 2000년은 1억 4,700만 달러(전년비 14.0% 증가)로 1999년과 2000년은 증가하는 추세에 있다.

2. 인도네시아 시장으로의 중국제 이륜차 · 가전제품의 유입

(1) 중국 제품의 영향이 한정적인 이륜차 시장

최근에 들어와 중국에서 수입되는 내구 소비재는 증가하는 경향이 있다. 특히 이륜차나 가전제품의 신장이 현저하다. 따라서 이륜차와 가전제품(TV)에서 나타난 중국 제품의 부상에 대해 소개하도록 한다.

중국제 이륜차의 시장점유율은 약 20%

인도네시아의 이륜차 시장은 1999~2000년에 계속 확대되었다. 이러한 가운데 중국의 이륜차 업체는 수입뿐만 아니라 인도네시아 내에서 생산을 개시하는 단계에 이르렀다. 인도네시아 이륜차공업회(AISI)[7]에 의하면 2000년 가맹기업이 생산한 이륜차 대수는 98만 2,380대(〈표 6-2〉)로 과거에 최대였던 1997년의 절반 이상 수준에 머물렀지만 과거에 최저를 기록했던 1998년의 51만 5,404대보다는 크게 회복되었다. 국내 판매 대수는 86만 4,144대로 1998년의 51만 7,914대의 1.7배

<table>
<tr><td colspan="7">〈표 6-2〉 인도네시아 이륜차 공업회 가맹 업체에 의한 생산대수 추이　(단위: 만 대, %)</td></tr>
</table>

구 분	1996	1997	1998	1999	2000	2001
대수	142.5	186.1	51.9	57.2	98.2	88.2
증감률	–	30.4	72.1	10.1	71.8	75.9

주 : 2001년은 1~7월로 증감률은 전년동기비
자료 : 인도네시아 이륜차공업회

에 달했다. 한편 2000년에 이륜차의 수입자유화가 실현됨에 따라 주로 중국으로부터의 수입이 급격히 증가했다. AISI에 의하면 2000년에 중국제를 비롯하여 수입 이륜차가 시장 전체에서 차지하는 점유율은 16.8%에 달했다.

이러한 이륜차 시장의 회복 · 확대는 공공 교통기관이 정비되지 않았기 때문에 항상 일정한 수요가 있는 점과 금리가 12~13%에서 안정적으로 변화하여 대출에 의한 구매 의욕이 왕성했다는 점에 기인한다. 그리고 원재료 등 외화기준 수입이 필요 없는 어업, 농업, 광업, 관광업 등의 산업에서는 경제위기의 영향이 크지 않았기 때문에 이들 산업에 관계하는 자들은 이륜차 구입에 적극적이었다. 또한 1996년부터 1997년에 구입했던 사용자가 다시 구매하는 수요를 예상하여 각 사에서 신형차와 Minor Change차를 시장에 투입하는 등 적극적인 판매활동이 있었던 점도 지적할 수 있다.

AISI 예측에 의하면 2001년을 통틀어 국산 이륜차의 판매 대수는 140만~160만 대에 이른다. 또한 중국제를 포함한 수입 대수는 20만~30만대 수준으로의 증가가 예상되기 때문에 이것들을 합계하면 인도네시아의 이륜차 시장 규모는 160만~190만 대에 달하게 되고 이것이 현실화되면 1997년에 기록했던 과거 최고수준인 186만 대 수준을 회복하게 된다.

인도네시아의 이륜차 시장이 회복하는 모습과 잠재성을 보고 인도 네시아의 생산 거점 설립에 박차를 가하는 중국 업체도 출현하고 있 다. 사넥스 모터 인도네시아(Sanex Motor Indonesia)와 토사 사크티 (Tossa Sakti) 두 회사가 이에 해당한다. 사넥스는 2001년 8월 20일 자 카르타 서부의 공업단지에 설립한 공장을 가동시켰다. 생산 능력은 월 3만 대이고 당분간은 중국으로부터의 CKD로 조립하는데 장래에는 현 지 조달률을 70%로 끌어올릴 것을 목표로 하고 있다. 또한 동사는 2000년에 7만 9,521대의 완성차를 수입하여 전체 수입 대수의 45.7% 를 차지했다. 그리고 토사 사크티사는 2001년 1월에 월 생산능력 1만 대인 공장을 가동시켜 인도네시아 국내에서 소비할 상품을 독자적인 브랜드로 판매하고 있다.[8]

비용 면에서 압도적으로 장점을 지닌 중국제 이륜차

AISI의 리드완 구나완 회장은 인도네시아 국내에서 판매되는 중국 제 이륜차의 거의 대부분은 일본계 업체의 인도네시아 시장용 디자인 을 모방한 상품이라고 지적한다.[9] 이러한 중국 제품이 대량으로 계속 수입되는 가운데 인도네시아에서는 2000년 12월 20일 공업의장법이 제정되었다. 이 법에 의해 공업 디자인은 모두 등록되어 보호·대상이 된다. 때문에 이론상으로는 중국 업체가 일본차의 카피 상품 제조를 중지하고 독자적인 개발품을 수출하지 않는 한 인도네시아 시장에 접 근할 수 없게 된다.

중국제 이륜차의 경쟁력 근원지는 일본제 이륜차를 모방한 디자인 뿐만 아니라 그 가격이 싸다는 점에 있다. 인도네시아에서는 중국제 이륜차가 일본계 제품의 60~80% 정도의 가격으로 판매된다. AISI에 의하면 인도네시아를 비롯하여 ASEAN으로 수출되는 중국제 이륜차의 대부분은 일본제 카피 상품이기 때문에 로열티는커녕 개발비도 들지 않아 수출 가격을 아주 낮게 설정할 수 있다. 그리고 중국은 인건비나 인프라 등 생산비가 ASEAN 여러 국가에 비해 낮은 수준에 있는 점, 값 싼 부품을 적극적으로 사용하고 있는 점, 중국 업체의 대부분이 군수 산업에서 전환한 기업으로 기업측 입장에서는 근로자의 기능 교육에 드는 비용이 아주 낮은 점 등이 또 다른 이유들로 지적되고 있다.

일례로, 어느 일본계 업체가 라이선스를 공여하고 있는 중국 업체의 「커브 유형(Cub type)」이 799달러(FOB 가격)인 점에 비해 카피 상품은 450~560달러로 라이선스 상품의 가격을 240~350달러 정도 밑돈다. 그리고 이러한 가격 차에 더하여 수입업자가 통관할 때 수량과 단가를 과소(過少) 신고하는 일이 있어 인도네시아에서 판매되는 중국제 이륜차는 일본계 이륜차에 비해 가격이 훨씬 낮다.

중국제 이륜차가 도태될 것이라는 견해도

그러나 이러한 중국 업체의 저가 공세 한계를 지적하는 소리도 들린다. 현재 인도네시아의 이륜차 수입업자는 87개사로 모두 57개 브랜드가 수입 판매되고 있다. 그러나 이 수입업자들의 대부분은 자금이 빈약하고 광고력이 약한 중소업자로 보이며 거리의 식당이나 상점가의 점포 앞자리를 빌려 수입한 이륜차를 나열해놓고 판매하므로 「Hit and Run(팔기만 함)」이 적지 않다. 그리고 일본계 기업의 관계자에 의하면 중국제 수입 이륜차 판매 초기에는 시장점유율이 한때 27%에 달했지만 품질문제가 표면화되면서 최근에는 서서히 저하되고 있다. 이 관계자는 인도네시아 시장에서 살아남는 중국제 이륜차는 극소수의 브랜드

이어서 중국제를 포함한 수입 이륜차의 시장점유율은 20% 정도 떨어질 것으로 예상하고 있다.

인도네시아에서 이륜차를 구입하는 소비자는 오랫동안 일본 제품에 익숙해진 점도 있어 품질에 대해서는 비교적 까다롭다. 그럼에도 품질이 낮고 애프터 서비스도 좋지 않은 중국제 이륜차가 팔리는 것은 일본계 기업의 상품을 원하지만 가격이 비싸 구입할 수 없어서 저가의 중국제 이륜차를 선택하는 구매층이 적지 않기 때문이다. 그러나 일부 차종을 제외하고 중국제 이륜차에 대한 품질 문제가 제기되면서 저소득 구입자층이 언제까지 중국제 이륜차를 계속 구매할 것인지 예측하기란 어렵다.

일본계 제조업체 관계자는 국내에 제조공장을 갖고 국산부품을 사용함으로써 유지가 가능한 업체의 상품만이 인도네시아 시장에서 살아남을 수 있을 것으로 보고 있다.

(2) 현지 생산에 착수한 중국 가전업체

중국제 TV는 20~40% 싸다

인도네시아의 가전 시장은 일본계 및 한국계 업체의 제품이 대중적이다. 그러나 1999년 이후부터는 중국 제품이 저가를 무기로 참여하고 있다. 중국의 대기업 가전업체인 창홍(長虹)이 대규모 TV 공장을 자카르타 교외에 건설하여 인도네시아 시장에 본격적으로 뛰어들었다.

인도네시아의 TV 시장은 1997년경까지 소니, 도시바, 마쓰시타전기, 샤프, 산요전기 등 일본계 브랜드가 압도적으로 높은 시장점유율을 기록했다. 당시 한국의 삼성, LG, 대우가 일본 브랜드와 경합하는 상품을 저가로 시장에 투입하여 서서히 판매를 늘려가고 있었다. 그리고 현지기업으로서 「미니 마쓰시타」로 불린 그 지방의 마스피온(Maspion)사가 주로 14인치 TV를 저가품으로 제조 판매하여 시장점유율을 늘려가면서 고가의 일본계 브랜드는 고전을 면치 못했다. 이 때 중국제 TV는 지방도시의 잡화점, 전기상점의 한 구석에서 팔리고 있었지만, 이것은 업체의 정규 수입품이 아니라 인도네시아 수입업자가 닥치는 대로 수입하여 화교 유통망을 통해 국내에서 판매한 것이어서 일본계·한국계 기업에 위협이 될 정도로 두드러진 존재는 아니었다.

그러나 통화·경제위기로 인해 국내의 TV 시장은 1998년에는 단번에 4분의 1규모로 축소돼버렸다. 게다가 루피(rupee)화의 폭락으로 인해 원재료를 수입에 의존했던 TV 판매가격이 200~300% 상승하는 한편 노동임금은 15% 상승에 머물렀기 때문에 소비자의 TV 구매력이 대폭 저하되었다.

1999년 후반 이후 인도네시아 국내의 TV 시장에 회복의 조짐이 보이기 시작하자, 일본계 기업 외에 한국의 삼성, LG가 본격적으로 마케팅을 재개했다. 특히 한국기업은 종전의 저가품에 더하여 일본 브랜드에 뒤지지 않는 우수한 디자인과 기능을 한데 모은 평면 TV와 DVD 등 고화질의 미디어 상품을 인도네시아 시장에 투입하여 일본계 기업의 본거지이었던 고급품 시장에 참여했다.

중국제 저가품 수입이 급격히 늘기 시작한 것도 이 시기다. 창홍, 캉지아 등이 14~21인치 TV 저가품 시장에서 단기간에 판매점유율을 늘렸다. 인도네시아 국내에서 판매되는 중국제 수입 TV의 판매가는 일본계 브랜드를 20~40% 정도 밑돈다. 중국 업체와 인도네시아에 진출한 일본계 업체와의 비용 차이도 그렇지만 중국 제품은 밀수이거나 세관에 과소하게 신고하는 등으로 인해 값싸게 수입되고 있다. 그래서 완성품이나 원재료의 수입 관세를 규정대로 지불하고 있는 일본계 브랜드와 비교하면 중국제 TV의 판매가는 적어도 관세분만큼 싸게 설정될 수 있다. 이러한 문제는 좀처럼 개선될 조짐이 보이지 않아 중국에서 수입되는 TV는 싼값을 무기로 판매 호조가 지속되고 있으며 이미 시장점유율은 15~30%에 달했다고도 한다. 그러나 중국제 수입 TV의 거의 대부분은 애프터 서비스를 제공하지 않기 때문에 규모가 큰 가전 대리점에서는 일부 업체를 제외하고 거의 취급하지 않아 정확한 판매량을 측정할 수는 없다.

중국제 TV를 구입하는 층은 일본계나 한국계에는 접근하지 못하는 저소득층과, 부유층이 고용인이나 운전수 대기실용으로 구입하는 경우가 적지 않다. 이 같은 구입층의 입장에서는 브랜드나 상품의 내구성이 문제가 아니라 가격이 구입의 판단기준이다.

중국기업의 공세는 계속된다. 앞서 말한 사천 창홍전자집단공사는 인도네시아 국내에서 주로 14~21인치 TV를 중심으로 판매활동을 영위하고 있다. 판매망은 아직 각 대도시에 한정되나 기업측이 판매점에 주는 인센티브에 따라서는 앞으로 판매망이 급격히 확대되어갈 것으로 예상된다. 게다가 판매가는 일본 브랜드에 비해 약 10~30% 낮게 설정되어 있다.

일본계 기업에 요구하고 있는 새로운 장점

일본계 기업의 TV는 최신 디자인, 다양한 기능, 고품질·고(高) 내구성, 그리고 애프터 서비스 등에 더하여 세계 최첨단의 기술로 개발·제조한 상품이라는 우수한 브랜드 이미지를 장점으로 유지해왔다. 한편 중국제 수입 TV는 일부의 업체를 제외하고는 구입 후 1년 이내에 고장이 나 사용하지 못하게 되는 품질·내구성의 문제가 있다. 게다가 정규적으로 수리받을 수 있는 애프터 서비스 체제가 갖추어져 있지 않다. 그러나 창홍과 같이 상품 기술력이 있는 일부 중국계 국산 업체의 상품은 완성도가 높아 일본계 기업과 비교하더라도 명확한 차이를 느끼지 못하는 수준에까지 도달했다.

이러한 중국 업체가 출현하면 저가품 시장에서 일본계 기업은 상품 개량만으로 차별화하기란 더욱 곤란해진다. 예전에 한국 브랜드의 상품은 디자인, 내구성, 성능이 나쁘지는 않지만 고급스러움 등이 결여되었기 때문에 보유 만족도가 떨어졌던 시기가 있었다. 그러나 1990년대 후반부터 2001년에 걸쳐 삼성과 LG는 적극적으로 신제품을 시장에 투입하고 또한 브랜드의 이미지를 향상시키기 위해 인도네시아 각지의 규모가 큰 전기점에 전용 코너를 만들어 일본계 브랜드에 뒤지지 않는 우수한 디스플레이로 상품과 브랜드 양쪽의 이미지 향상을 도모하도록 노력했다. 판매점을 통한 애프터 서비스망도 정비했다. 그 결과 한국 제품에 대한 과거의 이미지는 점점 불식돼가고 있어 일본계에 떨어지지 않는 일류 브랜드로서 인지되기 시작했다.

현재 중국의 창홍도 인도네시아 시장에서 한국기업에 가까운 접근 방식을 취해가고 있다. 단순히 상품을 제조·판매하는 것이 아니라 쇼룸을 정비하여 고객과의 접점을 가짐으로써 브랜드 이미지의 확립과 소비자로부터의 신용 획득에도 주력하는 모습을 보이고 있는 점이 다른 중국 업체와의 큰 차이다. 중국기업으로서는 이례적으로 기술력, 상품력, 판매력, 브랜드력을 갖춘 창홍은 인도네시아 시장에서 장차 성공할 기업의 하나로 주목받고 있다.

현재 한국이나 중국계 기업 등에 비해 일본계 브랜드가 압도적인 우위를 자랑할 수 있는 것은 대도시뿐만 아니라 중소도시도 빠짐없이 커버하는 판매망이다. 그러나 이것도 화교가 중심이 되어 구축하는 메커니즘으로 중국기업이 본격적으로 인도네시아 시장에 참여한 지금, 화교들이 언제까지 계속해서 일본계 기업의 판매대리점에 구애될지 확신할 수 없으며 또 중국계 업체가 판매점에 주는 인센티브에 따라서는 기존의 일본계 브랜드 판매점이 중국계 브랜드로 갈아탈 가능성도 충분히 있으므로, 현재의 우위성이 앞으로도 보증될 것이라고는 말할 수 없다.

3. 중국의 부상에 대한 대응

(1) 투자유치 정책의 재구축을 도모하는 인도네시아 정부

정부의 대응과 향후 과제

현 시점에서 중국 제품 수입 급증에 대한 인도네시아 정부의 대항조치는 중국제 강관에 대한 반덤핑(AD) 조사수준에 머무르고 있다.[10] 인도네시아 이륜차공업회에서 중국제 이륜차에 대한 AD 조사 개시 요청이 있었다고 하지만 여전히 조사하지 않고 있다. 정부로서는 자국 내의 산업 보호보다 소비자에게 이익을 가져다주는 자유무역 체제 유지를 중요시하고 있다. 한편 시장으로서의 중국에 대해서는 인도네시아의 주력 수출상품인 석유, 천연가스, 합판, 팜유, 고무제품, 종이제품 등이 앞으로도 계속해서 한층 확대될 것으로 보고 있다.

그러나 정부의 두뇌집단인 인도네시아 과학원 경제개발연구소의 테키안위 상급 연구원은 인도네시아 제품이 중국 제품에 대항해 가려면 정부가 기업의 효율성 향상과 인재육성을 지원할 필요가 있다고 역설한다. 효율성이라는 점에서는 정부기관의 업무도 문제점을 내포하고 있다. 구체적으로는 2001년에 들어서 수출입할 때 이루어지는 가격검사 업무가 세관당국으로 이관되어 그 장래가 불안하다는 지적이 있다. 인도네시아에서 실시하는 가격조사는 업무 효율화의 도모를 목적으로 1985년에 세관당국에서 국유회사인 스코핀드사로 이관되어 있었다. 그리고 인재육성에 대해서도 기초 교육의 충실 등도 포함해 포괄적인 내용이 필요하므로 단기적인 것에 중점을 둘 것이 아니라 좀더 장기적인 대책을 수립해야만 한다고 역설하고 있다.

외국인 직접투자 유치 면에서는 인도네시아 투자조정청(BKPM)의 테오 F. 토에미온 장관이 2001년 8월에 열린 국내외의 투자가나 산업단체, 외국 무역투자 관련기관 등의 관계자들과의 의견교환회에서 향후 대처방안에 대해 언급했다.[11] 이 중에서 테오 장관은 『투자처로서의 위상이 높아지고 있는 중국 등에 대한 대비책으로서 시장과 투자가의 의견을 중시한 「BKPM」의 조직 개혁과 전자화를 추진하고 투자 인·허가의 신속화 및 간소화를 도모하겠다』라고 말했다.

또한 현재 여러 관공서에 걸쳐 있는 인허가 절차나 각종 우대 세제의 공여 권한도 관계 기관의 협력을 빌어 일원화(One Stop Service)해 갈 계획이다. 이 계획에 따라 투자정책 등에 관한 장관 직속의 자문기관으로 「투자고문회의」 및 「인도네시아 투자·금융관계자회의」가 설립될 예정이다.

대만, 한국기업의 대응

이러한 가운데 일본계 기업과 마찬가지로 인도네시아에서 사업을 전개하는 한국기업과 대만기업이 중국의 대두에 대해 어떤 움직임을 보이고 있을까? 한국기업은 중국계 기업 및 중국 제품의 공세에 시달리는 사례가 늘고 있다.[12] 인도네시아 투자의 장점으로 여겨지던 인건비가 법정 최저임금의 대폭 상승으로 인해 큰 영향을 받은 점과 메가와티 정부의 발족 후 루피화 대 달러의 비율 상승 등으로 인해 한국 제조기업의 입장에서 인도네시아는 예전처럼 매력적인 진출처가 아닌 것이 돼가고 있다. 게다가 인도네시아에서 벌어지고 있는 노동운동의 격화는 자국에서 벌어지는 노동운동을 피해 진출한 한국기업에게 생산 거점의 재이전을 생각하게 하는 요인이 되고 있는 것으로 지적되고 있다. 구체적으로 보면 신발이나 의류 생산 기업들 중에는 정치·사회 정세가 안정적인 베트남이나 미얀마가 검토되고 있다고 한다.

한편 인도네시아에 진출한 대만기업은 주요 투자분야인 섬유와 신발에서 중국 제품의 공세에 시달리고 있다.[13] 게다가 VCD 플레이어 등 전기제품에서도 중국 제품의 경쟁력이 상당한 것으로 인식되고 있다. 인도네시아의 정치·사회 정세 불안에 더하여 노동운동의 격화나 법정 최저임금의 거듭된 인상 등에 따라 대 인도네시아 투자는 정체되는 분위기이다. 하지만 현재 인도네시아에서 중국으로 생산 거점을 이전한 대만기업은 없다. 대만기업의 입장에서는 앞으로도 인도네시아를 노동집약형 생산 거점으로 활용하는 동시에 수출 거점으로서의 성격을 강화해갈 것으로 보인다.

(2) 이미 진출한 일본계 기업은 중국의 WTO 가입이 인도네시아에 미치는 영향에 대해 약간 비관적

인도네시아의 일본계 제조업체들 사이에서 중국의 WTO 가입이 인도네시아 경제 또는 산업에 미치는 영향에 관한 공통된 전망은 거의 없다. JETRO가 2000년 11~12월에 실시한 앙케이트 조사에 의하면 인도네시아에서 조업하고 있는 일본계 제조업체 중에서 중국의 WTO 가입으로 인한 사업활동의 영향에 대해 『모르겠다』고 응답한 기업이 40%(90개사)에 달했다. 특히 금속제품(57.9%), 수송용 기계 부품(54.8%), 화학 · 석유제품(54.2%)에서는 그 비율이 높았다.

하지만 『영향이 있다』고 응답한 기업(68개사) 중에서 『마이너스 영향이 플러스 영향보다 크다』고 응답한 기업은 절반을 넘었다. 특히 일본계 기업이 많이 진출해 있는 의복 · 섬유제품, 전기 기계, 수송용 기계에서는 모두 100%를 기록했다. 그 밖에 중국이 경쟁력을 가지고 있는 철강, 화학 · 석유제품도 100%를 나타냈다.

또한 중국의 WTO 가입으로 인해 영향을 받을 경우에 예상되는 구체적인 영향으로는(유효 응답 68개사) 『국내시장에 중국 제품 유입』과 『수출시장에서의 경합』이 응답의 주류를 이루었다. 전자(前者)에 대해서는 전기 기계(100.0%), 수송용 기계, 금속제품, 철강(66.7%), 후자에 대해서는 의복 · 섬유제품(100.0%), 전기 · 전자 부품(87.5%), 섬유〔면사, 무명천(83.3%)〕의 비율이 높았다. 제2절에서 상술한 바와 같이 가전 및 이륜차 시장에서 급증하는 중국 제품이 『중국 제품의 국내시장 유입』이라는 응답 비율을 높이는 결과로 이어졌을 것으로 예상된다.

ASEAN 사무국은 2000년 11월 「중국의 WTO 가입과 ASEAN에 미치는 영향」이라는 제목의 보고서를 공표했다. 이 보고서에서는 ASEAN 에 미치는 영향은 심각하지 않다고 결론지었지만 중국은 노동력이 풍부하기 때문에 섬유나 신발 등 노동집약형 산업에서는 ASEAN 여러 국가와의 경쟁에서 한층 우위를 점하게 될 것으로 나타났다. 보고서에서는 중국의 WTO 가입이 인도네시아의 수출량에 미치는 영향에 대해 시뮬레이션했는데, 이에 따르면 의복, 피혁제품(모두 2.0% 감소), 수송용 기계(0.4% 감소), 전기 기계(0.3% 감소)에서는 중국을 포함한 세계 시장에서의 중국 제품 공세로 인해 수출이 감소했지만, 종이제품(0.9% 증가)이나 금속제품, 목재제품, 유지(모두 0.5% 증가) 등은 중국시장 개방으로 인해 수출량이 증가할 것으로 전망했다(〈표 6-3〉 참조). 수

〈표 6-3〉 중국의 WTO 가입에 따른 인도네시아 및 중국의 수출량 변화		(단위: %)
구　　　　분	인 도 네 시 아	중　국
농산물	0.259	△0.242
광물연료	0.085	0.978
유지	0.489	0.488
식료 · 담배	0.359	1.150
직물	0.349	5.707
의복	△1.976	15.249
피혁제품	△1.925	6.195
목재제품	0.464	3.974
종이제품	0.864	2.129
화학품 · 플라스틱 · 고무	0.356	2.074
금속제품	0.524	1.877
수송용 기계	△0.364	27.236
전기기계	△0.257	14.982
기타 기계	0.295	3.735
서비스	0.346	0.439
총 계	0.016	6.109

자료 : ASEAN Secretat *China's Membership in the World Trade Organization and Its Implications for ASEAN*, PP 22-23. November 2000.

출량 전체에서 보면 0.016% 증가로 약간 증가할 것으로 보고 있다.[14]

인도네시아 정부는 중국 정부와의 양국 간 교섭에서 중국측에 외국제 목재·동 제품에 대한 고율의 부가가치세 부과를 수정하도록 요청했다. 인도네시아측에서는 중국이 WTO 가입 이후 목재 관련제품 등 주력 제품의 수출처로서 좀더 주목받게 될 것으로 보고 있다.

업종 및 제품에 따라 차이는 있지만 중국 제품이 저가를 무기로 인도네시아 시장에 유입되고, 최근에는 인도네시아 현지 생산에까지 착수하는 등 점점 공세를 강화하고 있다. 이러한 상황에서 인도네시아 정부는 자국산업과 외자유치 강화를 새삼 도모할 필요가 있을 것이다. 산업강화 면에서는 이미 진출한 일본계 기업도 지적하듯이 저변산업의 육성·지원과 인재육성이 요구된다. 그리고 외자유치 면에서는 정치·사회 공세의 안정화와 정책의 일관성 유지, 새로운 투자의 인센티브 부여와 같은 투자환경 개선, 인프라 정비가 불가피할 것이다.

이케베 료(池部亮)

1. 긴밀해지는 중국과 베트남 관계

(1) 반목에서 실리로

1975년 베트남 전쟁이 종결되자 베트남 정부는 베트남에 거주하는 화교의 재산을 몰수하는 등 철저한 탄압을 가했다. 1978년에는 많은 화교들이 보트 피플(Boat People)이 되어 베트남에서 유출되고 양국 관계는 급속히 악화되었다. 그리고 같은 해에 베트남군이 캄보디아에 침공하여 폴포트 정권을 타도함으로써 양국의 적대관계가 절정에 이르렀다. 1979년에는 중국군 60만 명[1]이 베트남을 침공함으로써 약 1개월간에 걸쳐 베트남측 국경 부근의 마을을 파멸시켰다. 이 전쟁으로 인해 양국의 국교는 단절상태에 빠졌다.

베트남은 1986년에 「도이모이(쇄신)」 정책을 내세워 개혁개방 노선을 시도했다. 그리고 1991년에는 투쟁적인 세계관을 버리고, 친구를 늘리는 「전방위 외교」를 제창하면서 1991년 11월에 양국 간 국교가 정상화되었다. 이로써 1992년 4월부터 중월 국경에 26개의 관문이 개방되어 물품과 사람의 왕래에 길이 열렸다. 1999년 말에는 현안(懸案)인 육상 국경 확정 문제가, 그리고 2000년 말에는 통킹 만의 영해 획정 문제가 잇따라 해결됨으로써 현재 양국에 남아 있는 정치적인 쟁점 사항은 서남사 제도(西南沙諸島) 영유권[2] 문제뿐이다.

1991년의 국교 정상화로 인해 양국 관계에서 「반목」이 사라졌다. 정치적으로는 공산주의 국가로서의 우호관계를 유지하고 수뇌급 인사들의 왕래도 활발해졌다. 그리고 무역은 국경무역을 축으로 계속 증가하여 중국의 대 베트남 투자도 가속화되고 있다. 심화되는 경제관계 속에서 양국의 기업가들은 오랫동안 역사 속에 자리잡아 온 「반목」을 청산하고 눈앞의 경제실리를 위해 서로 협력하는 우호 관계를 구축해가고 있다.

(2) 물류 거리의 단축

중국과 베트남 경제관계의 긴밀화를 상징이라도 하듯이 2001년 9월 하노이에서 바쿠닌 성, 바쿠잔 성을 가로질러 중국 국경까지 약 180km를 북상하는 신국도 1호선이 정식으로 개통됐다. 이를 위해 아시아개발은행(ADB)이 1억 2,000만 달러의 융자를 제공하고 베트남의 자기 자금 4,200만 달러가 투입되었다. 하노이와 중국 국경을 약 2시간에 연결할 수 있게 되어 구도로에서는 5시간이 걸렸던 물류 거리가 단번에 단축되었다.

그리고 철도 수송에서는 1996년에 하노이와 북경 간, 1997년에 하노이와 곤명(昆明) 간의 철도 수송로가 잇따라 재개되었다. 그 밖에도 항공로의 경우 하노이-광주에 더하여 2001년 9월부터는 하노이-곤명, 하노이-북경 항로가 개설됨으로써 물품과 사람의 왕래가 가속화될 것으로 전망된다.

1995년에 베트남을 방문한 중국인은 6만 2,600명으로 베트남을 방문한 외국인 전체의 4.6%에 지나지 않았다. 그러나 2000년에는 이것이 492,000명으로까지 급증하여 22.9%의 점유율을 차지하기에 이르렀다 [3] 양국 경제관계의 진전으로 무역량이 계속 증가함에 따라 교통 인프라 정비의 필요성이 높아지고 있다. 그리고 물류 거리의 단축으로 물품과 사람의 이동이 활발해지고 있다. 양국의 경제관계는 호(好)순환 궤도로 급속히 진행·확대되기 시작했다.

(3) 급증하는 무역

1991년 이후 중국과 베트남의 무역액은 서서히 확대되기 시작하여 1999년 이후에는 급속한 신장세를 보이고 있다. 육상 수송에 의한 국경무역이 중심을 이루고 있는데, 베트남측의 주요 국경 게이트는 운남성에 접한 라오카이, 광서 지방의 치완족 자치구와 접한 란손 등이라 할 수 있다. 베트남 인문사회과학연구소측에 따르면, 1,350km에 이르는 국경선은 대부분 산악지대에 있어 포착할 수 없는 무역(밀수)을 포함하면 중·베트남 무역액은 『공식 통계의 2배에 이를 수 있다』고 한다. 베트남 통계총국에 의하면 1991년부터 2000년까지 10년 동안의 중·베트남 무역액은 약 80배로 확대되었다. 2000년의 베트남 무역에서 중국은 수출국으로는 일본에 이어 제2위, 수입국으로는 제5위를 기록했다.

그리고 2001년 상반기 베트남의 대 중국수출은 7억 9,405만 달러로 전년 동기비 84.8% 증가, 수입도 7억 502만 달러로 전년 동기비 39.1% 증가하여 지속적인 증가세를 보여주고 있다. 베트남의 대 중국수출품은 원유(점유율 52.7%)가 약 절반을 차지하고 그 뒤를 새우, 오징어 등의 수산물(점유율 15.8%), 야채류(점유율 9.8%) 등의 농산물, 그리고 고무(점유율 2.7%), 섬유·봉제품(점유율 1.2%) 등이 따르고 있다. 대 중국수입에서는 오토바이가 1억 7,907만 달러(점유율 25.4%)로 전년 동기비의 2배(102.3% 증가)를 기록하며 전년에 이어 최대 수입품목이 되었다. 그 밖에 가솔린을 주로 한 석유 제품(점유율 13.6%), 기계류(점유율 12.8%), 섬유·피혁 원료(점유율 4.8%), 비료(점유율 4.5%) 등의 공업 제품이 주요 품목으로 되어 있다.

(4) 중국의 대 베트남 투자

중국의 대 베트남 투자는 베트남이 외국 투자를 받아들이기 시작한 1988년부터 2001년 상반기까지 누계기준으로 2억 1,200만 달러(105건)를[4] 기록하고 있는데 베트남에 대한 투자국·지역으로서는 22번째 위치에 있다. 그러나 2001년 상반기에는 중국으로부터의 투자가 3,786만 달러(24건)로 전년 동기비의 12배(1,121.2% 증가)로 확대되어 동기(同期)의 투자인가 취득국·지역 중에서 8번째로 부상했다. 그리고 홍콩으로부터의 투자가 누계 28억 달러(5번째)에 달했는데 이 중에는 중국으로부터의 우회 투자도 포함되어 있기 때문에 실제로 중국으로부터의 투자액은 통계 수치 이상이라고 볼 수 있다. 같은 시기 중국으로부터의 투자 내역을 보면 오토바이 부품 제조가 1,700만 달러로 투자 총액의 약 절반을 차지한다. 그 중에서도 총칭(重慶)의 엔진 업체가 전액 출자하는 「유나이티드 모터 베트남(United Motor Vietnam)」사의 투자 총액 980만 달러에 달하는 엔진 공장건설 프로젝트가 주목된다. 이 공장이 완성되면 베트남에서 처음으로 오토바이 엔진 제조를 실현하는 셈이다. 그리고 정부 관계자에 의하면 중국의 대규모 오토바이 제조업체인 「롱신(Loncin)」이 투자 총액 1,500만 달러의 엔진 공장건설 계획을 진행하고 있어 2001년 내에 투자 인가가 날 전망이다.

그 밖에도 플라스틱 제품, 라이터, VCD 플레이어 조립과 가스 난로 제조 등 경공업 분야에 대한 투자가 활발하다. 1999년 12월에는 중국 TV 업체 TCL이 전액을 출자하여 연간 생산능력 30만 대인 TV 공장을 가동시키는 등 오토바이와 가전 분야에서 대형 투자안건이 두드러지기 시작했다.

중국으로부터의 투자 특징으로는 프로젝트의 약 70%가 하노이 시, 쿠안닌 성, 하이퐁 시 등 북부 베트남에 입지되어 있는 점을 들 수 있다. 남부에 집중하는 다른 투자가와는 대조적인 움직임이다.

베트남에 대한 중국의 투자가 활발해진 배경에는 베트남이 중국과 ASEAN의 사이에 위치한다, 7,800만 명에 달하는 인구를 고려할 때 장래 시장으로서 유망하다, 노동임금이 저렴하여 조립 가공에 적당하다 등을 들 수 있다. 즉 ASEAN 자유무역지역(AFTA)이 실행되면 베트남은 ASEAN 시장으로 가는 게이트웨이로서 『수출 가공 기지의 최적 조건을 갖추고 있다』고 한다(TCL 베트남 총경리).

2. 급증하는 중국 제품

(1) 베트남 소비 패턴의 변화

소비시장으로서의 베트남

베트남은 오랫동안 전란에 휘말렸고 전후에는 구소련을 모델로 한 사회주의 경제를 채택해왔기 때문에 근대적인 산업기반 정비가 지연됐다. 국유기업이 공업 생산고의 약 40%를 담당하고 민간기업 등 비국유 부문은 20% 정도를 점유하는데 불과했다.[5] 국유기업이 제조업의 주체이지만 구식 설비와 잉여 인원을 포함하여 비효율적인 경영을 지속하고 있어 60%가 적자를 기록하고 있을 것으로 추정된다. 경공업 분야에서는 보온병과 세면기 등의 일용품 제조 정도의 수준이고, 자전거, 선풍기조차도 1990년대 중반에 와서야 국산화를 실현시킬 정도에 지나지 않는다. 따라서 일용품의 대부분을 주변 국가로부터의 수입에 의존하지 않을 수 없는 상황에 있었다.

중부·남부에서는 태국 제품, 대만 제품도 보게 되나 수입 소비재의 90% 이상을 중국 제품이 차지하고 있다. 1990년대 초의 베트남은 쿠키나 캔디 등의 과자류, 모포나 베개, 비누와 세제, 살충제, 맥주나 콜라에 이르기까지 중국 제품이 전국 시장에서 주요한 위치를 차지했었다. 그러나 베트남의 소비자 입장에서 중국 제품은 「조악품」의 대명사였다. 가격은 싸지만 품질이 나빠『선택의 여지가 있다면 대만, 한국, 미국, 유럽제, 그리고 할 수만 있다면 일본제를 구입했으면 하는 것이 시민의 일반적인 소비 지향』이라고 했다. 바꿔 말하면 급속한 상품경제의 진전에 뒤처진 농민과 도시 빈곤층의 입장에서는 값싼 중국 제품이 훌륭한 대안이 될 수 있었다.

1990년대 중반부터 외국 투자기업이 잇따라 일용품 제조를 개시하여 생활필수품 분야에서 중국 제품은 서서히 모습이 사라지기 시작하고 있다. 세제와 비누, 과자와 음료 등은 베트남산 유명 외국 브랜드품이 점점 시장의 주역으로 성장해가고 있다.

소비 행동의 새로운 움직임

그러나 1999년경부터 베트남인의 소비 행동에 새로운 변화가 일어나기 시작했다. 오토바이, TV 등과 같은 고급 소비재 분야에서 중국 상품이 시장에 참여하고 게다가 놀라운 기세로 시장점유율을 확대하기 시작했다. 1999년경까지는 일본기업 담당자들 사이에 중국 제품에 대한 경계심이 그렇게 높지 않았다. 베트남인에게 오토바이나 고급 가전은 도구 이상의 유형재산으로 구입되는 성격이 강했기 때문이다. 유형재산인 이상 유명 브랜드의 순정품이 유일한 구매 대상으로 될 수 있기 때문에 중국 제품에 대한 외국자본계 업체의 위기감이 희박했던 것도 자연스런 반응이라고 할 수 있다. 그러나 『농촌이나 도시의 빈곤층밖에 받아들이지 않는다』고 보았던 오토바이가 도시의 중간층에까지 구매층을 넓혀 시장점유율을 급격히 확대함으로써 2000년에는 중국제 오토바이가 베트남 신차 시장의 80%를 석권했다.[6]

「달리는 저금통」에서 「이동 수단」으로

1980년대 후반에 700% 이상의 초(hyper) 인플레이션을 경험한 베트남 국민의 입장에서 자국 통화는 신용할 수 없었다. 한편 오랫동안 전란에 휘말렸기 때문에 국민 저축률은 비교적 높다. 그리고 저축의

47%(1993년)가 달러나 금으로 보유하는 이른바 「장롱 예금」으로 되어 있다.[7] 때문에 1993년에 시민의 저축액에서 차지하는 은행 예금액은 7.7%밖에 되지 않았다.[8] 오토바이나 고급 가전제품은 도구 이상으로 환금성이 높은 저축수단의 하나로 고려돼왔다. 오토바이가 「달리는 저금통」으로 불린 이유가 여기에 있다.

도시에서 중국제 오토바이가 팔리기 시작한 이유로는 경제발전과 전시경제 체제에서 탈피하여 저축 수단으로서 오토바이를 소유하는 의미가 없어진 점, 생활수준의 향상으로 한 세대에서 여러 대의 오토바이를 구입하려는 움직임에 가속이 붙게 된 점, 외국자본계 업체가 잇따라 현지 생산을 개시하여 판매가가 내려가기 시작한 점 등을 들 수 있을 것이다. 이미 「저금통」으로서의 의미는 옅어지고 이동 수단으로서 오토바이 본래의 가치가 전면(前面)으로 나오는 시대를 맞이했다.

(2) 중국제 오토바이의 진출

제2차 오토바이 붐의 도래

베트남의 오토바이 보유 대수는 약 750만 대로 추정되고[9] 보급률은 10명당 1대꼴의 비율이다. 2000년 베트남 1인당 GDP는 400달러이지만[10] 장롱 예금이나 해외로부터의 송금 등으로 소비자의 실질 구매력은 높아 세계적인 오토바이 시장을 형성하고 있다.

남부 베트남(당시)에 처음으로 혼다제 오토바이가 수입되었던 것은 베트남 전쟁 중이었던 1960년대 후반의 일이다. 고장이 적고 가족 전원이 탈 수 있어 동산 가치가 높은 실용품으로서 1975년 종전(終戰)까지 약 70만 대가 유입되었다. 제1차 오토바이 붐이 일어나 베트남에서 오토바이가 「혼다」로 불리게 되었던 것도 이 무렵이다. 그러나 전후(戰後)의 혼란과 급격한 사회주의화로 인해 오토바이 수요는 냉각되었다. 그리고 1978년 말에 베트남이 캄보디아를 침공한 것을 계기로 서방 국가에 의한 경제봉쇄가 시작됨으로써 제1차 오토바이 붐은 종식된다. 그 후 일본계 업체의 태국제 오토바이를 라오스를 경유하여 수입하는 「라오스 루트」가 개척되어 적극적이지는 않으나 수입이 지속되었다.

1990년대에 들어서는 개혁개방 정책이 궤도에 오르고 왕성한 개인 소비가 뒷받침되어 오토바이 수요가 급증하면서 1993년에는 37만 대가 수입되어 제2차 오토바이 붐에 불을 지폈다. 그리고 1993년에는 대만의 경품(慶豊)그룹이 베트남에서 생산을 개시했다. 베트남 정부는 오토바이 완성차 수입을 사실상 금지하는 등 보호정책을 적용하여 조립부품 수입만 인정했기 때문에 오로지 베트남 국유기업이[11] 「수입 오토바이 부품의 조립 판매」라는 기득권을 장악하게 되었다. 1994년 2월에는 미국의 대 베트남 경제제재가 전면 해제되어 스즈키(1996년 말), 혼다(1997년 말), 야마하(1999년 7월)가 잇따라 베트남에서 오토바이 생산을 개시했다. 그리고 베트남 조립기업이 태국 등에서 「부품 형태」로 수입하는 일본계 오토바이와 베트남에 진출한 일본계 업체의 현지 생산 브랜드 사이에 경쟁이 시작되었다.

현지 생산을 이제 막 개시한 외국자본계 오토바이 업체의 입장에서는 라오스 루트로 유입하는 태국제 일본계 오토바이가 골치 아픈 문제였다. 수입품에 대한 소비 지향이 뚜렷한 베트남 시장에서는 좀 비싸더라도 태국제를 구매하려는 경향이 강해, 외국자본계 업체에 의한 현지생산 오토바이의 판매는 초반부터 침체상태에 빠졌다. 하지만 정작 태국제 오토바이 유입 추세에 제동을 건 것은 2000년 이후 급격히 밀려든 중국제 저가 오토바이다. 라오스 루트로 구축된 일본계 오토바이의 수입 조립은 그대로 중국제 오토바이의 수입 조립으로 전환되어 현재도 조립에 가담하는 51개사[12](이하 베트남 조립기업이라고 한다)가 상권에 군집되어 있다.

질풍노도의 중국제 오토바이

베트남은 현재 신차, 중고차를 불문하고 오토바이의 완성차 수입을 금지하고 있다. 수상의 결정에 따라 완성차는 상업성의 수입관리 품목으로 지정되어 전시회나 판매촉진용 샘플로서만 수입이 허용되고 있다.[13] 즉 수입 오토바이의 규모는 「조립용 부품」을 기준으로 환산한 것이다. 현 시점에서 볼 때 수입 오토바이는 베트남 조립기업이 관여하는 중국제 부품 조립 오토바이, 외국자본계 진출 업체의 현지 조립 오토바이로 크게 나눌 수 있다. 외국자본계 업체로는 스즈키, 혼다, 야마하 등 일본계 3사 외에 GMN(태국계)과 VMEP(대만), 총칭하웨이(重慶華偉) 등 모두 6개사가 조업하고 있다. 대체로 일본계 업체는 현지 조달률이 40~50%이고 주로 엔진 등의 기간 부품을 수입하고 있다.

2000년 베트남의 오토바이 수입 대수는 전년비 3배 이상인 158만 대에 달했다.[14] 그 중 약 64%인 100만 대가 중국제로 추정되어[15] 전년 약 19배 증가했다. 중국제가 급격히 유입됨에 따라 지금까지 80% 이상의 시장점유율을 차지했던 일본계 브랜드 중심의 시장판도도 단번에 역전되었다.

중국제 오토바이는 일본계 브랜드 모방품이 많아 혼다의 웨이브형, 「드림 2(DREAM II)」형, 스즈키의 「베스트(BEST)」 형 등이 「주종」으로 되어 있다. 게다가 가격은 650만 동에서 1200만 동(약 436달러~약 805

달러)으로 일본계 브랜드의 25~50%라는 압도적으로 싼 값을 무기로 시장을 석권함으로써 순정품을 몰아내고 있다.

중국제 오토바이가 급증한 요인은 「압도적인 저가」만은 아니다. 중국측 요인으로는 도시의 차량 규제로 인해 시장이 포화상태에 있는 점, WTO 가입에 앞서 지적재산권이라는 관점에서 모방품을 서둘러 처분한 점, 중국 내에 대량의 재고가 있는 점 등이 급격한 수출 드라이브의 원인이다. 한편 베트남측의 요인은 신(新)관세제도에서 찾을 수 있다. 예전의 관세제도에서는 오토바이 조립기업은 도장, 용접, 프레스 공정 등의 내재화율과 현지 조달률에 따라 CKD 기업 또는 IKD 기업으로 인가받아 CKD이면 조립용 부품 수입관세는 55~60%, IKD이면 10~30%의 관세가 적용되었다. 이것이 2001년 1월부터 신관세제도에 의해 IKD나 CKD 상태가 아니라 그 조립기업의 현지 조달률에 따라 수입 관세를 결정하게 되었다. 예를 들면 현지 조달률이 15%인 IKD 기업의 경우 구제도에서는 조립용 부품의 수입 관세율은 30%였으나 신제도에서는 60%로 뛰어오른다. 일반적으로 베트남 조립기업의 현지 조달률은 『10~20% 정도』(국유 오토바이 조립기업 간부)여서 신제도가 실시되면 중국 오토바이의 최대 매력인 가격을 인상하지 않을 수 없다. 2000년에 베트남 조립기업이 대량의 재고를 부담하면서도 중국으로부터의 조립부품 수입을 서두른 이유도 바로 여기에 있다.

중국 오토바이의 전략

2001년 1~8월 베트남의 오토바이 수입은 163만 7,000대에 달해 전년 동기비 2.3배로 격증했다. 그 중에서도 중국제 오토바이가 82.8%를 차지하여[16] 2001년에 신관세제도로 바뀜에 따라 중국으로부터의 수입에 제동이 걸릴 것이라는 업계의 전망은 크게 빗나갔났다. 이것은 베트남 조립기업의 대부분이 현지 조달률을 40% 전후로 속여 등록하고, 계속해서 15~30%의 관세로 수입을 하고 있기 때문이다. 베트남 조립기업 중에서 제조 라인을 가진 기업은 21개사에 지나지 않고 나머지는 상사이다.[17] 이들 상사는 수입권[18]을 갖고 있지만 수입한 오토바이는 하청기업이나 다른 국유기업의 위탁조립에 의존하고 있는 실정이다. 어느 국유 오토바이 조립기업 간부에 의하면 위탁가공비는 1대당 8달러가 시세로 되어 있어 본업이 사양사업인 국유기업의 입장에서는 좋은「사이드 비즈니스(부업)」로 자리잡게 되었다.

현재 중국 업체로서는 Huawei가 하노이에 조립 거점을 설립했다. 동사는 1998년 4월에 베트남 기업과의 사업 협력계약(BCC) 형태[19]로 467만 달러의 투자인가를 취득하고 연간 5만 대의 오토바이를 조립하고 있다. 그 밖에 지아링(嘉陵), 롱신, 리판 등 주요 업체도 주재원 사무소를 설치하여 판매 촉진활동을 비롯해 베트남 조립기업의 기술지도를 담당하고 있다. 각사 모두 베트남으로 본격적인 진출을 하기 위해 준비하고 있으며 롱신이 1,500만 달러의 투자 프로젝트를 베트남 정부에 신청하고 있고 지아링도 2002년 공장 가동을 목표로 하고 있다.[20]

베트남 정부는 1998년 5월 이후 오토바이를 제조하는 신규 외국투자기업에 80% 이상의 수출 의무를 부과하고 있어[21] 후발 중국 업체는 일관 생산 거점을 구축하더라도 국내시장으로의 접근이 제한된다. 때문에 유나이티드 모터가 제1호인「엔진 제조」에서 투자인가를 취득했던 것처럼 각사 모두 당분간은 엔진 제조나 부품 제조 분야에 진출할 것으로 보인다. 그러나 외국자본계 오토바이업계에서는『중국 업체는 확실히 베트남에서의 일관 생산을 염두에 두고 있다』고 지적한다. 베트남이 시장개방과 국제 기준에 단계적으로 맞추어 가면 수출 비율과 현지 조달비율 의무부여 등 기업에 대한 이행(performance) 요구는 가까운 장래에 철폐되리라는 것이 확실하기 때문이다.

중국 업체의 목표는 베트남 국내시장뿐만이 아니다. AFTA 이행 후의 ASEAN 시장을 겨냥한 전략의 일환으로 보는 것이 자연스러울 것이다. 엔진, 프레임, 전장부품, 플라스틱 부품 등에서 중국 부품업체가 잇따라 투자인가를 취득하고 부품산업의 저변을 착실히 넓혀가고 있다. 「베트남제」인 중국 브랜드의 오토바이는 ASEAN 시장에 참여하기 위해 착실하고 빈틈없는 준비를 해나가고 있다.

「차별화」인가 「도태」인가

베트남에서 오토바이를 제조하는 각사의 구도는 중국제 오토바이 부품을 수입, 조립하는 베트남 조립기업과 1990년대에 진출한 외국자본계 기업으로 크게 나눌 수 있다. 현 시점에서 볼 때 양 세력의 승패는 확실하여 시장 쟁탈전에서 베트남 조립기업의 손을 빌린 중국 오토바이가 신규 시장에서 약 80%의 점유율을 기록하면서 압승하고 있다.

그러나 기술과 자금을 갖지 않은 베트남 조립기업 51개사는 존속하기가 상당히 어려울 것이다. 중국 부품업체가 모두 공장 진출을 함으로써 부품조달 환경이 정비되면 중국기업 스스로 조립을 시작하게 된다.

그리고 현재의 시장에서는 모방품 단속이 전혀 진행되지 않아 불투명한 절차로 베트남 조립기업이 낮은 관세로 부품을 수입하고 있는 등 『외국자본계 업체만이 불공정 조건하에서의 경쟁에 시달리고 있는』(혼다 베트남 사장) 실정이다. 일본계 기업의 입장에서는 모방품에 대한 철저한 단속, 꾸준한 비용절감 노력, 고급 구매층을 주요 고객으로 한 제품의 차별화 등을 목표로 하는 것이 당면한 과제일 것이다.

베트남 조립기업에 의한 위탁가공을 방임하고 있는 현 상황이 지속되면 베트남 오토바이 산업의 경쟁력은 보호 육성되지 않는다. 그리고 부품산업의 집적과 체력강화가 전혀 진전되지 않은 채 AFTA로 이행하면 ASEAN제 일본계 브랜드 오토바이의 대량 유입도 염려된다. 공정한 경쟁환경 정비는 오토바이 산업의 건전한 육성으로도 이어지는 긴급한 과제라 할 수 있다.

베트남 정부는 중국제 오토바이의 급속한 유입에 대해『소비자의 요구에 일치하고 있다』고 하여『값싼 중국제 오토바이를 수입하는 것은 올바른 정책』이라는 자세를 취하고 있다. 사실 중국제 오토바이가 저소득층의 오토바이 구입을 촉진시켜 오토바이의 시장 규모를 확대시켰음에 틀림없다. 또 「중국 업체의 실력은 확실히 높아졌다」는 점에서 공정한 경쟁 환경이 정비되었다고 하더라도 중국 업체는 일본계 업체의 입장에서 만만치 않은 경쟁 상대일 것이다. 시장은 「차별화」와 「도태」 중 어느 것인가를 선택하게 될 것이다. 중국제 오토바이가 대두함에 따라 현재 베트남의 오토바이 업계는 재편의 움직임을 보이고 있다.

(3) 중국 TV 제조업체의 약진

포화상태에 있는 TV 시장

현재 베트남의 TV 업체는 약 15개사다.[22] 국내의 TV 제조 능력은 연 생산 250만 대에 이르러 연간 65만 대 규모인 베트남의 TV 시장을 고려하면 이미 포화상태에 이르렀다고 할 수 있다.[23] 일본계 업체로는 마쓰시타전기, 소니, 도시바, JVC가 베트남 기업과 합병을 통해 진출해 있다. 위탁생산 형태로는 샤프, 히다치, NEC, 필립스가 자사 브랜드로 TV를 제조하고 있다. 그 밖에 한국계로는 대우, LG, 삼성이 합병을 통해 진출하고 있고 베트남 기업도 1997년 말에 국유기업인 「하넬〔Hanel(브랜드명 HANEL)〕이 제조를 시작한 이후 베트로닉스 빈 호아〔Vietronics Binh Hoa(브랜드명 BELCO)〕, 베트로닉스 탄 빈〔Vietronics Tan Binh(브랜드명 VTB)〕 등이 잇따라 시장에 참여하고 있다.

중국 TV 업체의 공세도 시작되었다. 1999년 12월부터 TCL이 전액 출자하여 여간 30만 대의 TV 공장을 가동시켜 2000년에 4%의 시장점유율을 기록했다. 동사는 『2001년은 9%, 2004년까지 20%의 시장점유율을 목표로 한다』(TCL 베트남총경리)는 야심을 갖고 있다. 그러나 AFTA의 실행 후에는 『베트남을 ASEAN 시장의 수출 기지로 삼는다』(TCL 베트남총경리)는 것이 동사의 전략이다.

2001년 1월부터 정부가 실시한 현지조달률에 연계된 부품 수입세 산정방식에 따라 부품 전량을 수입하는 생산위탁 형태는 모습을 감추었다. 중국 TV 업체 캉지아는 1999년 말부터 베트남의 두 회사에 조립을 위탁하여 2000년 말까지 약 3만 대의 TV를 조립했다.[24] 그러나 신 관세제도에 의해 부품 수입세가 부과되었기 때문에 2001년에 들어와서는 생산을 중단했다. 그리고 브라운관의 가격은 TV 제품가의 50% 전후를 차지하기 때문에 베트남의 TV 업체 각사는 부품 수입세 저감조치를 받기 위해 세계 시세보다 30% 비싼 국산 브라운관을 현지 조달하지 않을 수 없다. 각사가 수입하는 브라운관은 현재 베트남 국내에서 생산할 수 없는 평면 브라운관과 25인치 이상의 대형 브라운관에 한정되어 있다. 오토바이업계와는 달리 TV업계는 공정한 경쟁환경 정비가 진행되고 있다. 그러나 현지 조달의 강요로 인해 각 기업은 비싼 국산 부품을 조달할 수 밖에 없어 주변국들에 비해 제품의 가격 경쟁력은 매우 낮다.

완성품 TV의 현행 수입관세는 50%로 저가의 중국제 TV도 높은 관세의 벽에 부딪치고 있다. 그러므로 중국제 TV의 시장 참여는 오토바이와는 달리 그렇게 급격히 이루어지지는 않고 있다.

중국 업체와의 공존

베트남에 진출한 TCL의 시장점유율은 현재 4%에 머물러 있다. 그러나 중국 본국에서 공급되는 저가 부품을 무기로 『앞으로 시장점유율을 계속 확대해갈 것임에 틀림없다』(마쓰시타전기 베트남 사장)고 예상할 수 있는데, 그렇게 되면 브랜드 파워에서 열세에 있는 베트남 기업을 맨 먼저 몰아낼 것으로 예상된다.

베트남 TV 시장에서의 주요 점유율은 일본제가 약 48%, 한국제가 약 26%, 베트남제가 약 12% 등으로 되어 있다.[25] 같은 사양의 경우 일본제 유명 브랜드에 대해 한국 브랜드가 5~10% 정도 싸고 베트남제가 15% 싼 가격대로 상점에 진열되어 있다. TCL TV는 베트남제보다도 5% 더 싸기 때문에 TV 시장에서 브랜드 간의 가격 차이는 최대 약 20%다. 그러나 과당 경쟁에 있는 베트남 시장에서 일본 업체의 일부 고급품을 제외하면 각사는 판매촉진 할인 등으로 격전을 벌이면서 10% 정도의 가격 차이로 경합하고 있는 실정이다. 이러한 가운데 베트남 업체와 한국 업체의 입장에서 중국 업체의 TV는 막강한 라이벌이라 할 수 있다. 가장 브랜드 가치가 있는 일본제를 구입할 수 없는 소비자의 입장에서는 한국 브랜드나 중국 브랜드나 동등하게 취급받기 때문이다.

소니베트남은 2000년에 동국에서 처음으로 ASEAN 산업협력 계획 (AICO)[26]을 인정을 받아 싱가포르에서 수입하는 평면 브라운관의 관세가 20%에서 5%로 저감되었다. 그러나 정부가 인정한 AICO 스킴은 현재 소니 한 건뿐이다. ASEAN 지역 내의 부품 상호보완 체제는 〔베트남 국내 부품산업 보호가 우선되어, 기능하고 있지 않다〕(베트남 전기·정보공사(VEIC) 부총재)는 지적도 있다. 기간 부품의 상호 조달로 인해 낮은 관세로 조달할 수 있게 되면 국내의 취약한 부품산업들은 채산성이 맞지 않기 때문이다. ASEAN 지역 내 기업 간의 실력 격차가 클 경우 호혜주의가 성립하지 않아 상호보완 체제구축이 곤란해지는 일면을 드러내고 있다.

2001년 3월 정부가 발표한 「2006년까지의 AFTA 이행 계획」에 의하면 완성품 TV의 지역 내 수입관세율은 현행 50%에서 2003년에는 20%가 된다. 그리고 매년 5%씩 낮아져 2006년에는 5%로 하락될 예정이다. 『수입 관세율이 10~15%로 된 시점에서는 베트남에서 가전을 생산할 의미가 없어진다』(마쓰시타전기 베트남 사장)는 초조감이 일본계 기업간에 확산되고 있다. ASEAN 지역 내에 복수의 생산 거점을 가진 일본계 각사의 입장에서 볼 때 경쟁력에 우위가 없는 이상 베트남에서 제조를 지속하는 것은 의미가 없어진다.

베트남은 고비용 체질의 국유기업을 보존하기 위해 보호관세를 적용해왔다. 그 동안 저변산업 육성 등 산업 기반 정비는 손대지 않은 채 남아 있다. JVC 베트남 사장은 『베트남 가전산업의 최대 단점은 부품산업 결여에 있다』고 지적한다. 국제 경쟁력이 있는 부품산업의 집적이 전혀 이루어지지 않아 베트남 가전산업은 현재 존속 위기에 직면하게 된 것이다.

3. 중국 WTO 가입의 파급 효과

(1) 해외 시장에서 중국 제품과의 경합

중국의 WTO 가입은 개혁개방을 가속하여 발전 속도를 가속화하려는 베트남 경제에 영향을 주지 않을 수 없다. 특히 베트남의 주요 수출 제품인 의류, 신발, 전기·전자 제품 등은 해외시장에서 중국 제품과 경쟁할 것으로 예상된다.

베트남 상업성은 2000년 10월에 「중국의 WTO 가입이 베트남 주요 수출품에 미치는 영향」이라는 제목의 보고서를 정리했다.[27] 본 보고서에서는 우선 중국의 WTO 가입이 중국 경제에 미치는 영향을 분석했다. 이에 의하면 중국의 수출은 2005년까지 매년 8% 정도의 성장에 머물러, WTO 가입으로 인한 수출의 폭발적인 증가는 없다고 한다. 그러나 2006년 이후의 장기적인 관점에서는 전기·전자 기기, 기계류, 화학품, 섬유제품이 급격한 신장을 보여 중국의 수출구조 자체가 크게 변모될 것으로 분석하고 있다. 해외 직접투자에 대해서는 중국의 외국 투자 유인 요인이 증가하여, 특히 수출산업의 대 중국진출이 증가할 것으로 예상했다.

이러한 중국 경제의 전망을 전제로, 본 보고서는 베트남의 주요 수출시장별로 10개 품목을 들어 중국 제품과의 경쟁상황에 대해서도 분

석했다. 〈표 7-1〉은 주요 품목별로 본 유럽, 일본, 미국의 현재 수출
환경 및 상황으로 여기서는 베트남의 주요 수출제품인 의류, 신발, 수
산물, 전기·전자 제품을 예로 들어, 상업성의 예측을 기준으로 전망
한다.

우선 의류에 있어서는 WTO 가입국 간 섬유제품 쿼터가 2005년 이
후 철폐되어 비가입국인 베트남의 수출은 여전히 제한될 것이다. 베
트남의 섬유 원료는 품질과 비용면에서 떨어지고 있어 수입 원료에
의한 위탁가공이 중심이고, 인건비의 비교우위성을 제외하면 베트남

〈표 7-1〉 베트남과 중국의 시장별 수출환경			(단위 : 100만 달러, %)
주요품목	EU	일본	미국
의류	베트남 수출의 40%를 차지. 양국 모두 쿼터(할당)가 있는 MFN 대우	베트남 수출의 23%를 차지. 비쿼터 시장이고 양국 모두 MFN 대우	베트남 수출의 2%를 차지. 비쿼터 시장이지만 표준과세(평균 68.9%). 중국에서의 수입은 쿼터적용으로 NTR 대우
신발	베트남 수출의 74%를 차지하는 최대시장. 비쿼터이지만 일반특혜관세(GSP) 적용. 중국에서의 수입은 쿼터를 적용하는 MFN 대우	베트남 수출액의 8%를 차지. 비쿼터 시장이고 양국 모두 MFN	베트남 수출액의 11%를 차지. 양국 모두 비쿼터. 그러나 베트남에서의 수입은 표준관세(평균 33%). 중국은 NTR 대우(평균 5.6%)
수산물	양국 모두 일반특혜관세(GSP)를 적용(관세율 0~3%)	비쿼터 시장으로 양국 모두 MFN(관세율은 0%)	양국 모두 비쿼터. 베트남으로부터 수입은 표준관세(평균 3.9%). 중국은 NTR 대우(평균 0.4%)
전기·전자부품	양국 모두 일반특혜관세(GSP)를 적용	양국 모두 MFN(관세율은 0%)	베트남에 대해서 표준과세(평균 34%).중국에 대해서는 NTR 대우(평균 2.8%)

자료 : *Tac Dong Cua Viec Trung Quoc Gia Nhap WTO, Doi Voi Mot So Nhom Hang Xuat Khau Chu Yeu Cua Viet Nam*, Ministry of Trade, Oct. 2000에서 작성

봉제품의 경쟁력은 매우 낮다. 이러한 점에서 볼 때 안정적인 봉제산업의 발전과 수출 촉진을 위해 국내의 섬유·봉제 원료 육성이 시급한 과제이다.

신발의 경우 디자인과 원료는 외국에서 들여오고 베트남에서는 단순 가공 공정만 하고 있다. 즉 구조적으로 의류와 같은 문제를 안고 있어 비싸고 품질 낮은 원료를 사용하고 있는 현상황에서는 중국 제품에 맞서 겨룰 수 없을 것이다. 중국의 WTO 가입 후 베트남 제품은 주요 수출처인 유럽 시장에서 중국 제품과 직접적으로 경쟁하게 될 것이다.

다음은 수산물 수출인데 베트남의 주요 수출품은 새우(점유율 53%), 오징어(점유율 10%) 등이 중심이다. 한편 중국의 수산물 수출은 어류(시장점유율 37%)가 중심이기 때문에 수출시장에서 직접 경쟁하는 일은 없을 것으로 보인다. 그리고 중국은 베트남으로부터 수산물 수입을 늘리고 있어 2000년에는 2억 2,300만 달러(전년비 331.6% 증가)로까지 확대되었다. 중국의 WTO 가입으로 중국의 현행 수입관세(25~30%)가 2004년에는 10~15%로 인하될 전망이어서 유망한 수출시장으로서 기대가 높아지고 있다.

베트남의 전기·전자 제품(부품 포함) 주요 수출지역은 ASEAN, 유럽, 일본 등이라 할 수 있다. 중국은 WTO 가입으로 전기·전자 관련 외국인 투자가 집중됨으로써 수출이 급속히 신장될 것으로 보인다. 베트남은 ASEAN 시장에서는 AFTA 실행으로 인해 유리한 경쟁 조건을 갖게 되나 산업기반이 매우 취약하여 외국기업에 의한 자금과 기술을 이용하는 것 외에 자력으로 수출을 늘리기는 곤란한 상황에 있다. 전기·전자제품은 수출가공을 중심으로 한 외국 투자기업의 유치가 한층 더 필요하고 기업 유치를 위해서는 진출비용 절감과 우대책 강화 등 투자환경 정비가 급선무라 할 수 있다.

(2) 무역환경 개선과 산업 기반의 정비가 과제

상업성 보고서에 의하면 의류와 신발 등 일부 공업제품에서는 선진국 시장에서 중국 제품과의 경합이 예상되나 정부 기구 내에서는 중국의 WTO 가입으로 인해 중국·베트남 무역은 『점점 확대된다』(베트남 상업성 다국간 무역정책국 부국장)는 견해가 대세를 이룬다. 베트남은 농수산물 등 1차산업 수출과 공업제품 수입이라는 무역구조를 안고 있어 이 한도에서는 양국의 주요 수출품이 서로의 시장에서는 경합하지 않을 것으로 보고 있다. 그리고 『오토바이, 가전, 휴대전화 등의 품목에서 중국기업의 대베트남 투자가 증가한다』(베트남 계획투자성 외국투자국 부국장)는 소리도 있고 중국 내의 경쟁 심화로 인한 밀어내기식 요인과 ASEAN용 생산 거점으로서 베트남의 유인력에 힘입어 중국으로부터의 투자에 탄력이 붙을 것이라고 기대하는 소리도 들린다. 또 미국과 베트남의 통상협정이 발효되면 『대 미국시장용 생산 거점으로서 베트남이 주목된다』(베트남 계획투자성 외국투자국 부국장)고 본다. 또한 외국 투자가들 중에는 중국으로만 집중하는 것을 꺼려 베트남에 거점을 두려는 움직임도 나오고 있어 앞으로 베트남에 대한 투자가 가속될 것으로 보는 경향도 있다.

이 같이 중국의 WTO 가입에 따른 상황 악화를 염려하는 정부 관계자들과 업계의 목소리는 거의 들리지 않는다. 오히려 베트남을 둘러싼 무역환경 개선과 AFTA 이행에 따른 지역 내 보호관세 철폐를 산업구조의 재편이 요구된다는 측면에서 심각하게 받아들이는 사람이 많다.

우선 베트남은 다음의 두 가지 사항에서 세계무역의 추세에 편승하는 데 뒤처진 몇 안 되는 나라 중의 하나다. 이는 베트남 자체가 WTO에 가입되어 있지 않다는 점, 미국과의 통상협정이 발효되어 있지 않아 미국과 통상무역관계(NTR)[28]가 성립되어 있지 않다는 점이다. 즉 베트남을 둘러싼 무역환경은 현 시점에서 ASEAN 각국이나 중국과 비교할 때 열세에 있어 어떻게 이 국가들과 동등한 경쟁조건을 갖출 수 있느냐가 시급한 과제로 되어 있다.

이에 베트남 정부는 2005년까지 WTO 가입을 목표로 시장 개방을 준비해가고 있다. 중국이 한 발 빠르게 WTO 가입을 완수함으로써『정치·경제 체제에서 공통점이 많은 중국의 가입 경험이 본보기가 된다』(베트남 인문사회과학연구소 중국연구센터)고 보고 베트남이 WTO 가입 교섭과정에서 후발성의 이익을 누릴 수 있다는 견해도 있다. 그리고 2000년 7월에 공식 조인된 미국·베트남 통상협정이 2001년 10월에 미국 의회에서 비준되어 베트남측 비준을 거쳐 동년에 발효될 전망이다. 이로써 다른 아시아 여러 국가에 비해 불리한 입장에 있던 베트남의 경쟁 조건은 조금은 개선될 것으로 전망된다. 그러나 이 통상협정에는 WTO 가입의 포석이 되는 서비스 시장개방 등의 조항이 담겨 있어 베트남은 유례없는 구조개혁을 강요받게 될 것이다.

그리고 산업기반이 취약한 베트남의 입장에서 AFTA 실행은 중국의 WTO 가입 이상으로 큰 문제라고 할 수 있다. 제2절에서 보았듯이 오토바이는 일정한 국내시장 규모를 갖고 있어 부품산업이 점점 집적되어가고 있다. 그러나 가전산업은 현지 조달과 경쟁력 강화라는 과제를 외국자본계 업체에 떠넘긴 채 정부는 저변산업 육성을 위한 정책 노력을 게을리 해왔다. 베트남의 가전산업은 시장 자유화와 함께 유입되는

ASEAN 제품 및 중국 제품과 경쟁하여 이길 만한 체력이 갖추어져 있지 않은 상황이다. 베트남은 글로벌 경제의 조류에 대응하기 위해 자국의 비교우위 구조를 확인한 다음 산업기반을 정비해가는 것이 긴요한 과제일 것이다.

|8| 미얀마 — 중국의 전략적 어프로치

아라키 요시히로(荒木義宏)

동남아시아의 서쪽 끝에 위치한 미얀마는 인도, 방글라데시, 중국, 태국, 라오스 등 5개국과 국경을 접하고 있다. 특히 중국과는 약 2,000km에 걸쳐 장대한 국경(거의가 운남성)을 접한다. 그리고 인도와 중국이라는 2대 문명권 틈바구니에서 역사적으로 양국의 영향을 많이 받아왔다. 그리고 지정학적으로 보더라도 미얀마는 매우 중요한 위치에 있다. 중국에서 보면 중국 내륙부에서 인도양에 이르는 최단 루트(직선 거리 약 900km)에 위치하고 있다. 제2차 세계대전시에는 연합국 측의 중국으로의 병참 물자보급 루트로서 미얀마를 중심으로 「원장(援蔣)루트」[1]가 열렸는데, 이를 둘러싸고 일본과의 사이에 치열한 쟁탈전이 반복되었다. 현재 이 루트는 미얀마의 대 중국 국경무역에 있어 중요한 루트로서 다시 각광을 받고 있다.

한편 중국도 인도양으로 진출하는 출구로서 미얀마의 전략적 중요

〈표 8 -1〉 중국의 대 미얀마 무역							(단위 : 만 달러, %)	
구 분	국경무역(A)		통상무역(B)		합계(A+B)		국경무역 구성비	
	수출	수입	수출	수입	수출	수입	수출	수입
1995	6,500	9,500	61,785	14,995	68,285	24,495	9.5%	38.8%
1996	2,800	8,000	52,112	13,741	54,912	21,741	5.1%	36.8%
1997	2,500	2,500	57,009	7,341	59,509	9,841	4.2%	25.4%
1998	6,000	3,200	53,291	6,162	59,291	9,362	10.1%	34.2%
1999	19,000	4,500	40,654	10,148	59,654	14,648	31.9%	30.7%
2000	22,000	6,500	49,639	12,482	71,639	18,982	30.7%	34.2%

자료 : 중국국제무역경제합작연구원(국경무역), 중국통관통계(통상무역)

성을 충분히 인식하고 있다. 1990년대에 들어서면서 일본을 포함한 선진 국가가 군정과 민주화 세력 간의 대화 진전이 지지부진함을 이유로 미얀마에 대한 본격적인 원조 재개를 주저하고 있는 사이에, 중국의 원조는 수십억 달러 규모로까지 팽창했다. 또 미얀마는 중국 정부의 향후 과제이기도 한 「서부 대개발 계획」[2]에 있어서도 그 중심인 운남성과 국경을 접하는 중요한 배후지로서 인도양으로부터의 물류 종결점에 해당한다고 볼 수 있다. 본 장에서는 이러한 중국의 미얀마에 대한 적극적인 움직임을 1990년대 이후를 중심으로 개괄한다. 최근에 와서 미얀마 정부는 경제자료의 공표를 엄격히 제한하고 있어 본 장에서 사용한 자료의 일부는 중국측 자료에 기초했음을 미리 말해둔다.

1. 경시할 수 없는 국경무역

미얀마와 중국과의 무역은 「국경무역」과 양곤항을 통하는 「통상무역」의 두 루트로 크게 나뉜다. 국경무역은 관세 검문소를 통과하는 공식 무역과 이것을 통과하지 않는 비공식 무역(이른바 밀무역)으로 나뉜다. 후자는 실정을 파악할 수도 없지만 공식 무역을 훨씬 웃도는 규모로 추측되고 있다.

중국측 통계 〈표 8-1〉에 의하면 2000년도 미얀마에 대한 중국의 수출은 합계 약 7억 1,600만 달러이고 수입은 1억 8,900만 달러다. 전체에서 차지하는 국경무역의 비율은 수출입 모두 약 30%를 넘고 특히 수출에서 차지하는 비율이 증가하는 경향에 있다. 수입에서 차지하는 비율도 1995년 이후 25~38% 사이에서 변화하고 있다.

(1) 발전하는 대 중국 국경무역

〈표 8-2〉는 미얀마 상업성 국경무역국의 통계로서 국경무역에서 차지하는 중국의 위상을 짐작할 수 있다. 1995~96년부터 2000~2001년에 이르는 6년 동안 미얀마의 수출은 약 5배로 확대되었는데, 특히 중국에 대한 수출은 해마다 증가하여 6배 이상으로 팽창했다. 한편 수입은 전체적으로 침체기미를 보이고 있는데 특히 1997~98년에는 전체 수입이 전년도의 약 3분의 1규모로 축소되었다. 이것은 국경무역의 결제 통화가 원칙적으로 달러로 일원화된 점과, 궁핍한 외화 사정으로 인해 정부의 무역 정책이 그 때까지의 「수입 우선」에서 「수출 우선」으로 전환(공업화, 산업 육성을 위한 기자재·중간재의 수입 우선을 변경하여 외화 획득을 위한 수출을 우선함)한 것에 기인한 것으로 볼 수 있다.

중국과의 국경무역 거점은 샨주 북동부에 위치한 운남성 국경의 무

〈표 8-2〉 미얀마의 국경무역 (단위 : 100만 달러)

구 분	1995~96				1996~97				1997~98			
	수출		수입		수출		수입		수출		수입	
중국	22.025	51.0%	229.315	78.3%	30.068	51.5%	158.440	53.0%	86.442	55.8%	59.369	58.2%
태국	16.032	37.2%	47.398	16.2%	20.373	34.9%	124.077	41.5%	52.071	33.6%	31.202	30.6%
인도	4.257	9.9%	13.580	4.6%	5.938	10.2%	14.253	4.8%	11.746	7.6%	10.493	10.3%
방글라데시	0.837	1.9%	2.505	0.9%	2.025	3.5%	1.951	0.7%	4.713	3.0%	1.025	1.0%
합계	43.151	100.0%	292.798	100.0%	58.404	100.0%	298.721	100.0%	154.972	100.0%	102.089	100.0%

구 분	1998~99				1999~2000				2000~2001			
	수출		수입		수출		수입		수출		수입	
중국	104.085	71.1%	126.922	82.4%	108.922	55.5%	130.465	88.2%	136.087	64.0%	173.512	88.4%
태국	24.121	16.5%	24.937	16.2%	50.101	25.5%	14.327	9.7%	36.510	17.2%	17.365	8.8%
인도	2.275	1.6%	1.812	1.2%	6.333	3.2%	3.055	2.1%	5.940	2.8%	4.740	2.4%
방글라데시	15.819	10.8%	0.297	0.2%	31.046	15.8%	0.145	0.1%	33.959	16.0%	0.680	0.3%
합계	146.300	100.0%	153.968	100.0%	196.402	100.0%	147.992	100.0%	212.496	100.0%	196.297	100.0%

주 : 미얀마의 회계연도는 4월에서 익년 3월
자료 : *Department of Border Trade*, Ministry of Commerce

세(Muse)로 건너편 기슭인 서려시〔瑞麗市, 미얀마에서는 슈에리(Shweli)라고 한다〕와는 슈에리 강을 사이에 두고 이다. 미얀마와 중국은 1988년 8월에 다른 이웃 나라보다 앞서서 우선 국영기업 수준의 국경무역협정을 체결하고 그해 11월에는 이것을 일반 민간 수준에까지 확대했다. 1994년 8월에는 정부 차원에서 공식으로 국경무역협정을 체결했다(태국과의 정부간 국경무역협정 체결은 1996년 3월). 그 후 중국측은 슈에리 강을 낀 중국 영내의 저고(姐告) 지구를 경제실험구로 지정하여 대 미얀마 국경무역의 거점으로 했다. 또한 2000년 8월에는 동 지구를 경제무역특별구로 승격시켜 원재료 가공의 보세(保稅) 조치와, 진출 기업에 대한 법인세 우대 조치, 72시간 이내의 미얀마 무비자 도항(渡航) 등 많은 우대 조치를 도입했다. 중국기업의 대부분은 이 특별구에 지사를 두고 있다.

중국에 대한 미얀마의 주요 수출품목은 대부분이 농산품이고 대두, 옥수수, 양파, 고추, 콩류, 식물성 기름, 찹쌀 등이 전통적인 품목이다. 최근에는 망고, 포도, 멜론, 파파야, 수박, 대추 등의 과일류 외에 닭 등의 가금(家禽)류도 늘고 있다. 또한 게, 새우, 어류 등의 해산물이 간단한 냉장 트럭 형태로 벵갈 만의 어항에서 중국으로 유입되고 있다.

근년에 들어와 급증하고 있는 품목으로는 주택 부자재를 들 수 있다. 이것은 상해를 중심으로 중국 연해부에서 일고 있는 주택 건설 붐의 영향으로 고급 주택용 미얀마산 티크재인 바닥재가 인기를 모으고 있기 때문이다. 미얀마 중부의 만달레이에는 티크 제재업자가 다수 입지해 있고 이들 공장에서 티크 바닥재가 대량으로 수출되고 있다. 중국에서는 1998년 양자 강의 대홍수 사건 이래 정부가 자연림 벌채 규제를 강화했기 때문에 많은 목재를 해외에 의존하게 되었다. 이웃 나라 미얀마의 티크재는 좋은 공급원으로서 중국계 기업도 몇몇 진출해 있다. 그리고 비취나 대리석, 자단(紫檀) 등의 조각물은 고급 주택의 인테리어로서 중국인들로부터 인기가 높아 중국과 대만, 홍콩으로부터의 수주가 늘고 있으며 거의가 국경무역을 통해 수출되고 있다.

한편 중국으로부터는 농업기계와 그 부품, 비료, 농약 등 살충제, 시멘트 등 건축자재, 전기 제품, 의약품, 일용 잡화류 등이 주로 수입되고 있다. 그 외에 전기부품, 자가발전장치, 농업용 기계와 그 부품, 자전거 등의 경(輕)기계류도 많다.

만달레이에서부터 국경 무세까지는 샨 고원의 북동쪽에 위치한 라시오를 지나 약 450km를 가면 도달할 수 있다. 그 동안에 검문소가 세 곳 있는데 수출입 화물은 거기서 엄격한 검사를 받는다. 이 검사는 몇 시간을 요하는 일도 종종 있어 수속을 대행하는 브로커가 암약하고 있다. 이것을 꺼려 검문소를 통과하지 않는 비공식 무역(밀무역)이 끊이지 않는다.

국경무역의 결제 통화는 예전에는 차트와 중국인민화였으나 1997~98년부터는 미국 달러화도 가능해졌다. 그러나 2001년에 들어와 차트가 급락했기 때문에 수입 결제로 달러 유출을 경계한 미얀마 정부는 수입 라이선스 발급 제한을 실시하고 있다. 특히 6월 이후에는 1일 30만 달러 정도로 제한하고 있기 때문에 2001년도의 대 중국수입은 40~50% 감소될 전망이다.

(2) 통상무역은 계속 불황

양곤항을 경유하는 중국과의 통상무역을 중국측 통계 〈표 8-3〉에서 보면 미얀마가 1992년에 시장개방 체제로 바뀌면서 이후 순조롭게 확대되었다. 특히 미얀마에 대한 중국의 수출은 1990년대 전반부터 미얀마 경제의 활황을 타고 급속히 확대되어 1995년에는 6억 달러 규모(1992년에 비해 2.4배)로 팽창했다. 그러나 그 후에는 한계점에 도달하면서 1999년 이후에는 미얀마측의 엄격한 수입제한 규제의 영향으로 5억 달러 수준으로 떨어졌다.

품목별로 보면 일반 기계류, 전기기계, 철강 제품, 수송기계, 합성섬유, 선박 등 6개 품목이 전체의 45~50%를 차지한다. 또한 1997년을 정점으로 수송기계가 급감했는데 이것은 미얀마측이 자동차 수입 규제를 강화했기 때문이다. 중국의 대 미얀마 수출은 미얀마에 대한 중국의 경제원조가 확대됨에 따라 증가하고 있어 산업기계의 수출이 한층 증가할 것으로 전망되는 까닭에 전체적으로는 증가 기조가 이어질

구 분	1992	1993	1994	1995	1996	1997	1998	1999	2000	2001
기계류	971	2,278	3,205	4,152	5,044	6,771	13,368	5,057	6,578	3,918
전기기계	1,543	2,600	2,677	4,305	3,733	3,485	3,786	4,316	5,339	2,319
합성섬유	3,390	2,468	2,583	5,051	4,837	4,602	3,295	3,694	4,305	1,674
선박	0	0	590	5,168	5,226	5,870	2,524	2,634	3,920	1,676
면사, 면직물	4,245	3,814	2,039	3,322	2,145	1,991	2,192	2,458	2,813	1,506
연료, 석유	1,884	1,594	1,512	1,795	1,259	1,047	1,639	1,715	2,448	1,622
철강	1,158	207	397	1,417	823	1,338	896	994	2,360	287
철강제품	962	1,957	1,559	3,882	3,606	2,772	6,182	2,471	2,303	790
니트 직물	0	5	3	175	174	119	175	605	1,723	805
수송기계(자동차 및 부품)	1,049	2,326	2,629	4,845	6,407	7,551	1,199	1,249	1,654	616
비료	71	31	211	603	1,261	1,312	128	1,045	1,555	42
의약품	1,291	1,016	1,023	1,784	1,114	855	887	1,024	1,017	392
섬유제품	378	410	523	835	430	426	271	666	813	
고무	340	257	333	821	1,022	941	520	627	785	368
무기화학품	517	446	264	416	375	502	510	681	780	343
기타	8,105	13,061	17,363	23,214	14,656	17,427	15,719	11,418	11,246	5,097
총 계	25,904	32,470	36,911	61,785	52,112	57,009	53,291	40,654	49,639	21,413

주 : 2001년은 1~6월
자료 : 중국통관통계

것으로 예상된다.

　한편 미얀마로부터 중국이 수입하는 양은 크게 증가하지 않고 있다. 1992년부터 2000년까지의 연간 평균 수입액은 약 1억 2,000만 달러이다. 그러나 1998년을 저점으로 다시 증가하는 경향을 보이고 있다. 그 중심은 목재·목재제품이고 앞서 말했듯이 중국 정부의 자연림 벌채 규제로 인한 수요 증가를 반영하여 1996년까지는 전체의 45% 전후를 차지했다. 그 후 2년 간은 낮은 수준을 기록했으나 2000년에 들어서 다시 급증하고 2001년에는 상반기에만 전체 수입의 65%를 차지했다.

예전에는 많았던 귀석(貴石)·귀금속은 1993년을 정점으로 감소하는 경향에 있어, 2001년에는 전체의 2.4%로까지 축소되었다. 1차 생산품으로 최근에 와서 확실한 증가 기조에 있는 것은 수산물과 채유(採油)용 종자(참깨) 정도지만, 그 액수는 작아 중국의 미얀마로부터의 수입은 목재 관련품목이 대부분을 차지할 가능성이 높다.

2. 중국 제품·기업의 진출은 얼마나 활발한가

(1) 수입품 신호도가 높은 미얀마인

미얀마에서는 사회주의 정권 시대(1962~88년)에 제조업의 대부분을 국영기업이 담당했다. 가공식품, 일용품의 대부분도 경공업성 산하의 국영기업에서 제조한 것이 시장에 유통되었다. 그러나 그 종류는 한정되어 있는데다 품질이 열악하기 때문에 소비자는 주로 국경무역이나 밀무역을 통해 유입하는 수입품을 구입해왔다. 영국령 식민지 시대와 전후(戰後)의 짧은 기간이기는 하나 자유주의 경제를 구가하여 수입 소비재의 유입을 경험한 미얀마의 소비자는 국영기업의 국산품에는 눈길도 주지 않았다. 치약, 샴푸, 비누, 플라스틱제 잡화, 타올, 연필·볼펜·노트 등의 문구류, 냄비, 프라이팬, 포크, 스푼, 식기류, 그리고 즉석 면, 통조림, 과자 등의 가공식품, 자전거, 전기부품, 의약품, 의류품 등 모든 생활필수품의 대부분이 수입품이다.

고급 슈퍼마켓, 쇼핑센터는 말할 것도 없고 소비자가 일상적으로 물건을 구입하는 도매시장, 골목 상점, 노점상에 이르기까지 수입품을

〈표 8-4〉 미얀마에 있어서 중국제품의 가격

상 품 명	가격대(차트)
전기밥통	8,400~21,800
다리미	8,600~10,800
선풍기	6,500~20,000
VCD	21,000~31,000
컬러 TV	51,000~100,000
전구(60W)	50~60
앰프	22,000~40,000
TV 안테나	5,800~7,800
샹들리에	9,000~13,000
형광램프	300~320
워킹슈즈	2,500~5,900
와이셔츠	3,000~3,500
자켓	23,000~33,000
폴로셔츠	2,000~3,000
자전거	23,000~30,000
자가발전장치(소형)	130,000~200,000
담배(1카튼)	3,200~4,400

주 : 1달러＝650차트(9월 중순 실세 레이트)
자료 : 2001년 9월 양곤 시내에서 설문(hearing) 조사

취급하고 있다. 만달레이는 인도와의 국경무역 중계지이기 때문에 특히 전기제품과 섬유제품에서 인도 제품이 두드러지게 많으나 양곤에서는 중국과 태국 제품이 압도적이다.

미얀마의 소비자는 오랫동안 수입품에 익숙해져 왔기 때문에 상품의 품질과 가격에 매우 민감하다. 1990년대 중반 이후 창간된 〈다나(Dana)〉나 〈리빙 컬러(Living Color)〉 등의 월간 경제지에는 수입품 가격 일람과 모니터 평가 등이 정기적으로 게재되고 있다. 이것에 의하면 일반적으로 미얀마의 소비자는 중국 제품보다도 태국 제품(특히 태

국에서 제조된 선진국의 유명 브랜드)을 즐겨 구입하고 있고 중국 제품은 『싸지만 품질이 나빠 오래 유지하지 못한다』는 평가가 소비자들 사이에 자리잡고 있는 것으로 알려져 있다. 최근 오픈된 고급 쇼핑센터에서는 부품 표시 가격표가 그대로 상품에 붙어 있어 점원은 전자계산기에서 차트로 환산하여 팔고 있다. 방콕에서 팔다 남은 재고가 그대로 미얀마로 흘러들어오고 있다는 증거다.

〈표 8-4〉는 양곤 시내에서 조사한 주요 중국 제품의 가격대다. 전구나 전기 부품 등은 일반 서민이라도 살 수 있는 가격이나 의류품이나 구두조차도 일반 서민의 평균 수입에서 본다면 여전히 비싸다. 한편 고소득자는 싼 중국 제품을 경시한다. 다른 동남아시아 여러 국가에서 볼 수 있는 가전제품 등의 중국제 내구 소비재가 미얀마에서 자리잡으려면 일반 소비자의 소득이 한 단계 상승하거나 고품질의 중국 제품이 싼 값에 많이 유통될 필요가 있다.

(2) 서민의 입장에서는 여전히 「그림의 떡」

양곤의 번화가 한 모퉁이에 상하이백화점이 있다. 1996년 개업 당초에는 상해인 직원이 12명 있었으나 현재는 5명이다. 당시 중국 대사 부인의 강한 요청으로 개점 초기의 상품은 모두 상해 제품이 차지했었다. 수입은 당초 양곤항을 경유한 통상무역 루트와 운남성을 경유한 국경무역 루트를 병용했으나 국경무역 루트는 치안이 불안한 점, 도로 사정이 나빠 구입에 장시간이 걸리는 점, 그리고 사고가 빈발하여 도중에 중단되는 점 등으로 인해 현재는 모두 통상무역 루트를 통해 이루어지고 있다.

개업 초기에는 7층 건물 빌딩(양곤시 당국에서 임대)의 4개층에서 개업했으나 그 후 미얀마 경제의 불황으로 판매 부진이 계속되어 1년 전부터 2개층으로 축소되었다. 판매 품목은 의류품이 중심이고 그 외의 품목으로는 구두·샌달, 화장품, 시계, 액세서리, 주방용품, 주류, 담배 등이 있다. 개업 초기에는 가전제품을 판매하고 있었으나 현재는 다리미, 선풍기 등 소형 가전에 한정되어 있다. 개업 당시 상해 제품을 전문으로 취급하던 관행은 사라지고 지금은 태국 제품이나 대만 제품 외에 미얀마 제품도 진열되어 있다. 또 상품도 직접 수입하기보다는 국내에서 수입업자로부터 구입하는 일이 많다.

이 백화점에서 일하는 판매원의 초봉은 5,000차트(월 약 7.7달러)이다. 공장에서 일하는 단순 근로자의 급여가 월 1만 차트(약 15달러), 그 지방 기업의 사무관리직이 3만 차트(약 46달러) 정도이므로 상점에 진열되어 있는 수천 차트의 상품에는 도저히 손이 갈 수 없다.

개업 초부터 상주하고 있는 상해인 직원은 『아주 빗나갔다. 물건이 팔리지 않기 때문에 점원의 급여도 올리지 못한다. 손님이 오지 않고 급료도 오르지 않으므로 점원은 며칠 지나면 그만 두기 때문에 보충하기 위한 면접시험만 반복하고 있다. 만일 지금과 같은 상황을 예상했더라면 미얀마에는 절대 진출하지 않았을 것이다』라고 후회하고 있었다.

(3) 중국계 기업은 양곤에만 약 300개사

미얀마투자위원회(MIC)가 조사한 바에 의하면 중국의 대 미얀마 투자인가는 2001년 6월 말까지 누계 16건이고, 약 6,000만 달러로 아주 작다.[3] 그 이유는 미얀마에서 실행한 중국기업의 프로젝트의 대부분은 정부 성청이나 그 산하의 국영기업을 상대로 한 사업으로서 MIC의 인가를 필요로 하지 않는 안건이 많기 때문이다.

후술하는 바와 같이 중국 정부는 미얀마를 전략적인 주요 국가로 인식하고 있어 1990년대에 들어와 적극적인 원조를 전개하고 있다. 특히 1990년대 중반 이후에는 그 때까지의 인프라 원조에서 국유기업의 근대화를 촉진하고자 하는 미얀마 정부의 요청에 따라 제조업 분야로도 적극 진출하고 있으며, 이는 앞으로도 증가할 전망이다.

특히 2000년 6월 마운에이 SPDC[4] 부의장의 중국 방문과 그 다음달 후진타오 부주석의 답방으로 양국 간 경제기술협력협정, 과학기술협력협정, 관광협력협정이 체결됨과 동시에 양국의 관계 성청 가에 구체적인 협력 조건이 대부분 합의되었다. 앞으로는 이것에 기초한 진출이 증가할 전망이다. 〈표 8-5〉는 지금까지 미얀마에서 실시해 온 중국 국영기업의 주요 프로젝트다.

한편 중국 본토에서 진출한 민간기업을 파악하기는 곤란하다. 양곤에 있는 중국대사관 경제부에 실시한 설문조사에 의하면 양곤만 해도 약 300개의 중국기업이 진출해 있다. 그 중에 국영기업은 약 100개 정도다. 1996년에는 이 기업들이 모여 「중국 비즈니스 협회(Chinese Business Association)을 설립했는데 현재 100개 이상의 기업이 참여하고 있다. 만달레이에 진출한 기업 수는 중국대사관에서도 완전히 파악하지 못하고 있다. 중국기업은 문제가 생기지 않으면 대사관에 오지 않으므로 실태를 파악하기가 매우 어렵다고 한다.

또한 간과할 수 없는 것은 화교계 기업의 움직임이다. 일반적으로 미얀마의 화교는 독립 이전부터 정착한 광동성, 복건성, 홍콩, 대만계가 주류를 차지하고 있었다. 그리고 제2차 세계대전 후 중국에서 일어난 국·공(國·共) 내전의 여파로 운남성을 경유하여 많은 중국인이 만달레이와 샨 고원 등의 미얀마 북부로 들어와 정착한 사람들이 많다. 그러나 1960년대에 들어와 네윈(Ne Win)이 정권을 잡으면서 민주주의적 색채가 매우 강한 버마 사회주의를 내세워 외국인 및 외국기업이 배척당했다. 공산주의를 극도로 경계한 네윈은 유입되는 중국인들이 재(在) 미얀마 화교들에게 공산주의 사상을 퍼뜨린다고 하여 경계했기 때문에 미얀마에 거주하던 대부분의 화교가 이 때 미얀마를 떠났다.

외국인 배척은 그 후 누그러졌으나 화교가 본격적으로 미얀마에 귀환한 것은 1992년 시장개방 정책 추진 이후부터다. 특히 홍콩, 대만을 거점으로 하고 있던 미얀마 국적의 화교는 쇄국을 풀고 시장 개방 정책을 추진하기 시작한 미얀마에서 비즈니스 기회를 찾기 위해 샨 주나 만달레이 주변에 진입했는데 그 중에는 사망한 미얀마인의 호적을 사서 미얀마 국적을 취득하는 자도 많았다고 한다.

환류(還流) 화교는 당초 호텔 관광업, 주택·부동산 판매, 중고 자동차 수입 등으로 재산을 축적하고 계속해서 오피스빌딩 건설, 은행 개설 등의 민간 부문으로 속속 진출했다. FMI 그룹, 유자나(Yuzana) 그룹, 슈에 탄루인(Shwe Thanlwin) 그룹, 올림픽(Olympic) 그룹, 다곤(Dagon) 그룹, 메이플라워(May Flower) 그룹 등 현재 화교계 기업 그룹의 대부분은 1990년대 중반까지 미얀마 투자 붐으로 급성장했다.

이 화교계 기업 그룹들은 지주회사를 중심으로 부동산, 건설업, 금융업, 서비스업, 제조업 등 폭넓은 분야에서 관련회사를 설립했다. 1990년대 말이 되자 신전(新田) 개발과 오일팜 식림 사업, 새우 양식사업 등의 농수산 관련 비즈니스, 간선도로 건설 등의 공공 인프라 사업도 착수하게 되었다. 이러한 배경으로는 재정 위기에 있는 정부가 자금력과 기계 설비를 가진 기업 그룹에 사업 수행을 요청하면서 그 대가로 우선적인 수입권, 수출권 등의 특전을 준 사실이 언급될 수 있을 것이다. 기업 그룹의 입장에서도 아시아 통화위기 이후 급속히 추락한 국내 민간사업의 부진으로 인해 정부사업에 협력하는 것이 새로운 분야로 진출하는 기회가 될 수 있었다. 이러한 화교계 기업 그룹은 홍콩, 대만, 싱가포르, 광동성, 복건성 등 그들의 출신지인 중국계 기업과의 네트워크를 통해 정보나 자금 조달도 용이했다. 그리고 1960년대 문화대혁명 시대에 상해에서 운남성으로 밀려난 청년들의 일부가 운남성에 정착하며 미얀마에서 상해와의 네트워크를 통해 비즈니스를 전개하는 사례도 있다고 한다.

(4) 발전소 프로젝트를 수주하는 중국 국영상사

운남성기계설비진출구공사(YMEC)는, 동사의 회사 설명에 의하면, 중국의 기계 관련 100대 수출기업의 하나로서 세계 58개국에 지점·주재원 사무소를 갖고 있는 것으로 알려져 있다. 동사의 양곤 사무소는 1992년에 설치되었는데 그 이전에도 에이전트를 통해 미얀마와의 거래는 있었다. 역사적으로나 지리적으로나 근접해 있는 운남성의 국영기업은 일찍부터 미얀마로 진출하고 그 중에서도 YMEC는 대형 프로젝트 참여를 위해 노력해왔다.

동사의 주요 취급품목은 수력 발전소의 발전기 및 제어장치, 항만 하역기계, 철도 차량, 공작기계, 건설기계, 트럭, 농업기계 등이다. 1992년부터 1997년 사이에 동사는 미얀마의 소규모·중규모 수력 발전소 등 모두 7건의 건설계약을 획득하고 1998년에는 만달레이 근교의 폰론 수력발전소(280MW) 계약을 체결했다. 중국측의 투자 총액은 1억 7,000만 달러이고 YMEC는 발전기 등 기계설비 세트를 납품하는 주계약자(Main Contractor)로 참여했다. 동 발전소는 2004년에 완성될 전망인데 미얀마 최대의 수력발전소로 미얀마 전체 발전량의 약 30%를 조달한다. 그러나 미얀마측이 맡고 있는 댐 공사의 진척상황이 여의치 않아 예정대로 완성할 수 있을지는 불확실하다. 또한 이 발전소는 당초 일본의 컨설팅 회사가 예비조사(FS)를 맡았으나 건설 실시 단계에서 YMEC로 발주되었다.

이 같이 YMEC는 중국의 국영기업 중에서도 먼저 미얀마로 진출하여 인프라 프로젝트의 대부분을 관여해왔지만 최근에는 운남성뿐만 아니라 북경, 천진, 상해, 광동에 본거지를 둔 중국 국영기업의 미얀마 진출도 두드러지고 있다. 〈표 8-5〉에 나타난 것처럼 인프라 관련뿐만 아니라 정부의 제조업 프로젝트나 국영기업의 설비개선 부문에 많은 기업이 참여하고 있다. 이러한 프로젝트의 대부분에 대해 중국은행이나 중국수출입은행에서 저리 또는 무이자로 신용대출이 이루어지고 있다.

하지만 YMEC의 경우에는 이러한 제조업에 참여하는 일은 적다. 오히려 미얀마의 심각한 경제상황으로 인해 특히 재정 면에서의 리스크가 높다고 판단하고 있다. 그 이유로 동사 양곤 사무소장은 『미얀마의 경제상황 특히 정부의 재정상황이 매우 나쁘기 때문에 미얀마 정부로부터의 프로젝트 주문에는 신중히 대응하고 있다』고 한다. 그럼에도 불구하고 중국대사관에 의하면 2000년까지 10년 동안에 중국기업(국영 및 민간 합계)이 미얀마에 투자한 총액은 적어도 10억 달러가 넘는 것으로 추정하고 있다.

이 같이 중국기업의 진출은 활발하나 미얀마인은 중국 제품에 대해

<표 8-5> 중국의 대 미얀마 원조(주요안건만)

섹터	프로젝트	수입기업	중국측 기업	금액
전력	폰론수력발전소(280MW)	미얀마전력공사	운남성기계수출입공사	1억 7,000만 달러
	몬수력발전수(75MW)	상동	중국국제신탁투자집단	5,200만 달러
	티파인세크수력발전수(30MW)			(2건)
	조지수력발전소(30MW)	상동	운남성기계수출입공사	NA
	자운드수력발전소(20MW)	상동	중국국제신탁투자집단	NA
	쉐리수력발전소(300MW)	상동		NA
인프라	이라와지 강의 2교량	건설국공공사업공사	중국조선무역공사, 중국농업기계수출입공사	계1,850만 달러
통신	디지털 교환국	우정통신공사	상해벨	1,700만 달러
운수	이라와지 강 컨테이너 계획			3억 8,000만 달러
	선박수리 도크	미얀마조선공사	산동농공상업공사	2,500만 달러
	외양, 내항선박	미얀마 파이브 스타 라인	운남성기계수출입공사	1억6,700만 달러 (계78척)
	철도(화차, 기관차, 레일 등)	철도성	운남성기계수출입공사	2억 5,000만 달러
생산설비	제지공장	미얀마종이화학공업공사	중국야금건설집단	9,000만 달러
	방직공장	미얀마섬유공사	천진기계수출입공사	N.A.
	시멘트공장	미얀마요업공사(제공업성)	중국건설농업수출입공사	1,650만 달러
	액화석유가스공장	미얀마석유화학공사	중국기계수출입공사	1,300만 달러
	사탕정제공장	농업관개성	중국농기계공사	통계1억 7,000만 달러(9건)

자료 : JETRO 양곤 사무소

별로 좋게 평가하지 않고 있다. 미얀마 정부의 고관과 이야기할 때 통상적으로 나오는 것이 『정말 일본제 기계를 사고 싶다. 중국제는 싸지만 금방 망가진다. 그러나 일본 정부의 ODA가 재개되지 않으므로 정부의 부족한 자금력으로는 중국제에 만족하는 수밖에 없다』는 것이다.

한편 중국기업도 미얀마의 경제상황이나 장래 전망에 회의적이고 또 정치적인 불안정성을 우려하고 있다. 정부 프로젝트에 대한 중국기

업의 관여가 자본 투하를 수반하지 않는 기계설비 수주에 머물러 있는
것도 이러한 점에 이유가 있는 것 같다.

3. 활발한 수뇌급 외교

(1) 북의 위협으로서의 중국

미얀마와 중국의 정치적 관계를 언급함에 있어 역사적인 요인을 무
시할 수 없다.

미얀마인(버마족)의 기원은 중국 북서부의 감숙성(甘肅省) 내지는 티
벳 고원 북동부 부근에 거주하고 있던 몽골계 민족이다. 중국계 민족
이 확장되면서 그 여파로 점점 남하하여 8~9세기에 걸쳐 미얀마 중부
의 「파간(Pagan)」 동쪽에 있는 「챠와세」에 정주했다. 그들은 건조지대
에서 관개(灌漑)농업을 일으켜 세력을 확대하고 11세기 중반에 버마족
최초의 파간 왕조를 구축했다는 것이 정설이다. 그 후 파간 왕조는 수
천 개의 불탑(佛塔)을 건설할 정도로 영화를 누렸으나 원(元)의 침공으
로 13세기 후기에 멸망한다. 그 후 중국계 샨족, 남방계 몬족이 가담하
여 왕조의 영토 쟁탈전이 계속되다가 18세기 중반에 이르러서야 겨우
미얀마 중부에 막강한 버마족의 콘바운 왕조가 출현했다. 그 사이 약
500년 간(13~18세기)의 혼란기 동안 중국 세력의 거듭되는 침공에 계
속 시달렸다. 콘바운 왕조는 초기 무렵인 1760년대에 승리를 거두고
북쪽 부근의 위협 요소를 제거했다. 그 후 태국의 아유타와 왕조, 벵갈
만에 연해 있는 아라칸 왕국을 차례차례 섬멸하여 인도의 아셈 지방까

지 침공했다. 중국의 위협은 청조(淸朝)의 쇠퇴로 그 후 잠잠해졌다. 그러나 이번에는 인도를 식민지화한 영국, 인도차이나를 식민지화한 프랑스라는 동서의 위협에 시달리게 되었다.

콘바운 왕조는 1866년 영국에게 패할 때까지 3번의 영·면(英緬) 전쟁을 치렀다. 그러나 그 후 미얀마는 인도 총독이 통치하는 영국 식민지가 되어 1948년 독립할 때까지 약 80년 간 영국 통치가 지속되었다. 그동안 북중국은 아편전쟁, 태평천국의 난, 제2차 세계대전, 국·공 내전과 동란(動亂)의 시대가 계속되었는데 이 기간 동안 전란을 피해 중국인이 미얀마로 다수 유입되었다. 특히 국·공 내전시에는 운남성을 경유하여 다수의 국민당 잔당이 미얀마 영내로 흘러들었다고 한다.

그리고 제2차 세계대전이 일어나기 전에 결성되어 있던 버마 공산당도 중국의 지원으로 세력을 확장하여 미얀마 영내로 다수의 공산당원이 유입되었다. 1948년 독립 이후 미얀마에서는 버마족과 많은 소수민족과의 내란 상태가 계속되었는데 그 중에서도 최후까지 저항을 계속했던 것이 버마 공산당을 모체로 하는 반정부 세력이었다.

1962년에 정권을 쟁취한 네윈 장군은 이러한 북공산주의의 침투를 극도로 두려워하고 또 외국인을 극도로 싫어하는 성격이어서 배외(排外)주의적인 버마식 사회주의 정책을 도입해 실질적인 쇄국정책을 취했다.

그러나 그 후 장기간에 걸친 경제부진으로 네윈 정권은 1976년 이후 외국원조 수락을 재개하는 등 쇄국정책을 조금씩 완화해갔으며 결국 1988년에 군정이 버마식 사회주의 정책을 포기하고 시장경제 개방체제로의 전환을 선언하기에 이르렀다. 시장경제 개방체제로의 전환까지 미얀마는 국제정치나 경제의 글로벌화에서 소외된 세계였다.

(2) 미얀마는 중국의 전략적 요충지

중국은 미얀마의 입장에서 역사적으로 위협적인 존재였으나 오늘날에는 미얀마와 뗄 수 없는 중요한 관계국으로 자리잡게 되었다. 한편 중국에서 보더라도 미얀마는 역사적으로나 향후 미래지향적인 측면에서 매우 중요한 위치를 차지하고 있는데 이것은 세계지도를 보면 일목요연하게 알 수 있다. 그러므로 미얀마에 대한 중국의 군사 원조는 경제협력의 규모를 훨씬 능가한다.

런던의 국제전략문제연구소가 2000년 여름에 정리한 보고서에 의하면 중국이 미얀마에 공급한 무기는 총 10~20억 달러에 이를 것으로 추정된다. 그 범위도 전차(戰車), 곡사포, 지대공 미사일 등 중화기 외에 전투기, 초계정(哨戒艇), 병원(兵員)수송 장갑차 등 다양하다. 그리고 미얀마와 중국 모두 강하게 부정하고 있으나 안다만 해의 코코제도에 중국이 인도양을 감시하는 레이다 기지를 건설했다는 소문도 있다. 중국의 입장에서 미얀마는 인도를 견제한다는 의미에서 매우 중요하다. 2000년 6월 마운에이 SPDC 부의장의 중국 방문에서는 후진타오 부주석이 『중국 · 미얀마 관계의 강화는 중국 주변지역에 관한 중국의 외교정책에 있어 중요한 일부이다』라고 했다.

또한 중국이 장래 중동 원유에 의존하지 않을 수 없게 되었을 때 중국의 입장에서 미얀마는 그 시장 자체보다도 인도양을 경유한 물류 루트로서의 가치가 훨씬 높아질 것이다. 2000년 6월 8일 국교수립 50주년을 맞이하여 중국 중앙TV의 인터뷰에 응한 원아운 외상은 『미얀마는 중국이 추진하고 있는 서부지역 대개발과 관련하여 중국의 서부와 가장 가까운 바다로 향하는 출구를 제공할 수 있다』고 했다.

2000년 4월 중국과 미얀마는 이라와디 강의 중국선 자유항해권에 관해 협의·합의했다. 그 후의 경위에 대해서 양곤에 위치한 중국대사관의 경제담당 서기관은 『이 정부 간 교섭은 최근 거의 진행되고 있지 않아 만달레이 북방 상류부에 건설할 것으로 예정되어 있는 바모의 컨테이너 터미널 계획도 일시 중단했다』고 한다. 또한 『단순히 벵갈 만까지의 거리가 짧다고 해서 이 루트를 통해 중국이 중동에 접근하게 된다고는 말할 수 없다. 벵갈 만에서의 심수항(深水港) 건설, 이라와디 강의 개수(改修), 중간부에 필요한 하천항 건설 등 시간을 요하는 과제가 많다』고 한다. 그러나 장기적인 가능성에 대해서는 부정하지 않았다.

〈표 8-6〉 중국·미얀마 간 요인 왕래(1998년 군정성립 이후)

구 분	미 얀 마	중 국
1989년 10월	탄슈에 육군사령관	
1991년 1월		라한 국무원비서장
1991년 1월	소마운 SLORC 의장	
1993년 2월		첸치천 수상 겸 외상
1994년 9월	김윤 SLORC 제1서기	
1994년 11월	틴우 SLORC 제2서기	
1994년 12월		리펑 수상
1996년 1월	탄슈에 SLORC 의장	
1996년 10월	마운에이 육군사령관	
1997년 3월		라한 국무원 비서장
1997년 10월		우방궈 부수상
1999년 6월	김윤 SPDC 제1서기	
2000년 5월	틴우 육군참모장	
2000년 6월	마운에이 부의장	
2000년 7월		후진타오 부수석
2000년 12월	윙밍 SPDC 제3서기	
2001년 12월		장쩌민 국가주석

자료 : JETRO 양곤 사무소

『미얀마와의 무역은 중국의 입장에서 볼 때 아주 미미한 수준이다. 중국의 전체 수출입 약 3,000억 달러에 대해 미얀마는 국경무역을 포함하더라도 5억 달러에 지나지 않는다. 그러나 미얀마의 무역에 있어 중국의 존재는 크다.』서기관의 이런 발언으로 볼 때 중국의 입장에서 미얀마는 벵갈 만 내지는 그것을 경유한 중동, 나아가서는 유럽에 접근하는 통로로서 중요한 통과점이라는 것을 쉽게 상상할 수 있다.

한편 2000년 4월 중국은 미얀마, 태국, 라오스와 국경지대를 흐르는 메콩공동개발협정에 조인했다. 이것은 운남성 경홍(景洪)에서부터 라오스의 르완프라반까지 약 780km 사이에 14개 국제항을 설치하여 가입국 선박의 자유항행을 보상하는 것으로 2001년 6월에는 개통식이 진행되었다. 이로써 중국의 화물선은 운남성에서부터 태국까지 자유롭게 항해할 수 있게 되어 상해에서 남쪽으로 돌아가는 것에 비해 중국 상품이 태국에 접근하는 시간이 크게 단축되었다. 베트남과 캄보디아도 가까운 장래에 동 협정에 가입할 것으로 전망된다.

〈표 8-6〉에서는 양국 간의 주요 왕래를 정리했는데, 이것에 의하면 양국 간의 수뇌급 방문은 1992년 이후부터 매년 이루어지고 있다. 특히 2000년 6월 중·면(中緬) 국교수립 50주년을 기념한 마운에이 SPDC 부의장의 중국 방문에서는 고위 지도자의 일상적인 접촉과 왕복 지속, 각 성청 간 다양한 수준의 교류 유지, 무역·투자·농업·어업·관광 분야에서의 협력 강화, 메콩 강 유역의 경제협력 강화 등을 주창한 공동성명을 발표했다.

더욱이 각료급의 상호 방문도 빈번하다. 특히 전력개발, 철도건설, 농업관개, 축산·수산, 전신·전화, 국영기업의 근대화 등 중국측의 기술 협력을 기대하는 분야에서 미얀마의 담당 경제각료가 중국을 방문하는 일이 빈번하다. 그리고 군사관련 교류도 활발하여 2001년 4월에는 중국 인민해방군의 참모총장이 미얀마를 방문했다.

이에 앞서 2000년 10월에는 원민 SPDC 제3서기가 중국을 방문하여 중국국제교류협회 및 중국청년동맹과 「USDA[5]와의 협력에 관한 각서」를 체결했는데 정치기반 조성 측면에서도 중국의 지원이 강화될 전망이다.

그런데 미얀마는 정치·사회 체제의 모델로서 인도네시아를 염두에 두었던 시기가 있었다. 제2차 세계대전 후 동남아시아에서 비동맹중립 운동을 함께 저지했던 역사적 관계, 과거 수하르트 전 대통령과 네윈 장군 사이의 친밀한 관계 등을 고려하면 인도네시아를 모델로 선정하려 했다는 것은 자연스러운 일이었을 것이다. 그 분명한 예가 수하르트 정권을 장기간에 걸쳐 보좌했던 고르칼에게 배운[6] SPDC에 의한 USDA의 조직화 및 강화이다. 그리고 국군이 정치의 일익을 담당하는 인도네시아 체제도 SPDC의 목표와 일치했다. 또한 1998년에 수하르트가 물러나기 전까지는 양국 간의 각료, 군간부의 상호 왕래가 중국과의 그것을 능가할 정도로 활발했고 미얀마에 대한 인도네시아 기업의 투자도 활발했다.

그러나 수하르트 체제의 붕괴로 미얀마의 모델이 없어져버렸다. 인도네시아를 대신하여 최근에는 말레이시아가 적극적으로 미얀마에 접근하고 있다. 경제협력을 지렛대로 삼아 남진하는 중국과 그것을 견제하는 말레이시아 사이에서 미얀마는 교묘하게 양면 외교를 하고 있다.

2001년 12월에는 장쩌민 국가주석이 미얀마를 처음으로 방문한다고 한다. 중국의 원수가 미얀마를 방문하기는 역사상 처음 있는 사건으로 그것만하더라도 중국이 미얀마를 얼마나 전략적으로 중요시하는지 엿볼 수 있다.

시이노 고헤 (椎野幸平)

1. 높아지는 중국의 위상

(1) 증대되는 중국으로부터의 수입

최근 인도에서 중국 경제의 위상이 급속도로 높아지고 있다. 인도가 단계적으로 수입량 규제를 철폐함으로써 값싼 중국 제품의 수입이 급증하고 있는 점이 그 배경에 있다. 인도 국내에서는 「중국 제품 덤핑론」, 즉 중국에는 다양한 형태의 보조금이나 기업측에 유리한 노동법에 의해 제품을 싼 값으로 제조할 수 있는 구조 요인이 존재한다는 논의가 활발해지는 등 중국에 대한 경계심이 높아지고 있다. 한편 중국의 WTO 가입으로 관세 인하와 수입량 규제철폐 등이 예상되면서 중국이 새로운 수출 유망시장으로 부상할 것으로 전망하고 대기업을 중심으로 수출 확대에도 노력하기 시작했다.

인도의 대 중국수입은 수입량 규제가 철폐된 1999년도부터 증가하는 추세에 있다. 2000년도는 수입 총액이 전년대비 0.2% 감소한 497억 2,000만 달러를 기록한 가운데 대 중국수입액은 전년대비 14.1% 증가한 14억 7,000만 달러로 높은 신장세를 보였다(〈표 9-1〉 참조). 수입 총액에서 차지하는 대 중국수입액의 구성비는 3.0%로 낮은 수준에 있지만 증가하는 추세에 있고 또 대 중국 무역수지는 항상 적자 상태에 있다. 인도의 대 중국 주요 수입품목은 석탄·코르크·연탄(2000년도 총수입액의 17.6%), 전자제품(2000년도 총수입액의 16.6%), 유기화학품(2000년도 총수입액의 12.1%) 등으로 이 3품목이 대 중국수입액의 약 50%를 차지한다. 또한 중국과 인도는 1984년 이후 상호간에 최혜

〈표 9-1〉 인도의 대 중국무역 추이　　　　　　　　　　　　　　(단위 : 100만 달러, %)

구 분		1994	1995	1996	1997	1998	1999	2000
무역전체	수출	26,388	31,847	33,498	35,049	33,211	36,760	44,400
	(신장률)	(18.6)	(20.9)	(5.2)	(4.6)	(△5.2)	(10.7)	(20.8)
	수입	28,662	36,730	39,165	41,535	42,379	49,799	49,720
	(신장률)	(23.0)	(28.1)	(6.6)	(6.0)	(2.0)	(17.5)	(△0.2)
	무역수지	△2,305	△4,888	△5,667	△6,486	△9,168	△13,039	△5,320
대중무역	수출	254	333	615	719	427	539	831
	(신장률)	(△8.8)	(31.0)	(84.7)	(16.8)	(△40.6)	(26.3)	(54.0)
	〈구성비〉	〈1.0〉	〈1.0〉	〈1.8〉	〈2.1〉	〈1.3〉	〈1.5〉	〈1.9〉
	수입	761	813	758	1,121	1,096	1,288	1,470
	(신장률)	(152.4)	(6.9)	(△6.8)	(47.9)	(△2.2)	(17.5)	(14.1)
	〈구성비〉	〈2.7〉	〈2.2〉	〈1.9〉	〈2.7〉	〈2.6〉	〈2.6〉	〈3.0〉
	무역수지	△507	△480	△142	△402	△669	△749	△640

주 : 인도의 회계연도는 4월부터 3월
출전 : CMIE *Foreign Trade & Balance of Payments* 에서 작성

국대우를 부여하고 있다.

한편 인도의 대 중국수출도 2000년에는 전년대비 54% 증가한 8억 3,000만 달러로 대폭 확대되었다. 인도의 대 중국 주요 수출품목은 철광석, 해산물, 플라스틱 제품, 면사·섬유제품 등으로 1차 생산품을 중심으로 이루어져 있다. 중국의 무역액에서 차지하는 인도의 비율은 1% 이하의 낮은 수준에 머물러 있으나 면사와 다이아몬드 등에서는 중국의 주요 수입 상대국으로 되어 있다. 앞으로 인도는 자국이 경쟁력을 가진 소프트웨어를 중심으로 정보기술(IT) 분야에서 대 중국수출이 확대될 것으로 기대된다.

(2) 수입량 규제 철폐를 계기로 전자제품 수입 증가

인도는 2000년 4월에 714개 품목, 2001년 4월에 715개 품목 등 합계 1,429개 품목의 수입량 규제를 철폐했다.[1] 지금까지 수입량 규제 대상으로 되어 있던 품목을 수입할 경우에는 인도 상공성에서 라이선스를 취득하는 것이 의무화되어 엄격히 제한되었다. 자유화된 품목의 대부분은 가전제품과 가공식품, 어패럴 등의 소비재다. 인도 정부는 1960년이래 GATT 제18조「국제수지 상황을 이유로 한 무역 제한 조치」를 근거로 소비재를 중심으로 한 약 3,300개 품목을 대상으로 수입량 규제를 유지해 왔다.[2] 그러나 1997년 WTO의 국제수지위원회는 인도가 충분한 외화준비를 보유하고 있다고 하여 수입량 규제 철폐계획의 제출을 요구했다. 그 후 조기 철폐를 요구하는 선진국과 양국 간의 협의를 통해 미국을 제외한 주요 선진국과는 2003년 4월까지 단계적으로 수입량 규제를 철폐하는 데 합의했다. 미국과는 WTO의 분쟁해결기관

회합에서 패널 설치가 결정되고 그 후 1999년 12월에 2년 앞당겨 2001년 4월까지 수입량 규제를 철폐하는 데 합의했다.

이 수입량 규제 철폐에 의해 가전제품이나 건전지, 자전거, 운동화 등의 소비재 수입이 확대되었다. 그 중에서도 전자제품의 수입 확대가 두드러지고 있다. 인도의 전자제품 수입은 1999년도에 전년대비 26% 증가한 28억 달러, 2000년도에는 전년대비 25.4% 증가한 35억 1,000만 달러로 대폭 증가했다. 전자제품 수입의 국가별 구성비를 보면 미국과 일본의 구성비가 축소된 한편 중국과 말레이시아의 구성비가 확대되었다. 중국으로부터의 제품 수입은 1993년에는 불과 전체의 1.6%를 차지하는 데 지나지 않았으나 2000년에는 6.9%까지 증대하여 국가 순위로는 싱가포르(18.3%), 미국(17.2%), 말레이시아(8.9%)에 이어 제4위를 기록했다. 인도의 대 중국수입에서 차지하는 전자제품의 구성비도 증대하고 있어 1993년도에는 대 중국수입 총액에서 차지하는 동 제품의 비율은 4.7%였으나 2000년에는 16.6%까지 확대하여 석탄·코르크·연탄(2000년도 총수입액의 17.6%)에 이어 두번째로 큰 수입품목이 되었다.

인도의 전자제품 산업의 경쟁력을 검증하기 위해 무역특화 계수를

〈표 9-2〉 중국의 필리핀 업종별 직접투자액(19997~2000년)　　　(단위 : 100만 달러)

구분	1994	1995	1996	1997	1998	1999	2000
수출	412	671	784	760	503	682	1,052
수입	1,228	1,755	1,425	2,090	2,223	2,800	3,511
특화계수	0.50	−0.45	−0.29	−0.47	−0.63	−0.61	−0.54

주 : 특화계수 = (수출−수입) / (수출＋수입). 1에 가까울수록 수출특화 상태에 있고, 당해 제품의 비교우위가 높다는 것을 나타낸다(순수출).
　　 −1에 가까울수록 수입특화 상태에 있고, 당해제품의 비교우위가 낮다는 것을 의미한다(순수입).
자료 : CMIE *Foreign Trade & Balance of Payments* 에서 작성

살펴보면 약 −0.5∼−0.6 정도를 기록하고 있는 것으로 나타난다(〈표 9-2〉 참조). 즉 인도는 동 제품의 수입특화 상태가 높아 전자산업의 경쟁력은 취약함을 알 수 있다. 특히 1990년대 후반에는 특화계수가 악화되는 경향을 보여 수입특화 상태가 더욱 심화되고 있다.

전자제품과 마찬가지로 대 중국 주요 수입품목 가운데 하나인 유기 화학품에서도 중국의 구성비가 확대되고 있다. 인도의 유기 화학품 수입 총액에서 차지하는 중국 제품의 비율은 1993년도의 6.5%에서 2000년도에는 13.2%(1억 8,000만 달러)로 확대되어 미국을 제외한 최대의 수입 상대국으로 성장했다. 그리고 중국과 인도 양국의 주력 수출제품인 섬유제품에서는 인도의 섬유수입 총액에서 차지하는 중국 제품의 비율이 1993년도의 8.6%에서 2000년에는 12.6%로 확대되어 중국은 대만, 한국에 이어 제3위의 수입 상대국으로 나타났다.

(3) 압도적으로 싼 중국 제품

전자제품을 중심으로 중국으로부터의 수입이 증가하는 가운데 인도 국내에서는 대 중국수입에 대한 경계심이 높아지고 있다. 인도기업이 중국 제품에 대해 위협을 느끼는 가장 큰 요인은 「압도적으로 싼 값」이다. 〈표 9-3〉은 2001년 4월에 인도 국내시장의 소비재를 대상으로 실시한 인도 제품과 중국 제품의 가격 조사표다. 많은 전자제품과 운동화, 자전거 등에서 중국 제품이 인도 제품에 비해 압도적으로 싸다는 것을 알 수 있다. 중국 제품은 이러한 가격 차이를 장점으로 인도시장에 침투하여, 인도에서 중국 제품에 대한 경계심을 급속히 증대시키는 결과를 가져왔다.

〈표 9-3〉 인도 제품과 중국 제품의 인도 국내시장에 있어서 가격비교			(단위 : 루피)
제품명	인도 제품	중국 제품	중국 제품/인도 제품
손목시계	350	75	0.21
워크맨	1,000	250	0.25
라이터	20	5	0.25
건전지	7	2	0.29
램프	250	120	0.48
운동화	1,400	800	0.57
자전거	1,100	800	0.73
휴대 라디오	400	130	0.33
오디오 카세트	2,500	1,200	0.48
VCD 플레이어	4,500	2,200	0.49
카 스테레오	4,000	2,200	0.55

주: 1 본 조사는 2001년 4월 15일부터 20일에 걸쳐서 넬리와 뭄바이에서 실시
   2 휴대 라디오, 오디오카세트, VCD 플레이어, 카 스테레오의 중국 제품 가격은 밀수품 가격을 나타냄
자료 : JETRO 뉴델리 조사.

인도에서는 중국 제품의 압도적인 가격 경쟁력을 상징하는 제품으로서 건전지를 드는 경우가 많다. 건전지는 2000년 4월 1일부터 수입량 규제가 철폐되었는데 그 후 중국제 건전지 수입이 급증했다. 상공성의 건전지에 대한 반덤핑 조사보고서에 의하면, 수입량 규제 철폐 전까지는 건전지 수입량이 1개월에 평균 200만 개였으나 철폐 후에는 700만 개까지 확대되었다. 인도에서 제조된 건전지는 1개에 7루피로 판매되고 있는 반면 중국제 건전지는 2루피, 3분의 1 가격으로 판매되고 있다. 이렇게 큰 가격 차이를 배경으로 인도의 건전지 시장에서 차지하는 중국 제품의 시장점유율은 1997년도 1.0%에서 1998년도에는 4.9%, 2000년 4~9월에는 12.9%까지 대폭 확대되었다. 인도의 건전지 업체 중에는 값싼 중국 제품의 유입에 위축되어 공장폐쇄로 몰린 기업도 나오고 있다.[3] 일본기업도 인도에서 건전지를 생산하고 있는데 중

국 제품과의 압도적인 가격 차이로 인해 판매에 차질을 빚고 있는 것으로 나타났다. 이러한 가운데 인도 건전지제조업자협회는 중국제 건전지와 인도제 건전지의 성능 조사를 실시하여 중국제 건전지의 품질은 인도제 건전지에 비해 낮아 인도의 품질기준을 충족시키지 않는다는 보고서를 정부에 제출했다. 그리고 인도기업에 부과시키고 있는 최대 소매가격과 제조업자명·주소, 제조일 등의 표시의무가 중국제 건전지에는 부과되지 않고 있다고 지적하고 정부가 수입품에 대해서도 같은 기준을 적용할 것을 요구했다. 이 산업계의 요청에 기초하여 인도 정부는 2000년 11월 외국제 건전지 수입에 있어서는 인도규격에 적합한지를 증명하기 위해 BIS(Breau of Indian Standard)에 등록할 것을 의무화하는 품질기준 규제를 도입하고 수입품에 대해서도 국내품과 마찬가지로 최대 소매가격과 제조업자명 등의 표시를 의무화하는 표시규제를 도입했다. 또한 단삼(單三) 건전지에 대해서는 2001년 2월에 1,000개당 75.25달러와 실제 수입액과의 차액에 대해 잠정 반덤핑(AD)세가 적용되어 2001년 8월에 1,000개당 74.75달러와의 차액이 AD세로 확정되었다. 또 중국제 운동화도 수입이 급증하여 국내산업이 피해를 입고 있다고 보고됨으로써 2001년 2월에 잠정 AD세가 발동되어 한 켤레당 브랜드 제품은 18.44달러, 비브랜드 제품에는 6.277달러의 AD세가 부과되고 있다.

인도 상공성도 인도 제품과 중국 제품에 대해 가격조사를 하고 있다. 동 조사에서는 인도 제품의 국내 판매가격과 중국 제품의 수출가격을 비교했는데 인도가 경쟁력을 가진 섬유제품에서는 큰 가격차를 볼 수 없었지만 전자제품에서는 가격 차이가 뚜렷했다. 예를 들면 실링팬은 인도제 국내 판매가가 20.958달러인 한편 중국제 FOB 가격은

4,937달러, 컬러 TV는 인도제가 254.465달러인 한편 중국제는 65.741달러, 자명종 시계에서는 인도제가 4.918달러인 한편 중국제는 0.37달러(CIF 가격)로 압도적인 가격차를 보였다. 이러한 상황 속에서 상공성은 중국 제품의 수입을 엄격히 감시한다는 방침을 강조했다.

2. 경쟁과 협조가 얽힌 중국과의 경제관계

(1) 서서히 진행하는 중국기업의 대 인도투자

중국과 인도에 대한 세계의 직접투자를 비교하면 「세계의 공장」으로 부상하고 있는 중국에 대한 투자가 인도를 압도하고 있다. 1999년의 직접투자액(국제 수지 기준)을 비교하면 대 중국 직접투자가 388억 달러인 반면 대 인도 직접투자는 22억 달러에 불과해 인도와 중국 사이에 큰 차이를 나타냈다. 양국에 대한 일본의 투자에서는 2000년에 일본의 대 중국 직접투자액(신고 기준)이 1,099억 엔인 반면, 대 인도 직접투자는 185억 엔에 머물렀다. 중국에는 일본과 동아시아 여러 나라 등 대소비지가 가까이에 있다는 지리적인 면도 직접투자를 유인하는 하나의 요인으로 고려되어 있으나 대 인도 투자는 수출보다도 국내 시장용 판매를 목적으로 한 직접투자가 많다. 인도에 대한 직접투자는 1997년을 정점으로 축소되는 추세에 있기 때문에 정부는 직접투자인가제도의 네거티브 리스트 방식으로의 전환, 보험시장 개방 등 외자규제 분야의 완화, 배당 송금규제 완화 등 외자 정책의 규제를 완화하고 있다.

중국과 인도 양국 간의 직접투자를 보면 그 관계는 아직도 미미한 수준에 있다. 인도에 대한 중국의 직접투자액(인가 기준)은 1991년 8월부터 2001년 5월까지의 누계에서 71억 루피에 30건으로 대 인도 직접투자액 전체에서 불과 0.3%를 차지하는 데 지나지 않았다. 그러나 인도에 중국 제품이 침투해감에 따라 소규모이지만 전자 분야를 중심으로 중국기업의 대 인도진출이 뚜렷히 늘어나고 있다. 1998년 12월에는 중국 광동성의 TV 업체인 「캉지아」가 투자인가를 취득함으로써 현재 중국에서 부품을 수입해 인도에서 TV를 조립 생산하고 있다. 마찬가지로 광동성의 TV 업체인 TCL도 인도의 바론 그룹과 합병기업을 설립하여 TV를 생산하고 있다. TCL은 저가격대의 TV에서 경쟁력을 가지고 있어 시장점유율을 점점 확대시켜가고 있다. TCL은 TV 생산뿐만 아니라 휴대전화의 합병기업을 인도에 설립하는 것도 계획하고 있는 것으로 보인다.

그리고 이륜차 분야에서도 인도진출을 도모하는 중소기업이 나오고 있다. 「총칭안웨이왕관(重慶安徽王冠)」은 인도기업과의 기술제휴를 모색하고 와흐탁(Wahtak) 그룹도 합병기업 설립을 계획하고 있는 것으로 보도되고 있다.[4] 인도 자동차기업 중에는 중국에서 값싼 자동차 부품을 조달하려고 하는 움직임도 나오기 시작했다.

(2) 인도기업도 「세계의 공장」으로의 진출 모색

중국기업의 대 인도진출뿐만 아니라 인도기업의 대 중국 진출도 붐이 일어나고 있어 최근에는 인도 정부, 산업계 시찰단이 중국을 빈번히 방문하고 있다. 값싼 중국 제품의 유입으로 인도산업계는 중국에서는 저비용으로 생산할 수 있다고 판단하여 생산 거점을 중국으로 옮기려고 하는 움직임이 일고 있다. 인도 이륜차·삼륜차 업체 대기업인 바자지 오토(Bajaj Auto)는 생산 거점을 중국에 설치하는 것을 검토하고 있다. 중국 국내에서의 판매 또는 동남아시아 등 제3국으로의 수출을 염두에 둔 전략이다. 바자지뿐만 아니라 TVS, 카이네틱(Kinetic) 등 다른 이륜차 업체도 중국으로 진출하는 데 적극적으로 나서기 시작했다. 인도 최대의 이륜차 업체인 히로 혼다(Hero Honda)도 2001년 7월 시찰단을 중국에 파견했다. 그리고 인도의 시계 대업체인 아잔타(Ajanta)는 중국에 공장건설을 계획하고 있다.[5] 인도기업 중에는 중국기업에 대해 OEM(상대치 브랜드에 의한 생산)을 발주하는 사례도 나오고 있다. 비록 이러한 움직임이 일부이긴 하나, 인도기업까지도 「세계의 공장」으로 변해가고 있는 중국을 적극적으로 활용하려고 하는 새로운 움직임으로 주목받고 있다.

2001년 5월 기준으로 중국에 투자한 인도기업은 20개사 정도다.[6] 분야로는 IT, 의약품, 보석류 등이 중심을 이루고 있다. 그 중에서도 인도의 의약품 대기업인 란박시(Ranbaxy)는 중국에서 인도기업의 성공 사례로 알려져 있다. 1995년부터 중국에서 의약품 생산을 개시한 동사는 2001년 7월까지 중국의 24성 40도시에서 500개 이상 병원에 제품을 납품할 정도로 판매를 확대했다. 의약품 분야에서는 란박시 외에도 인도기업 두 회사가 기술제휴 등의 방법으로 중국에 진출했다. 의약품은 인도의 주요 수출산품으로 2000년에는 19억 달러의 수출 실적이 있어 수출액 전체의 4.3%를 차지한다.

또 높은 경제성장률을 유지하며 거대한 잠재시장을 보유한 중국이 WTO에 가입함으로써 수입량 규제 철폐와 관세율 인하가 기대되기 때

문에 인도산업계에서는 중국을 새로운 유망 수출시장으로 인식하고 대
중국 수출확대에 적극적으로 대처하기 시작했다. 인도의 대기업인 타타
그룹(Tata Group)은 동 그룹 산하의 자동차 업체인 텔코(Telco)가 생산
하고 있는 승용차 「인디카」를 중국에서 개최된 자동차 쇼에 출전시키는
등 중국으로의 수출을 모색하고 있다. 그리고 경제단체인 인도공업연맹
(Confederation of Indian Industry : CII)은 회원기업의 대 중국 비즈니
스를 지원하기 위해 홍콩에 사무소를 설치하는 방안을 계획하고 있다.

(3) 중국으로의 IT 수출 확대에 기대를 거는 인도기업

인도기업들은 인도가 경쟁력을 가진 IT 분야에서 중국으로의 수출
을 확대하기 위해 적극적으로 대처하기 시작했다. 인도의 소프트웨어
산업은 1990년대에 매년 수출 신장률이 50%가 넘는 경이적인 성장을
기록해 왔다. 인도에서는 매년 약 8만 명의 IT 기술자가 산출되고 있
고, 전국적으로 인도공과대학(Indial Institute of Technology : IIT)이 6
개소나 있는 등 세계의 IT 기업이 앞다투어 졸업생 획득 경쟁을 할 만
큼 우수한 IT 기술자를 배출하는 교육기반을 갖고 있는데 이러한 점이
경쟁력의 중요한 원천이라 할 수 있다. 미국에서 일하는 인도계 IT 기
술자도 많아 실리콘밸리의 IT 기술자들 중 30%는 인도인이다. 그리
고 마이크로소프트나 GE 등 미국기업을 중심으로 인도에 연구개발
거점까지도 설치하는 기업이 있어 인도의 소프트웨어산업은 근 10년
동안에 세계적인 주목을 받아왔다.

한편 중국도 북경의 「중관촌」[7]전략에 따라 하이테크 파크 건설과 벤
처기업의 지원체제를 구축하는 등 IT 산업육성에 주력하기 시작했다.

　IT 산업을 국가의 중점산업으로 지정하고 있는 중국은 IT 분야에서 앞서가고 있는 인도를 주목하기 시작했으며, 또 인도기업도 중국으로의 소프트웨어 수출 확대를 기대하기 시작했다. 현재 인도의 대 중국 소프트웨어 수출액은 1999년에 불과 1억 4,000만 루피(327만 달러)[8]로 소프트웨어 수출액 전체의 0.1%에 불과하나 양국 간 IT 기업의 교류는 점점 증대되고 있다.

　전자 · 컴퓨터 · 소프트웨어 수출진흥회(ESC)[9]에 의하면 1999년도부터 인도를 방문하는 중국의 정부 · IT기업 관계자가 급증하기 시작하여 1999년 이후 ESC를 방문한 중국의 정부 · 기업 관계자 수는 100명이 넘었다고 한다. 2001년 2월 북경의 소프트웨어업계 단체가 주체한 인도 IT 산업시찰단에는 중국의 소프트웨어 기업을 중심으로 27명이 참가했다. 이외에 대련, 상해, 사천, 절강성 등으로부터 시찰단이 방문하고 있어 소프트웨어 분야는 제조업 분야와는 달리 상대적으로 중국 기업의 인도 방문이 활발해지고 있다.

　이미 NIIT, 아프테크(APTECH) 등 일부의 인도 IT 대기업은 중국에 거점을 마련해놓고 있다. NIIT, 아프테크는 IT 분야의 교육사업을 전개하고 있는데 NIIT는 상해에, 아프테크는 북경에 IT 교육 센터를 개업했다. 인도의 IT 대기업들도 대 중국 수출확대에 대비하고 있는 바 향후 IT 분야에서 중국과 인도기업 사이의 협력관계가 강화될 가능성이 크다.

3. 인도의 대 중국무역 정책과 「제2세대 경제개혁」을 위한 노력

(1) 강화되는 대 중국무역 정책

인도 국내시장에 유입되는 값싼 중국 제품이 급증함에 따라 일부 산업계에서는 중국 제품의 덤핑여부를 문제삼고 정부에 대해 대책을 요구하는 소리가 커지고 있다. 최근 인도 정부는 주로 중국 제품을 염두에 두고 취해왔을 것으로 보이는 다음과 같은 무역정책을 실행하고 있다.

반덤핑세 발동 건수 증가

인도 정부는 중국 제품에 대한 AD세 발동 건수를 늘리고 있다. 인도는 미국과 더불어 전세계에서도 AD세 발동 건수가 많은 국가로 최근 수년 간 발동 건수가 급증하고 있다. 인도는 2001년 7월까지 모두 93건의 AD세를 발동했는데 그 중에서 42건이 중국 제품에 대한 AD세다. 품목별로는 중국의 화학품에 대한 발동 건수가 압도적으로 많다. 2001년 6월에는 중국무역경제협력성의 조약법제국 차장을 단장으로 하는 사절단이 델리에서 인도의 반덤핑국 차장과 회담하여 중국 제품에 대한 AD세 발동에 대한 우려를 표명했다. 이에 대해 인도 정부는 AD를 조사할 때 인도 당국이 중국의 수출업자에 대해 자료 제출이나 사정 청취를 요구해도 거의 모든 중국기업이 이에 응하고 있지 않아 어려움이 많다는 대답으로 응수했다.

그리고 2001년 5월에 인도 정부는 관세 규칙을 개정하여 가격 메커니즘이 작동하고 있지 않는 「비시장경제국」에 관한 항목을 추가했다.

즉 비시장경제국[10]에 대해 AD세를 발동하는 경우 대상 상품의 덤핑 마진 산정시[11] 제3국의 동종제품 가격을 기준으로 사용할 수 있게 하는 등 인도 당국의 재량 여지가 확대되고 있다. 이 비시장경제국 중에는 중국과 러시아 등이 함께 포함되어 있다.

BIS 기준규제 도입과 최대 소매가격 표시의무

인도 정부는 2000년 11월 식품 원료나 가공식품, 시멘트, 가전제품, 건전지, 철강제품 등 131개 품목을 수입할 때 인도의 품질규격인 BIS 에 등록할 것을 의무화하는 품질기준규제를 도입했다.[12] BIS에 등록하는 데는 통상 2~6개월의 기간을 요하고 등록 수수료와 등록 유지료(연간 2,000달러 + 대 인도 수출 송장액의 1%) 등의 새로운 비용이 발생한다. 이 규제는 중국뿐만 아니라 모든 국가에 대해 적용되기 때문에 일본의 대 인도 수출에도 영향을 미치고 있다. 「신일본 제철」 등 일본의 철강 업체는 자동차용 강판을 인도에 수출하고 있는데 강판도 품질기준규제 대상으로 되어 있어 수입이 금지되는 사례가 발생하기도 했다.

그리고 품질기준규제와 동시에 모든 수입품목에 대해 수입 통관시 패키지마다 최대 소매가격(Maximum Retail Price : MRP)과 수입업자 명 등의 명시를 의무화했다. 이것은 인도 국내기업에 적용되고 있는 표시 규제를 수입품에 대해서도 적용함을 목적으로 하고 있다.

300개 품목의 수입 동향 감시

인도 정부는 2001년 4월부터 소비재를 중심으로 715개 품목의 수입량 규제를 철폐했으나 중국 제품 등의 수입 증대를 우려하여 국내 산업계는 신경을 곤두세우고 있다. 그래서 정부는 중요한 300개 품목의 수입 동향을 분석하는 위원회를 설치할 것임을 발표하고 해당 품목의 수입이 급증했을 경우에는 국내산업을 보호하기 위해 AD세나 보호 (safe guard)조치 등을 취할 것임을 강조하여 국내 산업계에 대한 배려를 나타냈다. 한편 당초 동 300개 품목에 대해서는 수입을 문바이 항, 콜카타 항, 쳉나이(마두라스)[13]항 등 국내 6개 항구와 4개 공항에 한정하는 조치를 도입했으나 곧바로 동 조치를 철폐하는 등 앞뒤가 맞지 않는 대응을 보이기도 했다.

자동차의 관세 인상

2001년 4월부터 철폐된 수입량 규제품목 중에는 자동차가 포함되어 있다. 그 때까지 인도에서는 외국인 주재원의 수입과 특수차량 수입 등 일부의 예외를 제외하고 자동차 수입이 엄격히 제한되고 있어 자동차 수입 대수는 1998년에 불과 5,506대에 머물렀다. 인도 국내 자동차 업계에서는 자동차 수입 해제로 인도의 중고 사륜차 수입과 중국으로부터의 이륜차 수입이 확대될 것을 우려해, 정부에 대해 높은 관세율을 요구했다. 2001년 2월에 발표된 2001년도 예산안에서 중고 자동차 (사륜·이륜차)의 기본 관세율은 105%로 설정되었다.[14] 또 완성차에 대한 기본 관세율은 수입량 규제를 철폐하기 전까지는 35%였으나 인도 자동차 업계의 요망을 받아들여 60%로 인상되었다.

그리고 중고 자동차 수입에 대해서는 관세 인상과 더불어 기술 요건도 도입되었다. 그 내용은 제조일로부터 3년 이상 경과한 차의 수입 금지, 좌측 핸들 차의 수입 금지, 5년 이상 사용가능하고 그 동안 수입업자가 애프터 서비스를 제공할 것 등을 의무화하고 있다.[15] 또한 중고 자동차 수입은 쳉나이 항, 콜카타 항, 나바셰바 항 등으로만 한정되어 있다.

밀수품 대책 강화

중국 제품이 인도로 유입되는 경로는 3가지로 구분할 수 있다. 하나는 관세를 지불한 정규 루트를 통한 수입이고, 둘째는 밀수, 셋째는 네팔을 경유한 수입이다. 때문에 일부의 인도 산업계는 밀수 대책 강화를 정부에 요청하고 있어 정부도 시내의 마켓 등에서 점검 체제를 강화하고 있는 추세다. 밀수품이 시장에 대량으로 나돌면 가격을 왜곡하여 관세 등을 지불하고 정규 루트를 통해 제조 판매하고 있는 기업의 수익을 악화시키기 때문에 대 인도 투자를 저해하는 요인이 되기도 한다. 그러나 정부의 감시체제 강화에도 불구하고 인도에 진출한 많은 외국자본계 기업들은 아직도 밀수품 대책이 절실히 요구된다고 지적하고 있다.

네팔과의 무역협정에 대한 수정론도 부상

이러한 일련의 조치 외에 현재 인도 국내에서는 네팔과의 무역협정을 수정해야 한다는 의견이 나오기 시작했다. 현재 인도와 네팔 간의 무역은 양국 간의 무역협정[16]에 의해 인도는 네팔로부터의 수입에 대해 일정한 원산지 기준[17]을 충족시킬 것을 조건으로 관세를 면제하고 있다. 한편 네팔은 인도로부터의 수입에 대해서는 관세 부과 권리를 유보하고 있어 인도가 일방적으로 네팔측에 편익을 공여하는 내용으로 되어 있다. 이 협정은 인도가 네팔의 산업진흥 지원을 목적으로 91년 양국 간에 체결되었다. 이 협정에 따라 네팔에서 인도로의 수출은 증가하여 1991년에는 네팔의 수출 총액에서 10.6%를 차지함에 지나지 않았던 대 인도수출이 1998년에는 36%까지 확대되었다. 그러나 최근 일부의 인도산업계는 값싼 중국 제품이 이 무역협정 하에 기본관세가 면제되는 형태로 네팔로부터 유입될 것이라는 우려를 갖고 있어 내용 수정을 요구하려는 움직임이 있다. 이 무역협정은 2001년 12월 5일에 효력을 상실하나 협정에서는 쌍방에 이론(異論)이 없을 경우에는 5년간 연장하기로 돼 있다. 현재 양국 간에 조정이 이루어짐으로써 연장의 여부나 실시 면에서의 개선을 둘러싼 논의가 활발해지고 있다.

또 항구를 갖지 못한 네팔에의 수입은 인도의 콜카타 항에 우선 짐을 풀어 「보세」 상태로 인도 영내를 거쳐 네팔로 들어간다. 이것은 인도와 네팔 간의 통과협정[18]에 기초하여 실시되고 있다. 그러나 인도산업계는 이 수입품들 중에서 일부는 네팔 국경 부근에서 상표 등을 다시 부착하여 델리 등으로 갖고 들어갈 염려가 있어 정부에 대책을 요구하고 있다. 이 네팔 루트를 사용하게 되면 AD세를 부과하고 있는 제품도 흘러들어가버려 AD세의 효과를 저해하게 된다고 인도 산업계는 지적한다.

(2) 대경쟁 시대에 대응한 경제 시스템으로의 이행이 필요

인도 정부는 2004년도까지 현재 35%인 최고 기준관세율을 동남아시아 여러 국가에 버금가는 20%까지 인하할 방침을 시사했다. 외자 정책도 조금씩 완화되고 있어 인도는 본격적인 경쟁시대를 향해가고 있다. 앞으로 관세율이 인하될 경우 중국 등지의 수입품과의 경쟁이 한층 치열해진다. 그리고 외국자본계 기업이 인도의 국내 수요를 현지생산이 아니라 수출로 대응하려 하는 움직임이 강화될지도 모른다. 특히 전자제품 등 밀수품이 시장의 대부분을 차지하고,[19] 또 완성품과 부품에 대한 관세율의 차이가 적은 산업[20]에서는 중국 등으로 직접투자가 이전하고, 인도에 대해서는 중국 등으로부터의 수출로 대응하는 움직임이 강화될 가능성이 있다. 현재는 인도기업까지 중국에서 저비용의 생산활동이 가능하여 중국 진출을 모색하기 시작했을 정도다. 인도는 이 본격적인 경쟁에 대응하기 위해 좀더 생산성이 높은 경제 시스템으로 전환할 것이 요구되고 있다.

외국자본계 기업 등이 지적하는 인도의 투자환경 문제점으로는 인프라의 미(未)정비, 까다로운 노동규제, 높은 금리가 항상 거론되는데 이 세 가지는 인도가 중국 등 다른 생산거점에 비해 비용이 많이 드는 주요 요인이기도 하다.

인프라 면에서는 전력, 통신, 두로, 항만 등 기초적인 인프라가 부족하다. 특히 전력은 항상 부족하기 때문에 거의 모든 공장에서는 자가발전기를 갖추고 있다. 또 인도의 공업용 전력요금은 중국 등에 비해 높고 또한 농촌과 도시간의 자원 배분, 도전(盜電), 송배전(送配電) 낭비 등의 문제가 있다. 인도에서는 농촌용 전력요금이 비용을 크게 밑도는 저가로 제공되고 있다. 예를 들면 인도 남부의 타미르나드 주에서는 관개(灌漑) 등의 농촌용 전력요금은 1kWh당 0.25루피로 공급되는 한편 도시의 공업 부문용 판매가는 1kWh당 3.5루피로 14배의 차이가 난다. 그리고 배전선의 노후화로 송배전시의 낭비가 심하다. 송배전 낭비는 중국이 6.8%인 반면에 인도는 23.4%나 된다. 이러한 점이 인도의 전력요금을 비싸게 하는 구조적 요인으로 되어 있다. 상공성에 의하면 중국의 공업 부문용 전력요금은 100kWh당 4.3달러인 한편 인도는 7.53달러로 인도의 전력요금은 중국의 1.8배나 높은 수준에 있다. 산업에 있어 중요한 투입재인 전력이 비싸기 때문에 인도 제품의 가격 경쟁력을 약화시킨다.

전력뿐만 아니라 통신 인프라에서도 인도는 중국에 크게 뒤떨어져 있다. 상공성에 의하면 전화회선은 중국이 1억 4,000만 회선인 반면 인도는 3,200만 회선, 그리고 휴대전화 수는 중국이 8,500만 대인 반면 인도는 330만 대로 통신 인프라 면에서도 중국과 큰 격차를 보이고 있다.

인도의 노동법은 다른 나라와 비교할 때 너무 엄격하다는 지적을 받고 있다. 중국에서는 공장 근로자 중에 임시공 등의 계약 근로자도 많아 항상 싼 임금으로 젊은 근로자를 활용하고 있다. 특히 중국의 화남에서는 이러한 경향이 강해 노동집약형 산업이 집적해 있다. 한편 인도에서는 종업원 100명 이상인 기업에서는 종업원을 일시 해고(lay off)하는 경우 등에는 정부의 허가를 취득할 필요가 있는 등 매우 경직된 노동법제로 되어 있다. 노동법 환경의 차이가 중국에 비해 인도의 생산비를 높이는 한 요인이 될 가능성이 있어 유연하게 고용 조정을 할 수 있는 노동법 체계로 정비할 필요가 있다.

그리고 인도의 금리는 다른 아시아 국가들에 비해 매우 높다. 인도 상업은행의 프라임 레이트(prime rate)는 1990년대를 거치면서 인하되는 추세에 있지만 2001년 8월 기준으로 12% 전후를 기록하고 있어 여전히 높은 수준이다. 도매물가 상승률로 나눈 실질금리는 최근 수년간 약 7~10% 전후를 기록하고 있다. 인도의 대출 금리가 높은 배경에는 주로 두 가지 요인이 있다. 하나는 상업은행에 부과되고 있는 유보·대출처 규제다. 인도 금융기관에는 우선 중앙은행에 예금을 맡기는 현금준비율(Cash Reserve Ratio : CRR, 2001년 9월 말 시점에 7.5%) 제도가 있다. 여기에 더하여 국채 등의 정부지정 증권 보유를 의무화하는 법정유동성준비율(Statutory Liquidity Ratio : SLR) 제도가 있고 예금 총액의 25%를 공채 구입에 충당할 것이 의무화되어 있다. 즉 예금 총액 중에서 32.5%는 사용 용도가 지정되어 있다. 그리고 대부처에 대해서는 예금 총액의 40%(외국 은행의 경우는 32%)를 농업, 소규모 기업(SSI : Small Scale Industries), 주택 분야 등 우선 부문에 대출할 것이 의무화되어 있다. 농업 분야나 소규모 기업에 대한 융자는 불량 채권으로 되는 비율이 타 분야에 비해 높다고 한다. 이 유보 · 대출처 규제 때문에 공업 분야로 유입되는 자금 대출이 한정되고, 결과적으로 공업부문용 대출 금리를 높이는 구조적 요인으로 작용하고 있다.

또 하나의 요인은 법정유동성준비율과 동전의 앞뒤 관계에 있는 재정 저자 문제다. 인두의 재정 적자는 중앙 정부와 주(州) 정부를 합치면 GDP 대비 10%에 이른다. 이 재정 적자의 확대로 인해 민간의 시중 금리가 높아져 민간투자를 압박(crowding out)[21]하는 것으로 지적되고 있다. 정부가 2001년 2월에 발표한 경제백서[22]에서도 재정 적자의 확대가 민간투자를 압박시킨다고 기술되어 있어 재정 적자를 축소하기 위한 경제구조 개혁의 필요성이 강조되고 있다.

(3) 「제2세대의 경제개혁」을 준비하는 바지파이 정권

이러한 가운데 1998년에 수립된 바지파이 정권은「제2세대의 경제개혁(Second Generation Reforms)」[23]이라는 키워드 하에 경제구조 개혁을 추진하고 있다. 「스와데시 정책(국산품 애용운동)」을 내걸었던 인도인민당(Bharatiya Janata Party : BJP)을 중심으로 구성된 바지파이 정권은 1998년 3월 발족 초기만 해도 나라시마 라오 정권에 의해 1991년에 시작된 경제자유화 노선이 후퇴하는 것은 아닐까 하는 염려가 제기되었으나 이러한 우려를 불식시키고 아직까지 경제자유화 노선을 견지(堅持)하고 있다. 1999년 12월에는 오랫동안 현안(懸案)으로 되어 있던 보험법을 제정하여 공기업이 독점하고 있는 보험시장을 민간 및 외자(26%까지의 출자에 한정)에 개방함으로써 제2세대의 경제개혁 실행에 박차를 가했다. 또 2000년에는 비료·식료 보조금 삭감을 결정했다.

그리고 2001년도 예산에서는 재정적자 삭감과 경제구조 개혁의 필요성을 강조하여 인프라 정비의 가속, 석유제품이나 설탕 등에 대한 가격관리 제도 수정, 노동법 완화, 소규모 기업 유보업종 삭감, 세제개혁 등의 정책을 추진하기로 방침을 정했다. 전력 개혁과 관련하여 인도 정부는 주(州) 전력청의 개혁과 전력요금 체계 수정 등을 시행하기 위해 전력법안을 국회에 제출할 방침임을 시사했다. 그리고 일시해고 등을 실시할 때 현재 종업원 수 100명 이상인 기업에는 정부의 허가를 취득할 필요가 있는데 이것을 1,000명 이상으로 완화하는 것과 계약사원 고용을 좀더 유연한 조건 하에서 할 수 있도록 하기 위해 「산업쟁의법(Industrial Disputes Act)」과 「계약노동법(Contract Labour Act)」을 개정할 방침이다.

2000년 12월에는 재정책임법안(Fiscal Responsibility Bill)이 국회에 제출되었다. 동 법안에는 재정 적자에 대한 GDP 비율을 5년 이내에 현재의 5%대 수준에서[24] 2% 수준으로까지 인하한다는 내용으로 되어 있다. 재정 적자는 공기업 개혁과 밀접한 관계가 있다. 인도 정부는 2000년도 예산에서 정부계 은행의 정부지주 비율을 33%로, 비전략 부문의 공기업 지주 비율을 26%로 인하하는 방침을 시사하면서 지금까지 국제통신회사(VSNL)와 에어 인디아(Air India) 등 공기업 27개사의 주식을 매각하기로 결정했다. 그러나 실제로 주식 매각은 진행되지 않고 있다. 2001년도 예산에서는 공기업의 주식매각 수익으로 1,200억 루피를 세입(歲入)에 계상했는데 1999~2000년에도 각각 1,000억 루피의 매각 수익을 계상했지만 실제로는 각각 260억 루피, 250억 루피의 매각 수익을 기록하는 데 그친 전례가 있다.

인도는 속도는 더디지만 경제자유화 노선을 꾸준히 추진하고 있다. 특히 중국의 성공에 자극받아 성공적인 경제구조 개혁이 국민소득을 상승시키는 데 빼놓을 수 없는 중요한 요인이라는 인식이 깊이 자리잡고 있다. 인도의 마란 상공대신은 인도의 경제단체가 주최한 중국관련 세미나에서 급성장하는 중국과 현재의 인도를 비교하면서 다음과 같이 연설했다. 즉『우리는 인도의 역사적인 중흥을 상기할 필요가 있다. 무굴 제국 시대의 아우랑제브 황제의 소득은 유럽에서 가장 유복했던 루이 14세의 10배 이상이었다. (중략) 17세기 말 인도는 뛰어난 시장과 금융 구조로써 세계 섬유무역의 4분의 1을 지배하여 세계 GDP의 22.6%를 차지하는 경제력을 가졌다. 어떻게 하면 우리는 과거의 광영을 되찾아 중국과 더불어 공존할 수 있을까. 중국의 성장은 우연히 일어난 것이 아니다. 중국의 지도자들이 경제개혁을 위해 정책을 대전환시킨 노력의 결과다. 덩샤오핑은 중국의 경제개혁을 꾸준히 추진함으로써 몇 백만이나 되는 사람들을 빈곤 상태에서 구출해내는 데 성공했다. (중략) 나는 국민에게 덩샤오핑이 주장했듯이 풍요로움은 영광스러운 일이라고 호소하고 싶다』[25]고 연설함으로써 경제구조 개혁을 가속시킬 필요가 있음을 주장했다.

인도는 중국과 나란히 21세기 대국으로 비약할 것을 목표로 본격적인 개혁에 착수하기 시작했다. 그러나 현재 진행되고 있는 경제구조 개혁은 고통을 수반하는 만큼 국내에서 발생할 수 있는 반대도 만만치 않다. 전력법안이나 노동법개정안, 재정책임법안만 하더라도 그것이 성립하기까지는 많은 우여곡절이 예상된다. 중국보다 13년 뒤늦게 1991년부터 경제자유화 노선에 발을 내딛은 인도가 본격적인 경쟁시대를 맞이하여 전체적으로 생산성을 높일 수 있는 경제 시스템으로 전환할 수 있을지 의문이다. 제2세대 경제개혁의 행방은 향후 인도의 미래를 예상하는 데 중요한 역할을 할 것이다.

나가자와 노리오(中澤則夫)

한국은 아시아에서 일본을 제외하고는 유일한 경제협력개발기구
(OECD) 가입국이다. 1960년대부터 개발 중심의 경제정책을 펴 「한강
의 기적」을 이루어냈고, 아시아 NIES의 일원으로서 성장의 선두를 달
려온 한국의 대 중국 경제교류 역사는 매우 짧다.

한·중 무역은 대한민국 건국 이래 오랫동안 단절되었다. 한국 전쟁
당시 실제로 교전했던 양국은, 1970년대 중반까지는 경제적인 교류조
차도 거의 없었다. 1970년대 후반 이후 중국의 개방 정책에 따라 제한
적인 경제협력이 이루어졌지만, 본격적으로 경제교류를 시작한 것은
1990년대로 양국이 상대국에 각각 무역대표부를 개설하고, 아울러 국
교가 회복된 1992년 이후의 일이다.

여기에서는 중국과 한국과의 경제교류의 현황을 살펴보는 한편, 한
국을 벤치마킹하고있는 중국산업의 역량에 대한 한국의 견해도 소개

하기로 하겠다.

1. 냉전 종결로 인한 무역거래의 정상화

(1) 중국은 제3위의 무역 상대국

2000년 대 중국 수출은 185억 달러, 대중 수입은 128억 달러로, 57억 달러의 무역수지 흑자를 기록했다. 무역규모는 313억 달러로 미국의 668억 달러, 일본의 523억 달러에 이어 세번째로 큰 무역상대국이며, 한국 총무역량의 9.4%를 차지하고 있다.

1990년 이후 한국의 대 중국무역 추이를 살펴보면, 대중무역이 얼마나 급속히 증가하고 있는지를 알 수 있다(〈표 10-1〉 참조). 주요 수출품은 화학공업제품, 전자·전기부품, 직물, 철강제품이며, 주요 수입

〈표 10-1〉 한국의 대 중국무역 추이				(단위:100만 달러, %)
구 분	1990	1995	2000	10년 변화율
대 중국무역액	1,683	16,545	31,254	18.6배
대 중국수출	585	9,144	18,455	31.5배
대 중국수입	2,268	7,401	12,799	5.6배
대 중국수지	△1,683	1,743	5,656	–
대 세계무역계	134,860	260,177	332,749	2. 5배
(중국의 비율)	(1.2)	(6.4)	(9.4)	(7.5배)
대 세계수출	65,016	125,058	172,268	2.6배
대 세계수입	69,844	136,119	160,481	2.3배
대 세계수지	△1,683	△10,061	11,787	–

자료 : 한국무역통계

품으로는 전자부품, 농산물, 직물, 섬유제품, 철강제품 등이 있다. 최근에는 지속적인 무역흑자 경향을 보이고 있다.

(2) 급속히 늘어나는 대 중국수출

2000년의 한국 총수출액 1,723억 달러 중, 대 중국 수출은 10.7%인 184억 5,500만 달러였다. 신장률은 전년대비 34.9%로 눈에 띄게 증가했고, 한국의 주요 수출국 제2위인 일본을 맹렬히 추격하고 있다. 대 중국 수출의 내용을 살펴보면 전자·전기제품이 22.9%, 화학공업제품이 21.7%, 섬유류가 14.1%를 차지하고 있다. 전자부품, 일반기계 등의 대 중국 직접투자 관련물자의 수출이 크게 신장된 반면, 섬유류와 생활용품 등 소비 관련물자의 신장률은 낮다.

품목별로 보면, 전자·전기제품의 성장률은 전년대비 63%를 기록하고 있고, 특히 산업용 전자기기의 성장률이 높다. 전자·전기제품의 약 60%를 전자부품이 차지하고 있고, 그 대부분이 중국에 진출하고 있는 한국기업에 대한 부품 공급이다(〈표 10-2〉 참조). 또한 컴퓨터는 전년대비 2.7배의 증가세를 보이고 있으나, 휴대전화는 마늘 분쟁[1]의 대항조치품목으로 지정되는 등의 이유로 전년비 마이너스를 기록했다. 화학공업제품의 80%는 석유화학제품으로서 폴리에틸렌이 주요 수출품이다. 섬유류의 구성비는 높지만, 최근 들어 증가세가 주춤하고 있다. 비금속광물제품의 금액이 큰 것은 원유가격의 폭등에 따른 일시적인 요인이다. 기계류 중, 일반기계 및 정밀기계도 꾸준하게 증가하고 있다.

한국의 수출에서 차지하는 중국의 비중이 높은 품목은 가죽 및 피혁

〈표 10-2〉 한국의 대 중국수출액 추이						(단위:100만 달러, %)
구 분	1995		1995		2000		10년 변화율
	금액	구성비	금액	구성비	금액	구성비	
총수출액	585	100	9,144	100	18,455	100	32배
1차산품	13	2.3	197	2.2	264	1.4	20배
화학공업제품	102	17.4	2,156	23.6	4,008	21.7	39배
플라스틱 등	22	3.8	843	9.2	1,199	6.5	54배
비금속광물제품	51	8.8	785	8.6	2,362	12.8	46배
섬유류	171	29.3	1,826	20.0	2,607	14.1	15배
생활용품	5	0.9	187	2.0	387	2.1	77배
철강 · 금속제품	89	15.3	912	10.0	1,732	9.4	19배
전자 · 전기제품	98	16.8	926	10.1	4,233	22.9	43배
기계류	29	5.0	1,237	13.5	1,553	8.4	54배
기타 제품	3	0.5	73	0.8	110	0.6	36배

자료 : 한국무역통계

제품(51%), 석유화학제품(36%), 신발(25%), 전자 · 전기기기(21%), 지제품(21%), 임산물(20%) 등이다.

과거 10년의 추이를 살펴보면, 1990년부터 2000년 사이에 대 중국 수출액은 32배로 증가했다. 1990년부터 1995년까지는 화학공업제품, 섬유류, 기계류의 수출이 크게 늘어난 반면, 1995년부터 2000년에는 전자 · 전기제품의 수출이 크게 늘었고, 뒤이어 화학공업제품 수출도 증가했다. 이것은 그 동안 중국의 산업구조의 변화 및 생활수준의 향상을 나타내는 것으로 생각할 수 있다.

(3) 두드러지는 전자 · 전기제품의 수입확대

2000년의 한국의 총수입액 1,605억 달러 중 대 중국수입은 전체의 8.0%인 127억 9,900만 달러다. 신장률도 전년대비 44.3% 늘어났고,

주요국 중에서는 압도적으로 높았다. 그 중 전자·전기제품이 29.6%, 농수산물이 16.1%, 섬유류가 15.6%를 차지하고 있다. 농림수산물이 차지하는 비율은 여전히 높지만, 최근, 전자·전기제품의 신장이 두드러진다.

품목별로 보면, 전자·전기제품은 전년대비 42% 늘어났다. 전체의 55%가 전자부품, 25%가 산업용 전자분야이고, 특히 후자의 신장률이 높다. 농수산물의 증가도 56%로 높고, 특히 전체의 3분의 2를 차지하는 농산물은 84%로 높은 증가세를 보였다. 화학공업제품은 석유가격 상승의 영향을 받아 높은 증가를 보였지만, 그 비율은 점차 감소하는 추세이다. 이에 비하여 수량 베이스로 증가하고 있는 것은 철강제품으로, 단가 하락에도 불구하고 전년대비 61% 증가했다(〈표 10-3〉 참조).

한국의 총수입에서 중국의 비중이 높은 품목은 섬유제품(62%), 직물(50%), 생활용품(35%), 수산물(32%), 가정용 전자기기(23%), 섬유계(20%), 농산물(16%) 등의 순이다. 섬유류 중에는 WTO의 섬유협정을

〈표 10-3〉 한국의 대 중국수입액 추이 (단위 : 100만 달러, %)

구 분	1990		1995		2000		10년 변화율
	금액	구성비	금액	구성비	금액	구성비	
총수출액	2,268	100	7,401	100	12,799	100	5.6배
농림수산물	600	26.4	856	11.6	2,057	16.1	3.4배
광산물	344	15.2	816	11.0	1,146	9.0	3.3배
화학공업제품	521	23.0	1,098	14.8	1,444	11.3	2.8배
섬유류	469	20.7	1,775	24.0	1,996	15.6	4.3배
철강·금속제품	239	10.5	1,556	21.0	1,304	10.2	5.5배
기계류	31	1.4	158	2.1	454	3.5	15배
전자·전기제품	21	0.9	735	9.9	3,785	29.6	180배
기타 제품	43	1.9	407	5.5	612	4.8	14배

자료 : 한국무역통계

피하기 위하여 한국을 거쳐 제3국에 재수출되는 것이 많이 포함되어 있다.

과거 10년 간의 동향을 보면, 1990년부터 2000년 사이의 수입액은 5.6배로 증가했다. 1990년 당시는 농수산물이 주요 수입품이었지만, 현재에는 상대적으로 그 비중이 낮아지고 있다. 또한 화학공업제품 등 소재와 관련된 수입의 증가는 둔화되고 있다. 대신 전자·전기제품이 급성장하고 있어 10년 동안 180배나 증가했다. 가전제품과 컴퓨터 등의 최종제품은 중국에 진출한 한국기업 제품이 주류를 이루고 있지만, 부품류에 대해서는 그 외(대만계, 지역산업계 등)의 증가도 뚜렷하다. 이는 중국의 전자·전기제품 분야의 생산력이 급속하게 향상되고 있음을 나타내는 것이다. 또한 섬유류의 경우 비중은 낮아지고 있으나, 그 중에서도 섬유제품이 54배나 신장하는 등 고부가가치화가 진행되고 있다.

2. 본격화되는 대 중국투자

한국에 있어서 중국은 미국에 이은 제2의 투자국이다. 대 중국 직접투자는 2001년 7월 현재, 누계 6,868건·82억 2,200만 달러다. 이 중 제조업이 전체의 80%인 5,945건·64억 6,600만 달러를 차지하고 있다. 비제조업에서는 관광업 186건 ·4억 5,7000만 달러, 부동산업 208건·4억 1,600만 달러, 건설업 67건·2억 9,700만 달러, 유통업 221건·1억 9,400만 달러를 기록하고 있다.

2001년 상반기의 신규투자에 대해 살펴보면, 대 중국투자가 3억

6,900만 달러로 대 미국투자를 제치고 1위로 부상했다.

(1) 다양해진 투자업종

2001년 7월 현재 한국의 대 중국 제조업 직접투자를 업종별로 살펴
보면, 전체 5,945건 중 섬유, 의복이 30%인 1,365건을 차지하여 가장
많고, 다음으로 전자, 전기기기 541건, 기계, 설비 516건, 석유화학
507건, 음식료품 468건, 구두, 피혁제품 410건 등의 순이다. 금액 베이
스로는 전자 · 전기기기가 15억 4,300만 달러, 섬유 · 의복 9억 4,000만
달러, 석유화학 6억 9,7000만 달러, 수송기기 5억 2,900만 달러, 기
계 · 설비 5억 2,2000만 달러 등이다(〈표 10-4〉 참조).

〈표 10-4〉 한국의 대 중국 제조업 업종별 직접투자액의 추이　(단위:100만 달러, %)

구 분	1990		1995		2000		2001. 7	
	건수	금액	건수	금액	건수	금액	건수	금액
총 계	48	66	2,626	2,669	5,511	6,089	5,945	6,466
음 · 식료품	7	7	214	161	436	305	468	340
섬유 · 의복	9	6	677	542	1,297	899	1,365	940
구두 · 피혁제품	3	6	180	178	366	303	410	322
목재가구	3	1	135	59	277	114	296	129
종이 · 인쇄	0	0	66	41	133	115	142	117
석유화학	3	5	219	210	466	654	507	697
비금속광물	4	3	140	244	256	374	272	389
1차금속	0	0	71	74	145	290	153	295
금속가공	1	2	135	95	272	189	290	206
기계 · 설비	1	1	178	183	469	494	516	522
전자 · 전기기기	4	6	192	486	480	1,439	541	1,543
수송기기	1	5	77	163	180	502	193	529
기타	12	24	342	231	734	411	792	434

자료 : 한국무역통계

10년 전인 1990년 말 중국제조업투자 총계는 48건 6,600만 달러였지만, 최근 10년 동안 약 100배로 증가했다. 1995년 말 당시의 투자는 섬유·의복, 전자·전기 등의 품목을 중심으로 주로 한국에 최종제품을 수출할 목적으로 이루어졌지만 그 후 1차금속, 기계·설비, 석유화학 등의 중간재와 자본재에 대한 투자도 늘어났다. 2000년 이후 대 중국 제조업 투자는 모든 분야에서 크게 증가하고 있다.

(2) 서해 연안이 주요 투자처

대 중국 지역별 투자액을 보면, 주요 투자처는 한국과 가까운 서해 연안인 산동성, 천진시, 요녕성에 집중되고 있다. 이 세 지역에 동북 3성인 길림성, 흑룡강성을 포함시키면 금액 베이스로는 58%인 47억 8,500만 달러, 건수 베이스로는 무려 76%인 5,196건에 이른다(〈표 10-5〉). 이들 지역에 투자가 집중하는 이유로는 지리적으로 한국과 가깝다는 점 이외에도, 이 지역에 한국어를 할 수 있는 인구가 많기 때문에 경영이나 노동력 확보의 관점에서 장점이 크다는 것이 그 배경에 있다.

시기별로 보면, 투자 초기에 해당하는 1992년까지는 산동성 및 동북 3성에 집중했다. 업종별로 보면 건설과 관광, 음식물에 대한 투자가 많았고, 제조업에서도 섬유, 음·식료품이 중심이었다. 아시아 통화·경제위기 이전인 1993년부터 1996년에도 저임금을 찾아 비교적 중소규모의 기업이 동북 3성으로 진출했다. 또한 이 시기에는 상해시와 강소성에 중간 규모 이상의 기업도 진출하기 시작했다. 1997년의 아시아 위기 후에는 천진시, 강소성, 광동성에 대한 투자가 상대적으로 높아지고 있다.

구 분	1989~92		1993~96		1997~2000		2001. 7월 현재	
	건수	금액	건수	금액	건수	금액	건수	금액
중국투자 총계	432	378	3,447	4,476	2,422	2,721	6,868	8,222
산동성	145	126	897	1,316	869	582	2,107	2,157
천진시	37	21	353	482	178	462	615	1,056
요녕성	101	69	765	404	444	202	1,382	933
강소성	13	12	161	432	130	398	334	895
상해시	6	7	107	406	87	228	234	668
북경시	21	36	226	377	98	181	387	610
길림성	33	14	415	197	295	113	773	336
광동성	19	32	73	112	53	159	160	322
조선족자치구	1	0	24	301	7	5	34	307
절강성	4	3	68	75	66	217	152	308
흑룡강성	30	34	198	170	81	66	319	273
하북성	12	15	51	74	52	22	170	115

자료 : 한국 산업자원부

3. 중국의 WTO 가입이 한국무역에 끼치는 영향

　중국의 WTO 가입의 영향에 대해, 한국무역협회 내에 있는 한국경제연구원은 한국의 수출액은 연간 4억 6,000만 달러 증가할 것이라는 예측을 발표했다. 여기에서는 그 개요를 소개하는 한편, 품목별로 중국과의 무역 및 제3국 시장에 대한 영향에 대해, 업계단체의 평가를 종합·소개하기로 한다.

대 중국수출 확대효과(중국의 관세인하, 비관세장벽 철폐, 경제성장에 의한 소득증가)

석유화학, 철강, 섬유류, 전자산업에 대해서는 산업내 무역이 활발해질 것으로 예상된다. 한국에서는 주로 원·부자재, 부품 등의 수출이 증가하는 한편, 중국에서 조립·완성된 제품의 수입이 늘어, 전자부품의 수평적 분업이 활발해질 것으로 예상된다.

이 결과, 대 중국수출은 32억 8,000만 달러 증가할 것으로 예상된다. 이는 중국의 관세 인하에 의한 증가(8억 5,000만달러)와 중국의 경제성장(소득증가)에 의한 증가(24억 3,000만 달러)의 합계다.

대 중국수입 증가(대 중국수출 확대에 의한 파급효과, 중국에 대한 조정관세인하)

대 중국수출 확대에 의해, 수출용 제품에 쓰이는 원자재의 수입이 늘어날 것으로 예상되지만, 한국은 이미 중국에 최혜국대우(MFN)에 준하는 일반관세율을 적용하고 있어, 중국의 WTO 가입에 따른 추가적인 관세인하에 의한 수입확대는 없다. 그러나 한국의 농산물 등에 대해 부과하고 있는 조정관세는 중국이 WTO 가입 후 인하를 요구할 경우, 해당품목의 수입확대가 예상된다.

이를 종합해보면, 중국으로부터의 수입은 6년 간(2000~2005년) 약 3,000만 달러의 증가에 머무를 것으로 추정된다.

제3국 시장에의 수출에 대한 영향(미국 · 일본에 대한 경쟁 격화)

현재 제3국 시장에서 양국이 치열하게 경합하고 있는 품목 중, 한국이 중국에 대해 비교우위에 있는 품목을 중심으로 예측해본 결과, 경합품목을 중심으로 제3국 시장에서 5억 달러 정도의 수출감소가 예상된다.

이상을 종합해보면, 한국은 중국의 WTO 가입에 의해 2000~2005년까지 6년 동안 32억 5,000만 달러의 대 중국 무역수지 흑자효과를 얻는 한편, 제3국 시장에서의 경쟁 격화로 제3국 시장에 대한 수출액이 5억 달러 정도 감소할 것으로 추정된다.

즉 중국의 WTO 가입으로 인한 한국의 수출액은 연간 4억 6,000만 달러 증가할 것이나, 그 내용을 살펴보면 대 중국 수출액이 연간 5억 4,000만 달러 증가할 것이고, 제3국 수출액은 연간 8,000만 달러 감소할 것으로 예상된다.

(2) 품목별 평가

농산물

중국의 WTO 가입은 한국의 농산물 수입조정관세율 인하로 인해 수입확대 효과를 가져올 것으로 예상된다. 단기적으로는 대두, 깨, 고추가루, 마늘, 율무 등의 중국산 농산물 수입이 늘어날 것으로 예상된다. 또한 GATT 우루과이라운드협정에 의해 한국은 쌀의 수입을 최소시장 접근물량인 5만 톤씩 매년 지속적으로 늘려오고 있으나, 지리적인 이유로 수송비가 싸고, 품질이 비슷한 중국산 쌀의 수입이 늘어날 것으로 예상된다.

한편, 중국은 주요농산물에 있어서 한국에 비해 경쟁력이 높다. 일본에서는 중국산 야채 및 수산물의 수요가 높기 때문에, 이들 품목의 대 일본 수출은 큰 폭으로 증가할 것으로 보인다. 이 때문에 한국 농산물의 대 일본 수출은 감소할 것으로 예상된다.

섬유류

WTO 가입 후, 중국의 수출입할당, 통관절차 등의 비관세장벽은 2004년 말까지 단계적으로 철폐 또는 완화될 것으로 보인다.

중국의 WTO 가입에 의해 한국 섬유류의 대 중국수출은, 섬유계, 직물 등 원재료, 중간재를 중심으로 증가할 것으로 예상된다. 중국은 원자재 수입에 대해서는 관세를 부과하지 않고 있기 때문에, WTO 가입에 따른 관세인하의 효과는 기대하기 어렵다. 그러나 중국산 섬유제품의 대 미국 수출이 늘어남에 따라 한국의 원자재 수출도 늘어날 것으로 기대된다.

한편 미국은 중국과의 합의에 따라 다국간섬유결정(MFA)에 의해 수입쿼터를 2004년 말까지 단계적으로 폐지하고, 이어서 중국에 대해 일반특혜(대 중국 GSP)도 부여할 것으로 예상되기 때문에, 섬유제품의 대 미국수출이 크게 증가할 것으로 예상된다.

반면 일본은 이미 중국에 GSP를 주고 있기 때문에, 중국이 WTO에 가입해도 당분간 추가적인 수출증가 요인은 없을 것이다. 따라서 중국이 WTO에 가입해도 일본시장에서는 큰 변화가 없을 것이라고 예상되지만, 미국 등 그 외의 선진국 시장에 있어서는 섬유류 부문에서 한국과 중국과의 경합이 격화될 것으로 생각된다.

석유화학 · 플라스틱 제품

중국의 석유화학 산업은 현재의 상황에서는 기술수준이 낮아 생산
비용이 높고, 품질은 낮다. 즉 대규모의 정유소는 많지만, 설비가 낡았
기 때문에 인력에 의존하는 등, 경제성이 매우 낮다〔중국석유화공총공
사(SINOPEC), 중국석유천연총공사(CNPC)의 종업원 수는 각각 120만
명, 160만 명에 이른다〕. 또한 천연가스 자원은 내륙에 풍부하게 위치
하고 있기 때문에 소비지(해안지역)까지의 수송비가 높아, 개발이 늦
어지고 있다. 플라스틱 가공산업의 원료자급률은 46%에 지나지 않는
다(폴리에틸렌 원료 자급률은 50%, 폴리플로필렌 자급률은 57%, 폴리
염화비닐의 자급률은 51%)

지금까지 중국은 자국산업 보호를 위해, 16~18%의 높은 수입관세
를 부과해왔으나 이것을 6~8%로 인하하는 계획을 세우고 있다. 관세
의 대폭적인 인하로 중소형의 석유화학 기업은 커다란 타격을 받을 것
으로 예상되는 한편, 비관세장벽 및 투자조건의 완화로 선진국 기업의
대 중국진출이 촉진될 것으로 예상된다. 이미 셸(Shell), BASF,
Exon/Aramco, 필립스(Phillips) 등이 중국의 합작 파트너를 찾고 있다.

앞으로 중국은 한국의 대중 주요 수출품목인 에틸렌, 고밀도 폴리
에틸렌, 저밀도 폴리에틸렌 등의 관세율을 인하할 계획이어서, 이들
품목의 대 중국수출은 크게 늘어날 것으로 예상된다. 중국은 현재 폴
리에틸렌(PE)에 18%, 폴리플로필렌(PP)에 22%의 고관세를 부과하고
있다.

중국의 WTO 가입과 함께 외국기업의 중국진출이 본격화되면, 중국
의 석유화학 관련기술이 급속하게 향상되어, 장기적으로는 미국 · 일
본시장에서 한국과 치열한 경쟁을 벌일 것으로 예상된다. 이미 중국산

플라스틱류의 품질은 한국 제품과 큰 차이가 없는 반면, 평균가격은 한국 제품의 69% 수준에 머무르고 있다는 점에 주목해야 할 것이다.

전기 · 전자제품

하이테크 가전의 경우, 중국의 WTO 가입 후에도 행정상의 규제조치 등에 의한 보호가 지속될 것으로 예상된다. 또한 파나소닉, 소니등 일본의 유명 업체의 브랜드 인지도와 마케팅력 때문에 당분간은 한국의 대 중국수출이 대폭적으로 늘어나기는 어렵다고 생각된다. 그러나 반도체 등 전자부품 및 부분품 분야에서는 삼성전자, LG전자 등 국내 대 기업의 대규모 중국 직접투자로 인해 수출확대가 기대된다. 대 중국수입은 중국과의 전자산업에서 분업체제가 진전됨에 따라 부품을 중심으로 지속적으로 확대될 전망이다.

한편, 1990년대에 들어와 이미 한국은 주요 선진국의 중저 가격의 범용 가전제품 시장에서 중국 제품에 밀려 경쟁력을 잃었고, 따라서 주력시장을 고부가가치의 틈새시장으로 전환했기 때문에, 중국이 WTO에 가입해도 당분간 경쟁은 없을 것으로 생각된다.

일본시장에서의 저가격 중국제 가정용 기기(14~20인치 일반 TV, 청소기, 믹서기 등)의 과거 5년 간의 시장점유율은 2배 이상 증가하고 있다.

또한 미국에서도 월마트 등의 대형 디스카운트 숍에 대량으로 유입됨으로써 시장점유율은 급격하게 확대되었다. 한편 한국은 완전평면 TV, 2도어 양면 냉장고 등 고부가가치 가전제품, 무선 송수신기, 반도체 등을 중심으로 한 고부가가치 분야로 전환했다.

철강 · 금속제품

현재 중국은 자국산업을 보호하기 위해 철강제품에 대한 고관세(15~20% 수준)와 수입제품에 대한 사전수입허가제, 수입할당제 등의 비관세장벽을 이용하고 있다. 또한 저임금의 풍부한 노동력과 철강제품에 대한 국가의 수출보조금을 기반으로 가격경쟁력을 유지하고 있다.

WTO 가입 이후 철강제품에 대한 수입관세율은 2004년까지는 평균 8.07%로 인하할 계획이다(철강제품에 대한 관세는 10년 후에는 무관세, 선재와 전로강에 대한 관세도 2005년까지 각각 11%에서 7%로, 8%에서 3%루 인하). 또한 수입할당제와 투자한도 규제를 2005년까지 완전히 철폐한다. 한편, 철강, 슬래브 및 비레트에 대한 수출보조금(수출가격의 15%)을 폐지함에 따라 중국산 철강제품의 수출경쟁력이 약해지는 반면, 공장의 합병, 폐쇄로 인한 합리화에 따라, 중국의 철강생산 기술수준과 품질이 향상 · 개선될 것으로 기대된다.

중국의 WTO 가입에 따른 철강 · 금속제품의 관세인하의 폭은 작기 때문에, 한국의 대 중국수출 증대효과는 크지 않지만, 비관세장벽의 완화와 경제발전에 의한 효과는 기대된다(특히 스테인리스 제품, 선재 등에 대한 수요가 예상된다).

한편 수출보조금이 폐지되어, 중국의 철강제품수출경쟁력은 급격하게 약화될 것으로 예상되기 때문에, 한국의 철강수출은 증가할 것으로 기대된다. 그러나 중국 정부는 철강산업의 경쟁력과 품질향상에 대한 의욕도 강하기 때문에 중장기적으로는 제3국 시장에서 현재의 철강제품뿐만 아니라, 철강으로까지 경합관계가 확대될 우려가 있다.

자동차 및 부품

중국의 자동차산업은 정부의 육성정책에 의해 1990년대 이후 크게 성장했지만, 1성(省)·1공장 체제에 의해 소규모 공장이 난립하는 등 규모의 경제성은 전반적으로 낮다. 또한 지방 및 중앙정부, 기계공업부, 교통부, 병기부 등의 관리 및 통제에 의해 자동차 및 관련제품의 판매와 무역이 제한되었다. WTO 가입으로 자동차 완성품에 대한 수입할당제의 폐지, 제품 및 부품 수입관세율의 인하가 예상된다. 또한 자동차의 할부금융이 허용되어, 도심부의 고소득층을 중심으로 수입 고급차에 대한 수요가 증가될 것으로 기대된다.

그러나 자동차의 수입할당제가 폐지되어 수입관세율이 현행 80~100%에서 35%로 인하되어도, 중국의 자동차 산업에 대한 보호정책은 지속될 것으로 생각되기 때문에 단기적으로는 자동차 완성품에서 대 중국수출의 큰 증가를 기대하기는 어렵다. 단 수요가 많은 1500cc 이하의 승용차, 왜곤, 오토바이 등의 부품 및 CKD 제품의 수출은 증가할 것으로 예상된다. 또한 중·장기적으로는 대 중국 직접투자에 의한 부분품 및 반제품의 수출이 지속될 것으로 보인다.

완성차에 있어서 중국은 한국과 경쟁이 되지 않지만, 중국제 자동차 부품(주로 현지 진출 외자계 자동차 기업의 제품)의 대 일본, 대 미국 수출은 큰 폭으로 늘어나고 있다. 중국의 WTO 가입 후, 자동차산업에 대한 외국기업 투자가 가속될 것으로 예상되기 때문에, 부품시장을 중심으로 중국의 약진이 두드러질 것이다. 그러나 중국진출기업의 대부분은 중국의 내수시장을 목표로 하고 있다는 점과, 중국과 한국과의 기술 차이를 생각한다면 선진국의 자동차 완성품 시장에서 중국과의 경합은 오랫동안 없을 것으로 생각된다.

4. 한국이 본 중국의 모습

(1) 한국과 중국과의 산업 경쟁력에 관한 보고

중국 경제의 급속한 성장에 대한 경계심에서 2001년에 한국의 산업 경쟁력에 관한 몇 가지 연구가 이루어졌다. 그 중, 삼성경제연구소 및 산업자원부의 분석 개요를 소개한다.

삼성경제연구소 보고(2001년 5월)[3]

산성경제연구수는 업종별루 중국과의 산업경쟁력을 비교해보았다. 이 경쟁력 비교는 미국·일본에서의 시장 점유율의 변화, 상품별로 동일 수준에 도달하기까지 필요한 연수(年數) 등을 종합적으로 감안하여 분석한 것이다.

이에 의하면, 이미 가전제품, 섬유(옷감,섬유사), 신발, 농업기계에 대해서는 중국이 한국을 앞지르고 있다고 한다. 또한 합성섬유, 가전정보기기, 정밀가공기계, 철강에 대해서는 중국이 5년 내에 한국을 따라잡을 것으로 예상하고 있다. 통신기기, 석유화학제품, 조선, 자동차에 대해서는 중국이 10년 이내에 한국과 같은 수준에 도달할 것으로 보고 있다. 10년 후에도 한국이 계속에서 우위를 지킬 수 있는 분야로서는 반도체만을 들고 있다.

산업자원부 보고(2001년 4월·내부보고)[4]

한국의 산업자원부는 한국의 주요 10개 업종에 대해 한국·중국의 생산, 수출, 기술격차를 비교 분석한 「한·중 간의 산업격차보고서」를 내부에서 작성하여, 『한국이 10년 이내에 중국과 산업경쟁력의 차이를 확대할 수 없는 경우, 중국이라는 수출시장을 잃어버리게 되며, 또한 세계시장에서도 중국에 밀려 한국 제품의 우위는 없어질 것』이라고 우려를 나타내고 있다.

컬러 TV, 음향기기, VTR 등 가전 제품의 세계 최대 생산기지가 된 중국은 디지털 가전에서도 생산 및 수출 영역을 넓혀가고 있다. 2~3년 이내에 발생할 수 있는 한국 제조업체들과의 격렬한 주도권 쟁탈은 피할 수 없을 것으로 예상되고 있다.

중국의 기계산업은 단조연금기술이 이미 선진국 수준에 이르러, 발전설비, 석유화학 설비 등의 플랜트는 독자적으로 설계할 수 있는 능력을 갖추고 있다. 중국의 기계류 수출은 2000년에는 425억 달러로 한국의 4.2배, 건설기계와 농업기계 등 범용기술분야에서도 한국과 거의 같은 수준에 이르렀고, 일부 첨단 공작기계를 제외하고는 5년 이내에 한국과 같은 수준이 될 것으로 예측하고 있다.

중국은 컴퓨터 산업에서도, 생산은 1996년, 수출은 1997년부터 한국을 추월하고 있다. 중국은 WTO 가입과 함께 정보기술(IT) 산업에 집중적인 투자를 계획하고 있어, 10년 이내에 선진국 수준에 이를 것으로 보인다.

한국의 조선산업은 2000년에 수주량과 건설량에서 세계 1위였지만, 중국도 3위로 한국의 뒤를 쫓고 있다. 조선산업을 민족산업으로서 육성할 계획도 가지고 있는 중국은 최근 초대형 유조선, LPG 수송선, 초고속선박(페리) 등 고도의 기술을 요하는 선박의 수주도 늘리고 있다.

세계 제1위의 철강생산국, 세계 제9위의 수출국인 중국은 중소철강 기업을 합병, 4대 철강집단 그룹으로 재편하고 있다. 2005년에는 세계 선진 철강국의 70%를 생산할 것을 목표로 하고 있는 중국은, 철강산업에서는 2010년부터는 한국과 전면적으로 경쟁을 벌일 것으로 생각된다.

석유화학 제품의 생산능력 부문에서 제3위의 한국을 뒤쫓고 있는 중국은 현재 5위다.

2035년경에는 생산 및 수출에서 한국을 추월할 것으로 보고 있다.

중국의 자동차 수요는 2010년에는 550만~650만 대에 달하여, 세계 제3위의 자동차 시장이 될 전망이다. 중국은 폴크스바겐, GM, 다임러 크라이슬러 등과 제휴하여 2010년까지 국제경쟁력을 갖춘 3~4개 그룹이 자동차 기업집단을 유성할 방침이다.

(2) 연구자 · 재계 관계자들의 견해

한국에서는 중국의 위상에 대해 아직까지 충분하게 논의가 이루어지지 않고 있는 것이 현실이다. 본 절에서는 대 중국투자에 대한 견해를 포함해, 연구자 · 제계 관계자들의 중국 경제관을 소개하도록 한다.

대외정책연구원(KIEP) : 이창재 선임연구위원

지금까지 한국은 중국에 관해 주로 정치 · 경제학적으로 논의해왔다. 중국의 규모가 급격이 확대되고 있다고는 하나, 아직 성장기에 있고, 또한 정치와 경제는 분리해서는 생각할 수 없는 관계다. 리스크는 있지만, 현재의 지도부가 리더십을 잘 발휘하고 있고, 많은 지식인들이 지도부를 지지하고 있다. 중국인들은 진정한 민주주의는 아니지만 그들 나름대로의 체제를 잘 운영해오고 있다는 자신감을 보이고 있다.

그러나 앞으로 WTO에 가입하고, 세계의 거대시장으로서 성장하기 위해서는 정경분리를 할 필요가 있다.

중국의 정치·경제 시스템에 대해서는 다양한 의견이 있지만, 중국에도 시장개방파와 시장보호파가 있다는 점을 강조하고 싶다. 중국의 70% 이상을 점하는 농민은 기본적으로 시장보호를 선호한다. 시장개방을 위해서는 개방파를 돕는 것이 필요하고, 이는 정경분리와 연결된다.

장기적으로 보면, 한국기업은 한국에서 중국으로 생산기지를 이전하고 있으나, 일본만큼 대규모는 아니다. 한국의 대 중국투자의 일반적인 형태는 중국에 있는 자사공장에 부품을 수출한 후 조립·가공하여, 미국 시장 등에 수출하는 것이다. 또한 일본의 경우는 1980년대에 엔고에 힘입어 해외로 진출했으나, 한국의 경우는 국내시장 규모가 작기 때문에 해외로 진출한 경우가 많아, 국제시장 진출을 전략적으로 생각한 후에 진출한 기업은 소수에 지나지 않는다.

그러나 중국도 최근에는 저가격제품에서 중간 가격제품으로 이행하고 있고, 연안지역의 노동비용이 상승하여, 제조업이 내륙으로 이전되고 있기 때문에, 한국 제품과 경합할 경우가 늘어날 것으로 예상된다. 따라서 한국기업은 중국으로 진출하지 않으면 안 될 것이다.

전국경제인연합회(전경련) : 손병두 부회장

2001년 8월, 전경련은 「중국 경제시찰단」을 파견하여, 북경, 상해, 서안 등을 시찰하고, 현지의 주요 경제인 및 정부관계자와 면담을 했다.

중국이 경제를 성장시키고자 하는 의욕은 한국을 완전히 압도하고 있다. 「중국의 실리콘 벨리」라고 불리는 중관촌을 시찰하고, 중국 IT 산업의 잠재력이 굉장히 높은 수준에 있다는 것을 느꼈다. 또한 30층 이상의 고층 건물이 2,700개나 있는 상해 시의 발전된 모습에는 솔직히 크나큰 충격을 받았다. 중국은 더 이상 한국보다 5~10년 뒤떨어진 개발도상국이 아니라, 관료의 의식과 일부 경제 시스템은 한국보다 선진적이고, 자본주의적이라는 인상을 받았다. 사회주의 체제의 경직성을 찾아보기 어렵고, 기업지원 체제는 한국보다 훨씬 더 자본주의적인 면이 많았다. 기업의 토지사용에 대한 규제는 전혀 없었고, 세제·관세에 관한 우대조치도 한국보다 많다.

현지에 진출한 한국기업으로부터 이야기를 들었는데, 이들은 중국의 행정관료들의 서비스 정신과 전문성을 높이 평가하고 있었다. 각 지역이 외자 유치를 위해 격렬하게 경쟁을 하고 있기 때문에 공장설립 신청을 내면, 보통 2주 이내에 모든 행정수속이 끝난다고 한다.

중국의 경제지도자와 말단의 공무원을 만나도, 모두가 5년 후, 10년 후의 비전에 대해 자신감을 가지고 이야기를 했다. 국제무역 촉진위원회의 간부가 『사회주의냐 자본주의냐 하는 것이 중요한 것이 아니라, 「보다 나은 생활」이 중요하다』라고 말한 것은 특히 인상적이었다. 이미 이데올로기의 나라는 사라진 것이다.

한국에서도 정부와 재계가 함께 산업경쟁력을 강화하기 위한 대전략을 세운 후 일관해서 추진할 필요가 있다고 생각한다. 지금은 국가차원에서 중국 경제의 성장에 대비해야 할 시기가 아닌가라고 생각한다.

(3) 그 밖의 산업계 목소리

노동·고용관행(한국무역협회 이사의 이야기)

한국에 있어서 최대의 경쟁상대는 중국이며, 중국은 이미 경공업·

저가격품만이 아니라 중화학분야에서도 경쟁력을 갖기 시작했다. 한국의 주력 수출품목인 전기와 기계 등의 품목도, 이미 중국 제품에 의해 추월당했다. 예를 들면 2000년의 일본의 수입시장 중, 중국제 전기·전자제품이 차지하는 비율은 18.6%인데 비해 한국제는 9.5%였다. 기계는 중국이 9.8%, 한국이 7.7%, 광학기기는 중국 20.2%, 한국 4.3%로 눈에 띄게 열세를 보이고 있다.

중국의 장점은 「시장규모」와 「낮은 인건비」 외에 「유연한 노동·자금체계」에 있다고 생각한다. 노동조합이 강한 한국에서는 도저히 실현할 수 없는 시스템이 중국에는 있다. 중국에 진출한 외국기업이 대부분 실시하고 있는 「3년 연봉제」가 그 예다. 3년 간 생산직 종업원의 고용을 보장하는 한편, 철저한 인센티브 제도를 도입했다. 그 후 생산성이 떨어진 직원은 가차없이 해고하고 있다.

일례로 한 한국계 전자 업체의 천진 법인에서는 3년 계약제로 고용한 120명의 사무직원 중 8%를 정리했다. 생산성을 높이기 위해 근무성적이 나쁜 직원을 해고했다는 것이 이유였는데, 이 회사의 노동조합은 기업측에 실직한 직원의 복직을 요구하며 교섭하지 않고, 오히려 실직한 직원에 대해 『회사를 위한 불가피한 조치』였다고 설득했다. 또한 에어컨의 생산 라인을 대상으로 제품의 품질과 생산성을 매일 점검하여, 성과급제도를 도입해 직원에 인센티브를 주고, 노동 의욕의 향상을 꾀했다.

섬유산업(업계 단체의 이야기)

최근의 중국 부상에 대한 경계심은 일본과 마찬가지로 한국에서도 나타나고 있으나, 상황은 일본보다 심각하다고 생각한다. 일본 제품은 품질이 좋기 때문에 제품 차별전략을 취할 수 있으나, 한국은 가격경쟁력을 잃었기 때문에 앞날이 불투명하다. 화학섬유(폴리에틸렌 섬유)의 경우 5~6년 전에는 중국이 한국에서 수입을 해갔으나, 지금은 중국 내에서 생산판매가 가능한 공장이 세워지고 있다. 면방적 중 저급품인 카드는 한국이 가격경쟁력을 이미 잃어, 파키스탄, 방글라데시 등에서 수입하고 있다. 고급품인 코마는 한국 내에서도 생산하고 있으나 중국에서도 생산할 수 있는 기술을 이미 가지고 있다. 의류는 한국 내에서는 이미 생산할 수 없다고 해도 과언이 아니다. 특히 국제가격으로 거래되는 저급품에서는 말할 것도 없고, 앞으로는 품질 경쟁으로 살아남을 수밖에 없으나 일본만한 큰 시장이 한국 내에는 없다는 것이 고민거리이다.

예전에는 중국에 진출한 한국기업이 수입을 많이 했지만, 지금은 중국의 민족자본 기업으로부터의 수입이 늘고 있다(한국인 기술자가 있어도 오너는 중국인인 경우가 많다). 지역적으로는 고급품은 상해, 저급품은 청도(산동성), 그 외에는 베트남이 양질의 제품을 생산하고 있는 것에 주목할 필요가 있다. 중국 제품의 품질은 확실히 나아지고 있다. 기술력도 가공기술 면에서 향상되고 있다.

중국으로의 진출에는 2가지 형태가 있다. 하나는 한국 내의 생산이 채산성이 맞지 않기 때문에 설비를 중국으로 이전하여 조업을 하는 유형, 또 하나는 유통업자가 중국의 제휴 회사와 손잡고, 이른바 개발 수입을 하는 유형이다. 후자에 대해서는 중국의 민족계 기업으로부터의 수입으로 전환하고 있다. 한편으로 중국의 수입확대는 반드시 한국의 시장 확대를 의미한다고는 할 수 없다. 왜냐하면 수입한 물품의 80% 정도가 그대로 재수출되기 때문이다. 중국이 할당된 쿼터를 다 써버려, 대신 한국의 쿼터를 이용하여 수출하는 우회수출의 형태을 취하고 있기 때문이다.

2005년 수입할당제도가 폐지되면, 중남미 지역에서 생산함으로써 얻을 수 있는 관세, 쿼터 측면에서의 메리트가 없어지기 때문에 일부러 동 지역에서 생산할 필요없이, 인건비가 싼 중국에서 생산하려고 할 것이다. 이 때문에 섬유산업에서 세계의 투자는 점점 더 중국으로 몰려들 것으로 보인다. 중국은 유통이 복잡하고 규제도 엄하기 때문에, WTO에 가입해도 여전히 진입하기 어려운 시장일 것이다. 중국은 어디까지나 생산기지로 생각해야 한다.

높은 생산성을 실현한 중국진출 한국기업의 실례

중국에 건설한 공장의 생산성이 한국 내의 모(母)공장을 상회하는 사례가 계속해서 나오고 있다. 지금까지 국내기업은 주로 「낮은 인건비」와 「거대한 시장」에 매료되어 중국에 진출했지만, 지금은 「높은 생산성」을 노리고 공장을 중국으로 이전하는 기업이 나오고 있다.

국내의 대표적인 전자 업체 A사의 심천 공장에서는 브라운관을 생산하고 있지만, A사의 세계 30개 공장 중 생산성이 가장 높다. 이 회사의 한국 내 공장에서는 하루 평균 8,500대를 생산하고 있으나, 선전공장에서는 하루 9,500대를 생산하고 있다.

타이어 업체인 B사의 남경공장은 당초 1일 1만 개의 타이어를 생산할 수 있도록 설계되었으나, 최근 설계능력의 40%가 넘는 하루 1만 4,000개를 생산하고 있다. 생산설비는 완전 자동화된 한국 내의 주력 공장보다 떨어지나, 제품 불량률은 국내 공장과 큰 차이가 없는 0.5~0.6% 정도다.

방적회사인 C사의 천진 공장은 공장설립 3년째인 1999년에 80만 달러의 순이익을 올렸는데, 2000년에는 2.5배 증가한 200만 달러의 순이익을 올렸다. 공장가동 원가가 구미공장의 55%에 지나지 않고, 제품이 까다로운 일본시장에 수출될 만큼 높은 품질을 유지할 수 있게 된 것이 주요 요인이다.

석유화학 업체인 D사는 2000년에 10억 5,000만 달러의 순손실을 냈음에도 불구하고, 청도에 있는 현지법인은 950만 달러의 순이익을 냈다. 이 회사는 낮은 인건비가 생산성을 향상시킨 가장 큰 요인이라고 생각하고, 현재 국내 공장의 생산설비를 중국으로 이전하는 계획에 대해 검토 중이다.

끝으로 한국에 있어 중국의 위치는 경제적으로도 정치적으로도 또한 국민 감정의 면에서도 논자에 따라 큰 견해 차이를 보이고 있다. 어떤 이는 우월의식을 가지고 있고, 또 다른 사람은 공포심을 가지고 있다. 역사적으로는 중국은 수백 번이나 반복해서 한국을 침략해왔고, 19세기 말까지 1,000년 이상 점령·지배 또는 조공에 의해 양국 간 관계를 맺어왔다. 그리고 일본에 의한 식민지 통치시대를 거치고, 20세기 후반의 50년 간 중국은 사회주의체제 하에서 경제적으로는 피폐해졌고, 한국은 문자 그대로 부국강병에 의해 「한강의 기적」을 일구어냈다.

20세기 후반의 대부분은 이데올로기의 대립도 있어, 중국대륙과 한국과의 경제교류는 단절되었고, 양국 간의 국교회복도 아시아 국가들 중에서 가장 늦었다. 이러한 일들은 한국의 일반적인 경제인들이 중국의 진정한 실력을 정확히 인식하는 데 장애물로 작용했다. 게다가 중국을 과소평가하는 경향도 오랜 기간 지속되었다.

그러나 1997년 이후의 IMF 위기를 맞아, 자신감을 상실함과 동시에 해외의 움직임에 눈을 돌릴 수밖에 없게 된 한국은 최근에 와서 겨우 중국의 실력을 인식한 감이 있다. 특히 2001년에 중국의 WTO 가입이 현실화되고, 또한 화남지역의 공업생산력과 경제력의 약진이 부각되면서, 한국에서는 갑자기 중국에 대한 관심이 높아지기 시작했다. 경제계뿐만 아니라, 일반 국민들 사이에서도 중국 붐이 일어나고 있다. 예를 들어 한국의 많은 어학원은 중국어 인기가 높아짐에 따라 계속해서 수강생을 늘리고 있다. 또한 중국을 전문으로 한 관광상품 기획이 잇따라 나오고 있다.

본고를 집필한 단계에서도 아직까지 중국에 위협을 느끼는 분위기가 주류였고, 냉정·객관적인 분석은 그다지 보이지 않았다. 산업계에서는 WTO 가입을 계기로 비즈니스 기회를 잡기 위한 대 중국진출에 의욕을 보이고 있었고, 산업 분할론 등 한국 정부의 명확한 대 중국 전략·산업정책을 요구하는 목소리가 높아지고 있다. 한편으로 정부는 한·일 무역역조 문제와 부품산업 유치 등의 루틴 워크라고도 할 수 있는 과제에 구속돼 있어, 구체적인 대응책은 아직 세우지 못하고 있다.

과거 1,000년 이상이나 유지해온 슈퍼 파워에 의한 압박에 시달려오면서도, 조금이라도 중국에서 활로를 모색하려고 움직이기 시작한 경제계와 대 일본 정책을 최우선으로 하는 구태의연한 산업정책에서 탈피하지 않는 정부가 바로 2001년 가을 한국의 모습이다.

무네가네 겐지(宗金建志)

양안(兩岸)은 특수한 관계에 있다. 정치적 교류는 공식적으로 단절 상태에 있으면서도, 경제 교류는 활발하게 이루어지고 있기 때문이다. 더욱이 경제 교류에서조차도, 국가 안전, 산업 공동화 등의 관점에서, 대만 당국이 규제를 가해 특수한 형태로 교류가 이루어지고 있다. 이러한 특수성을 가지고 있으면서도 최근에는 양안의 경제 교류가 눈부실 정도의 발전을 보이고 있다. 많은 대만기업이 중국기업과 거래를 하고 있고, 또한 적극적인 투자를 통해 생산활동을 확대하고 있다. 중국도 눈부신 경제 성장을 기반으로, 외자 도입이 늘어나면서 「세계의 공장」으로 부상하고 있다. 이러한 흐름 속에서 대만은 산업 공동화를 우려하는 목소리가 높아지고 있다. 앞으로 양안이 WTO에 가입하고, 대만 당국도 양안의 규제를 완화하는 방향으로 나아가고 있어, 대만기업의 대륙 진출은 점점 더 활발해질 것이다.

　본 장에서는 제1절에서 양안 교류의 역사, 규제의 실태를 다루고, 제2절에서는 점점 더 긴밀해지고 있는 양안의 무역·투자의 현황을 살펴보기로 하겠다. 제3절에서는 제1절, 제2절의 내용을 토대로, 대만 당국의 양안 교류, 산업공동화에 대한 대처방안과, 양안의 WTO 가입에 따른 영향을 함께 고려·논의하도록 하겠다. 그리고 향후 대만의 산업공동화 진전여부에 대해서도 고찰하기로 한다.

1. 양안의 경제교류

(1) 양안의 경제교류 역사

　양안은 매우 오래 전부터 교류를 해오고 있었다. 사람들의 왕래는 기원전까지 거슬러올라간다. 경제 교류가 본격화된 것은 대륙에서 한족(漢族)이 이주하기 시작한 17세기 이후다. 그 후 정씨(鄭氏) 일족의 대만 지배 후기(後期), 일본의 통치시대라고도 불리는 시기를 제외하면, 대륙과 대만은 줄곧 중요한 무역 파트너였다.[1] 그러나 무역 교류는 장제스(蔣介石) 통치와 국민당이 대륙에서 군대와 함께 대만으로 건너온 1949년부터 약 30년 간 단절된다. 1949년 5월 20일에 대륙과 대만과의 교류 금지를 명시한 계엄령이 대만 전역에 발효되었기 때문이다.

　중국은 1978년 12월의 제11기 삼중전회에서 개혁개방을 단행, 이후 중국 정부는 무력사용을 통한 통일에서 평화 통일과 상호 교류를 촉구하는 방향으로 정책을 전환했다. 이에 대해, 대만의 장징궈(張經國) 총통은 1979년에 「3불(접촉하지 않는다, 대화하지 않는다. 타협하지 않는다」의 입장을 고수해왔으나, 사실상 밀수의 형태로 교역이 이루어지고 있었기 때문에, 민간교류에 대해서는 묵인하는 자세를 취하게 되었다. 양안 교류가 활발해지게 된 계기는 1987년 7월 15일, 대만 당국의 계엄령 해제다. 같은 해 11월 2일에는 3촌 이내의 가족이 있는 사람에 한해 대륙방문을 허가했다(그 후 1990년에는 상업적인 목적의 방문이, 1996년에는 지방 관리의 방문이 허용되었다). 1991년 양안 관계에 대한 민간의 중개기구로서 해협교류기금회가 설립되었고, 대륙측에서도 이러한 움직임에 부응해 같은 해 해협양안관계협회가 설립되었다. 1993년 가을에는 협회장의 대만 방문이 이루어졌으나, 리덩후이 총통이 『양안은 특수한 국가와 국가의 관계』라고 발언한 이후 교류는 소원해졌다.

중국 정부는 1981년 이래, 줄곧 대만에 대해 「3통(通)」의 해금을 요구하고 있다. 「3통」이란 양안의 직접적인 통상·통항·통신을 말한다. 이에 대해 대만 당국은 간접적인 교류에 한해, 단계적으로 각각의 분야에서의 교류를 허용해오고 있다. 그 중 통상부분에서는 인적 교류가 활발해짐에 따라, 무역·투자도 확대돼 왔다.

무역에 대해 살펴보면, 대만 당국은 1985년에 「홍콩·마카오 지구와의 중계무역 삼항 기본원칙」을 들어, 홍콩을 경유하여 중국에 수출하는 것을 합법으로 인정했다. 1987년 8월에는 27개 항목의 농·공업 원료에 대한 간접수입 제한을 풀고, 1988년 8월에는 「대륙산품의 간접 수입 처리원칙」을 공포하여, 대륙의 농·공 원료의 간접 수입품목을 50개로 확대했다. 1989년 6월에는 「대륙지구물품관리법」을 공포하여, 정식으로 대륙지구 물품의 간접수입을 개시했다. 또한 1990년 8월에는 「대륙지구용 상품간접수출관리판법」을 공포하여, 일부 하이테크 품목을 제외한 대륙지구 수출제한을 철폐했다.[2] 그 후 1993년 4월에는 「중국대륙무역허가판법」을 공포하여, 법제도를 정비했다. 여기에서는 중국과의 수출입을 간접 방식으로 제한했고, 수출업자, 수입업자도 간접무역이 허용된 제3지구의 업자로 한정시켰고, 화물 수송도 제3지구를 경유하도록 규정했다. 1996년 7월에는 중국에서 수입한 제품에 대해, 지금까지 포지티브 리스트제를 적용하여 왔으나, 네가티브 리스트제도로 전환하여, 수입규제를 대폭적으로 완화했다.

투자에 대해서는 1990년 10월에 「대륙지구에 대한 투자·기술 합작 관리판법」이 공포 시행되어, 제3지구를 경유한 대 중국 간접투자가 공식적으로 인정되었다. 그러나 법 시행에도 불구하고, 불법으로 대륙에 진출한 기업이 끊이질 않았다. 따라서 대만 당국은 1993년 3월에 법개정을 하여, 「재대륙지구투자·기술합작허가판법」을 제정하고, 이 법의 시행 후 3개월 내에 이미 진출한 위법 안건에 대해서 추가 인가신청을 하도록 의무화함으로써, 이를 위반한 경우에는 처벌하도록 했다. 또한 이 법은 투자금액이 100만 달러 이하이고, 제 3지구를 경유하여 송금한다면, 제3지구에 사무소를 개설하지 않아도 투자가 가능하다는 규정도 포함시켰다. 경쟁이 심화되어 대만 내에서의 입지가 불안정해진 노동집약형 중소기업의 입장을 고려한 것이다.

그러나 대만당국은 대 중국투자의 확대에 의한 정치적인 영향, 그리고 대륙경제에 대한 과도한 의존을 우려하여, 동남아시아와의 경제관계를 강화시킬 것을 장려하게 되었다. 1993년 11월에 「남향정책설명회」를 발표하고, 리덩후이 총통이 동남아시아 각국 원수와 회담한 결과, 아시아 각국과의 공영사업의 「타이 업(tie up)」, 현지 금융기관으로부터의 지원 등을 통해 투자가 증대되었다.

이러한 흐름 속에서, 대륙에 대한 투자는 순조롭게 확대되었다. 그러나 1995년 리덩후이 총통의 미국 방문과 1996년 대만 총통 선거를 앞둔 시점에서 이루어진 중국의 군사 훈련으로 양안의 긴장이 높아졌다. 이 때문에 리덩후이 총통은 경제적으로 중국에 과도하게 의존하는 것은 산업공동화를 초래해, 대만의 안전을 위협할 가능성도 있다고 생각하여, 1996년 「계급용인(戒急用忍, 대륙에 대한 투자는 서두르지 않고 천천히 추진하자)」 정책을 표방했다. 리 총통의 지시 하에 댐·철도·비행장 등의 인프라 프로젝트의 금지, 기업규모에 따른 투자상한의 설정, 기업규모에 비례한 투자 누계액의 상한설정, 한 프로젝트에 대한 투자상한 설정(5,000만 달러) 등의 기준이 마련되었다.[3] 그러나 이러한 정책에도 불구하고 산업계에서는 대륙을 중요한 거점으로 인식, 적극적으로 투자하는 기업이 급증하고 있다.

「3통」 중 통항에 대해서는 원칙적으로 양안에서의 직항은 여전히 금지되고 있다. 그러나 예외로서 해운 분야에서는 1997년 4월에 대만의 고웅(高雄)과 대륙의 사문(廈門), 복주(福州) 항로의 운행을 시작했다. 단, 운행은 양안의 해운기업이 소유하는 외국선적으로 한정되어 있고, 화물도 고웅(高雄)의 역외 항운 센터에서 재선적하여 제3지구로 운송될 뿐이었다. 대만측에서는 4개사가 운항하고 있으나(당초 6개사), 큰 이익을 내고 있는 것은 아니다. 그 외에도 2001년 1월에 들어서 새롭게 대만(臺灣)·금문(金門)·마조(馬祖)와 복건성(福健省)에 한하여, 물적·인적 교류를 허용하는 「소3통(小三通)」이 시작되었다. 이도(離島)의 경제활성화 등을 목적으로 한 것이나, 비합법적으로 행해졌던 것을 합법화한 성격이 강하다. 그러나 대만당국이 교류확대를 목표로 성의를 보였다는 정치적인 의미를 가지고 있다. 미미한 수준이지만 교류는 지속되었고, 2001년 8월에는 중국 여객선이 「소3통」 해금 이후, 처음으로 마조도(馬祖島)로 향했다.[4] 또한 중국 선박이 금문도(金門島)로 입항한 것도 같은 해 2월이다.

항운 분야에서는 직항이 여전히 금지되고 있으나, 마카오를 경유할 때 편명을 변경하여 같은 비행기가 양안을 운행할 수 있게 되었다. 통신 분야에서도 제3국·지역을 경유한 서신 왕래는 허용되고 있다.

「3통」에서는 급격한 변화는 없지만, 교류는 서서히 확대되고 있다.

(1) 양안에서의 무역·투자규제의 현황

정치적인 교류는 각자의 입장을 양보하지 않아 타협의 모색점을 찾기 힘들지만, 양안에서의 경제교류는 현재 더욱 긴밀해지고 있다. 이러한 상황을 나타내는 통계적 분석은 제2절에서 살펴보기로 하고, 여기에서는 양안의 무역, 투자의 규제현황에 대해 살펴보겠다.

대 중국 수입에 대해서는 허가품목, 조건부 특가품목, 금지품목으로 나누어진다. 대만 당국은 단계적으로 허가품목을 늘려왔다. 2001년 8월 23일 현재 1만 344개 품목인 농·공산품 중 약 56%인 5,837개 품목(조건부허가품목 약 8%포함)[5]의 수입이 허가된 것에 비해, 농산품은 2,092개 품목 중 약 23%인 484개 품목만이 허가되었을 뿐이다. 이로부터 농업분야에 대해서 보호 정도가 높다는 것을 알 수 있다. 또한 수입 허가 품목 중, 공산품의 90%, 농산품의 98%에 대해서 인허가를 면제해, 수속절차를 간소화하려고 노력하는 대만 당국의 자세가 엿보인다.

한편 대륙에 대한 수출은 원칙적으로 자유화되었다. 수출금지 품목은 전체의 약 4%에 지나지 않고, 허가품목이 24%를 차지하고 있으나,

이 중 90%가 신청만 하면 자동적으로 인가되는 품목으로 전체에서 약 94%의 제품이 개방품목이다.[6] 이러한 수출과 수입에 대한 규제의 차이로 대만은 중국과의 무역에서 높은 무역흑자를 내고 있다.

대륙에 대한 투자에 대해서는 전술한 바와 같이 국가안전, 산업공동화에 대한 우려로 「계급용인(戒急用忍)」 정책을 취하고 있다. 「재대륙지구투자 · 기술합작허가판법」 제7조의 규정에 의해 인정된 「재대륙지구투자 · 기술협력 심사원칙」에 따르면, 대륙 투자 및 기술협력 안건은 금지류, 허가류, 특별심사류 등의 3가지로 분류된다. 금지류는 일괄적으로 투자 및 기술협력이 금지되는 것을 말한다. 국가의 안전 또는 경제발전에 중대한 영향을 미치는 투자, 정부가 지원하여 연구 · 개발한 제품, 중요산업 등에 대한 투자가 여기에 포함된다. 노트북 컴퓨터나 실리콘 웨어 등의 하이테크 분야도 이에 해당된다. 허가류는 투자를 하는 주체의 투자누계 금액이 주관부문이 정한 투자금액 및 비율의 범위 내에서 투자가 인정되는 것을 말한다. 투자의 주체는 개인 및 중소기업, 비상장, 비주식 점두 매매기업, 상장, 주식 점두 매매기업으로 분류되어, 이 분류에 의해 대륙투자의 누계 금액 및 비율의 상한이 달라진다. 대만에서는 이미 국제 경쟁력을 갖지 못하는 분야, 노동집약적인 분야에 대한 투자가 이에 해당된다. 또한 원칙적으로 1건당 투자금액이 5,000만 달러를 넘지 못하도록 하고 있다. 특별 심사류는 전술한 허가류의 조건 외에 주관기관과 특별심사 그룹의 심사를 거쳐 허가를 얻을 수 있는 것들이다.

2001년 8월 중순 현재, 허가류가 농업 223개 항목, 제조업 6,658개 항목, 서비스업 21개 종류인 것에 비해, 금지류는 농업 10개 항목, 제조업342개 항목, 서비스 3종류와 SOC 건설 13개 항목뿐이다.[7]

한편 대륙에서 대만으로 투자하는 것은 금지되고 있다. 「대만지구와 대륙지구의 인민관계 조례」의 제73조에서는 『외국 회사 중에서 대륙지구의 인민, 법인, 단체 또는 그 외의 기구가 주식의 20%를 초과하여 보유할 경우에는 허가하지 않을 수도 있다. 또한 이미 허가를 얻은 경우에는 취소할 수 있다』라고 규정하고 있다.

2. 깊어져가는 양안관계

(1) 2000년에 사상 최고액을 기록한 양안무역

대만의 대륙에 대한 간접수출액은 경제부의 추계, 대륙의 간접수입액에 대해서는 통관통계를 기초로 하고 있다. 이에 따르면, 양안무역은 1990년대에 들어와 아시아 통화·경제위기의 영향을 받은 1998년을 제외하고 계속해서 증가하고 있다(〈표 11-1〉 참조).

1995년에 200달러 대에 달하고, 2000년에는 사상 최고인 323억 6,730만 달러에 이르렀다. 수지를 보면 전술한 바와 같이 대륙 수입의 경우, 수출에 비해 더 엄격하게 규제를 받고 있기 때문에, 2000년의 무역흑자는 199억 2,080만 달러에 이르고 있다. 대만에서 문제시되는 대일본 무역적자가 같은 해 219억 5,850만 달러인 것을 감안하면, 그 금액이 얼마나 큰 것인지 알 수 있다. 대만으로서는 중국이 「달러박스」라고 해도 과언은 아니다.

수출은 2000년에 전년대비 23.2% 증가라는 큰 신장세를 보이며 사상 최고치를 기록했다. 주요품목의 HS코드 두 자리수를 보면 전기 설

구 분	무역총액			수출액(시산)			수입액			수지
	금액	비율	신장률	금액	비율	신장률	금액	비율	신장률	금액
1993	13,743.3	8.5	–	12,727.8	14.9	31.3	1,015.5	1.3	–	11,712.3
1994	16,511.7	9.3	20.1	14,653.0	15.7	15.1	1,858.7	2.2	83.0	12,794.3
1995	20,989.6	9.8	27.1	17,898.2	16.0	22.1	3,091.3	3.0	66.3	14,806.8
1996	22,208.1	10.2	5.8	19,148.3	16.5	7.0	3,059.8	3.0	△1.0	16,088.5
1997	24,433.3	10.3	10.0	20,518.0	16.8	7.2	3,915.3	3.4	28.0	16,602.7
1998	22,490.0	10.4	△8.0	18,380.1	16.6	△10.4	4,110.5	3.9	5.0	14,269.6
1999	25,747.6	11.1	14.5	21,221.3	17.5	15.5	4,526.3	4.1	10.1	16,695.0
2000	32,367.3	11.2	25.7	26,144.0	17.6	23.2	6,223.3	4.4	37.5	19,920.8
2001. 1~6.	14,406.2	12.1	△5.8	11,522.9	18.3	△6.0	2,883.3	5.1	△5.2	8,639.5

주 : 1. 비율은 대만의 무역총액, 수출액, 수입액에서 차지하는 각각의 비율
　　 2. 수출액＝대만의 대 홍콩수출액과 홍콩의 대 대만수입액의 오차의 80%＋홍콩 경유의 대륙수
　　　 출액＋대만의 대륙수출액
　　 3. 대륙에서의 수입액은 대만 해관통계
자료 : 대만 경제부 국제무역국의 홈페이지(http:www.trade.gov.tw/prc&hk/bi_ch/mo_index.htm)
　　　 를 참고

비 및 동 부품(수출에서 차지하는 비율은 24.5%), 기계 및 동 부품(동 15.6%), 플라스틱·동제품(동 12.8%) 등으로 전체의 약 53%를 차지하고 있다. 또한 이들 품목의 비율이 최근 늘어나는 경향을 보이고 있는데, 이로부터 최근 대만기업이 정보기술(IT) 분야를 중심으로 그 생산 거점을 대륙으로 이전시키고 있다는 것을 알 수 있다. 이를 입증이라도 하듯이 2000년의 대륙 투자액은 108.1%의 대폭적인 증가세를 기록했고, 그 중 전자·전기 산업의 비율이 56%로 절반 이상을 차지하고 있다.

수입에 있어서도, 2000년에는 37.5%의 빠른 증가세를 보여 사상 최고치를 기록했다. 주요품목은 전기 설비 및 부품(수입에서 차지하는 비율 32.1%), 기계·동부품(11.7%), 철강(9.9%)의 순으로, 수직적 국제

분업에서 공업품 상호 무역을 중심으로 하는 수평적 국제분업으로 변
화하고 있음을 알 수 있다.[8]

그러나 지속적인 증가세를 보여온 양안무역도 2000년 말부터 불어
닥친 세계경기 침체로, 2001년 상반기 대륙 수출은 6.0% 감소했고, 수
입도 5.2% 감소하여, 무역 총액 전체로는 5.8%의 감소세를 보였다. 이
는 미국 경기침체의 영향으로, 대륙에서 생산되는 대만기업의 IT 관련
제품의 생산이 둔화되어, 이것이 양안무역의 감소로 이어졌기 때문이
라고 생각할 수 있다. 그러나 대 중국 무역의 부진은 대만 전체가 무역
부진(2001년 상반기 수출은 전년 같은 기간에 비하여 10.8% 감소, 수
입은 16.9% 감소)에 빠진 가운데, 다른 국가와의 무역상황(대 미국수
출은 전년대비 14.7% 감소, 수입은 14.1%감소)과 비교해볼 때 비교적
약소한 수준이라고 할 수 있다.

(2) 확대되는 대륙 간접 무역 투자

〈표 11-2〉는 최근 대륙에 대한 간접 투자의 추이를 나타낸 것이다.
1993년, 1997년, 1998년의 추가허가 안건이 있어, 시계열(時系列)적인
비교는 용이하지 않다. 1993년은 앞에서 말한 바와 같으나, 대만 당국
은 1997년에도 「양안 인민관계 조례수정안」을 공포, 대륙 간접투자에
대한 감시체제를 강화, 불법적인 위법투자에 대한 처벌을 강화하여,
1997년 6~9월을 사업신청 유예기간으로 정했다.

이 기간 동안 보충등록 절차를 밟지 않은 기업에 대해서는 100만 위
안에서 500만 위안의 벌금이 부과된다.[9] 실제로 1998년 8월까지 무인
가 안건에 대하여 추가 인가가 계속되었다. 기본적으로는 증가 추세가

구 분	대외투자(A)		대륙투자(B)		대외투자총액(A)+(B)		대륙투자의 비율	
	금액	건수	금액	건수	금액	건수	금액(%)	건수(%)
1991	1,656,030	364	174,158	237	1,830,188	601	9.5	39.4
1992	887,259	300	246,992	264	1,134,251	564	21.8	46.8
1993	1,660,935	326	3,220,411	9,329	4,881,346	9,655	66.0	96.6
			2,080,046	8,067				
1994	1,616,764	324	962,209	934	2,578,973	1,258	37.3	74.2
1995	1,356,878	339	1,092,713	490	2,449,591	829	44.6	59.1
1996	2,165,404	470	1,229,241	383	3,394,645	853	36.2	44.9
1997	2,893,826	759	4,334,313	8,725	7,228,139	9,484	60.0	92.0
			2,719,771	7,997				
1998	3,296,302	897	2,034,621	1,284	5,330,923	2,181	38.2	58.9
			515,412	643				
1999	3,269,013	774	1,252,780	488	4,521,793	1,262	27.7	38.7
2000	5,077,062	1,391	2,607,142	840	7,684,204	2,231	33.9	37.7
2001.1~6	2,529,074	638	1,360,842	565	3,889,916	1203	35.0	47.0

주 1.대외투자(A) : 대륙 이외의 지역에 대안 대만기업의 해외투자액

　2.대외투자 (A): 중국대륙 이외의 지역에 대한 대만기업의 해외투자액

　3.대륙투자(B): 제3지구 경유에 의한 대만기업의 대륙투자액

　4.대외 총투자액 : (A)+(B)

자료 : 대만 경제부 투자심의위원회 《통계월보》

이어져, 2000년에는 108.1% 증가했다.

　업종별로 보면, 전자·전기가 최대투자 분야이며, 1991년에는 전체의 18.1%에 지나지 않았으나, 2000년에는 56.2%(14억 6,478만 달러)로 절반 이상을 차지하게 되었다. 이것은 전자·전기 분야에서 생산시설의 대륙이전이 뚜렷했음을 나타내는 동시에, 양안에서 IT 무역의 비율이 높은 이유를 설명하는 것이기도 하다. IT 산업진흥단체인 자신공업책진회(資訊工業策進會)의 발표에 따르면 2000년 세계의 정보처리

기기 생산액에서 중국이 대만을 제치고 미국, 일본에 이어 제3위로 부
상했다. 나아가 2001년에는 대만의 전자 · 정보산업중에서 대륙과 대
만에서의 생산비율이 역전될 것으로 보고 있다. 이러한 배경에는 대만
기업이 생산시설을 대륙으로 이전시키는 경향이 크게 작용했기 때문
이다. 소프트웨어에서 하드웨어까지 4,200개사 이상의 회원을 가지고
있는 대북(臺北)의 컴퓨터 상업동업공회 장리(張笠) 부총간사의 『대륙
에서 생산되는 정보 처리 기기 중 약 79%를 대만기업이 차지하고 있
다』라는 발언은 이것을 뒷받침해주고 있다.

중화경제연구원에 따르면 『최근 2~3년은 지금까지와는 달리, 대기
업의 투자도 늘어나, 최첨단 업종의 대륙진출이 늘고 있다』라고 말하
고 있다.

전자 · 전기 분야 다음으로는 플라스틱(점유율 7.1%), 기초금속(동
7.1%) 등의 순으로 대 중국투자가 이루어지고 있다. 이들 분야도 전
자 · 전기 기기의 생산과 밀접하게 관련된 분야로서, 현지에 진출한 대
만의 전자 · 전기 관련기기 제조기업에 주로 납품하는 것으로 보인다.
대만의 제조 기업은 주로 대만의 부품업체들로부터 부품을 공급받기
때문에, 이들도 자연스럽게 제조기업을 따라 대륙으로 진출한 것이 그
원인이라 할 수 있다.

대만의 대 중국투자는 2001년에 들어와서도 순조롭게 확대되어, 상
반기에는 전년 같은 기간에 비해 23.5% 증가한 13억 6,084만 달러에
이르고 있다. 구체적인 예로서, 대만의 대형 가전업체인 「동엔전기(東
元電氣)」와 「성바오(聲寶)」 2개사는 WTO 가입에 대비해, 냉장고와 세
탁기, 에어컨, TV 등의 생산을 대륙으로 이전시키기로 방침을 정했
다.[10] 양사는 경비절감을 목적으로 2001년 9월에 합병, 대만 제일의 가

전업체가 되었음에도 불구하고, 대만에서의 제조비용으로는 중국에 당해낼 수 없다고 판단한 것이다. 이 외에 대만 최대의 노트북 컴퓨터 회사가 송강(松江) 수출가공구에서 개업했다. 노트북 컴퓨터 생산에 대한 중국투자는 금지되어 있지만, 최근 1~2년 사이에 노트북 컴퓨터 업체가 강소성, 상해로 진출하려는 움직임을 보이고 있다. 현재 이 분야에서의 대 중국투자 제한이 풀릴 것이라는 전망이 높아져, 대만기업은 이에 대비한 준비에 박차를 가하고 있다.

대만기업은 대륙에 대한 투자 확대의 요인은 대만측의 푸시(push) 요인과 대륙측의 풀(pull) 요인으로 나누어볼 수 있다. 대만측의 요인으로서는 민저 도지 및 노동 비용의 상승 등 최근의 투지환경 악화를 들 수 있다. 예를 들어 일반공의 월급은 중국과 비교해 6~7배 높다.[11] 또한 최근의 중·대형 기업의 중국 진출이 중소 기업들의 대 중국 진출에 큰 영향을 끼치고 있다. 대륙측의 요인으로는 언어가 통한다는 것, 생활습관이 비슷하다는 것, 광대한 토지, 풍부한 자원, 저렴하고 무한대인 노동력, 교육수준의 상승으로 하이테크 인재를 공급받을 수 있다는 점, 중국이 「세계의 공장」으로 부상하면서 부품·재료 조달이 쉬워졌다는 점 등을 들 수 있다. 단 『언어가 통한다, 문화가 비슷해서 잘 될 거라는 것은 착각이다』(대북 컴퓨터업동업공회·장리(張梥) 부총간사)라는 지적과 함께, 현재 대만기업의 남들 따라하기 식의 무조건적인 대륙투자를 우려하는 목소리도 들린다.

한편으로는 거대한 중국시장의 개방에 대한 기대감도 있다. 현재 중국에서는 유통업에 대한 외자진출이 엄격하게 제한되어 있으나, WTO 가입으로 그 제한이 점진적으로 완화되고 있다. 그러나 기업들 사이에서는 시장 개방이 어느 정도 진척될 것인지에 대해 의문을 갖

는 사람들도 있다. 이 외에 WTO 가입에 따른 투자 환경의 개선, 행
정부분의 투명도 향상 등에도 높은 기대를 가지고 있다.

3. 우려되는 산업 공동화

(1) 최근의 대만 경제와 경제발전 전략을 둘러싼 움직임

26년 만에 마이너스 성장으로 돌아선 대만 경제

대만의 행정원(行政院) 주계처(主計處)는 2001년 4~6월 동안 경제
성장률이 마이너스 2.4%를 기록했다고 발표했다. 1975년 제2기 이래,
26년 만의 마이너스 성장이었다.[12] 행정원 주계처에서는 세계적으로
경기가 침체되고 있는 가운데, 국제적인 IT 제품의 수요 감소, 대외무
역의 부진, 주식시장의 부진, 실업자의 증가 등이 주요한 원인이었다
고 언급했다. 2001년 연중 전망도 마이너스 0.4%로 5월에 발표한
4.0%보다 대폭적으로 낮아졌다.

실업률도 2001년 5월 4.2%, 6월 4.5%, 7월 4.9%로 3개월 연속으로
사상 최고치를 갱신했다. 실업률은 1990년대 전반에는 1%대 후반,
1990년대 후반도 2%대 후반으로 다른 아시아 국가들과 마찬가지로 낮
은 수준이었다. 이렇게 계속해서 실업률이 높은 이유는 미국 경기침체
로 하이테크 산업이 불황을 맞아, IT 관련기업에서 고용 조정을 하고
있기 때문이다. 또한 최근에는 제조 분야의 대부분이 대륙으로 생산
거점을 옮기고 있는 것도 한 이유다. 제조업이 명목 GDP에서 차지하
는 비율이 1986년 39.4%를 정점으로 하여, 2000년에는 26.3%까지 내

려간 것도 대륙으로 생산시설이 이전되었기 때문이다.

「자신공업책진회」에 의하면, 2001년 1~6월의 정보통신 기기의 생산액은 전년 같은 기간에 비하여 13.0% 감소했다. 그 중 데스크톱 컴퓨터가 16.9% 감소했고, 노트북도 14.1% 감소했다. 2001년의 정보통신 기기 생산액은 전년대비 8.4% 정도 감소할 것으로 보인다.[13] 미국 경기의 침체로 인해 경기악화에서 회복하기란 쉽지 않을 것 같다. 행정원 주계처의 전망으로는 GDP 성장률이 2001년 3/4분기에는 마이너스 2.4%를 기록하고, 4/4분기부터 플러스 2.4%를 기록하면서 경기가 회복될 것이라는 의견이 많았다.

경기악화의 배경에는 정국의 불안정성도 있다. 제 4기 원자력 발전소의 건설 여부를 둘러싸고, 탕페이(唐飛) 행정원장이 교체되는 사태가 일어나고, 결국 천수이벤(陳水扁) 총통의 계획과는 달리 발전소의 건설 재개가 결정되었다. 여기에는 입법원(한국의 국회에 해당) 내 천 총통의 소속당인 민주당이 소수파이고, 국민당이 과반수를 차지하고 있는 것이 큰 원인으로 작용했다. 천 총통으로서는 2001년말의 입법원 선거에서 제1당의 자리를 확보하기 위해 고심 중이다.

미국 경기의 침체, 중국과의 긴장관계의 영향으로 침체기미에 있는 가권지수(加權指數, 대만의 주식지수)는 총통 취임 당시인 2000년 5월에는 9,000 포인트를 넘었으나, 탕 원장의 사임 당일에는 6,000포인트 대로 떨어졌다. 2000년 최종거래일에는 4,744포인트까지 떨어졌고, 2001년에는 경기 악화의 영향으로 9월 현재 4,500포인트 전후에서 움직이고 있다.

「계급용인」에서 「적극개방 · 유효관리」로

천 총통은 2001년 5월 18일, 취임 1주년 담화 중에 대만이 직면하고 있는 경제침체에 대해, 총통부에 초당파적인 경제발전자문위원회를 만들어, 총통의 직접 지휘 하에 여 · 야를 비롯한 학계 · 재계의 참여를 이끌어내 대응책을 검토할 것을 언급했다.[14] 대만 경제의 회복기조가 보이지 않는 가운데, 대만이 직면하고 있는 중대한 문제에 대해 5개 분과회를 열고, 같은 해 8월 24~26일에 전체 위원회를 개최, 322가지에 이르는 제언을 도출했다. 5개 분과회는 실업률 상승문제 위원회, 재정 악화문제 위원회, 산업경쟁력 저하문제 위원회, 양안 경제 관계개선 문제 위원회(양안 그룹), 투자환경 악화문제 위원회 등이다. 천 총통은 경제발전자문위원회에서의 제언에 대해 행정부문은 부결권을 가지고 있지 않은 점을 고려하여, 이 위원회의 결정을 절대적인 것으로 할 방침이다. 경제발전 자문위원회에서 양안 그룹은 현행의 「계급용인」 정책에서 「적극개방 · 유효관리」로 새롭게 방침을 내놓았다. 그 내용은 크게 4가지로 나눌 수 있다. 「계급용인」 정책의 완화, 양안의 자금유통 메커니즘 설립, WTO 가입과 3통, 대륙 사람들의 적극적인 대만 관광 유치 등 특히 「계급용인」정책의 완화는 대륙에 대한 투자[15] 증가의 요인으로 작용할 것이다. 구체적인 내용을 보면 5,000만 달러 이상의 對 대륙투자를 인정하고, 이 금액을 넘는 투자에 대해서는 개별적으로 심사한다. 그리고 산 · 관 · 학의 전문 연구팀을 만들어 정기적으로 대륙 투자를 개방하는 항목(산업과 품목)을 검토한다는 등의 내용이 포함되어 있다. 더욱이 투자의 안전성을 전제로 하면서도, 현행의 간접투자의 형태에서 직접투자로 이행할 것을 언급하고 있다. 양안에서 투자보호협정, 조세협정을 추진한다고 하는 제안도 있어, 매우 적극적이다.

양안의 자금유통 메커니즘 설립을 위해서는 OBU(Offshore Banking Unit, 해외시장에 개설된 은행)와 대륙지구 금융기관의 직접 거래를 허용한다는 것이다. 아울러 단계적으로 외화지정 은행과 대륙지구 금융기관이 직접거래를 허용한다라는 내용이 포함되어 있다. 또한 앞으로 대만의 금융 서비스업이 대륙에 지점이나 자회사를 설립할 수 있도록 하는 제안도 있다. 현재 대만 은행은 해외지점과의 거래를 할 경우 외국 은행의 대륙지점, 대륙 은행의 해외지점, 해외에서의 설립등기가 되어 있는 중국 자본의 은행에 한해서만 그 거래가 승인되었다. 이 제안이 실현된다면 대륙진출 기업에 큰 도움이 될 것이다. 대륙진출 중소기업 중에는 자금조달에 어려움을 겪는 곳이 많다.

「WTO 가입과 3통」에 대해서는 WTO 가입과 밀접하게 관련되어 있기 때문에, 후술하도록 하겠다.

대륙인들의 대만 관광유치 문제는 예전부터 논의돼오던 것이기는 하지만, 대만의 대륙정책을 주관하는 행정원 대륙위원회 관계자는 『양안에서의 실질적인 교섭을 하기 전에 시험단계로 실시한다』라며 이의 조기실현에 대한 의욕을 나타내고 있다.

그러나 이번의 제안에서는 구체적인 일정이 제시되어 있지 않고, 더욱이 법률개정이 필요한 사항에 대해서는 입법원의 승인이 필요하다. 천 총통은 전체 위원회 폐막에서 행정 부문에 대해 2주 이내에 집행계획을 제출하도록 요구하고 있다. 입법원은 2001년 9월 18일에 개최되었으나, 10월 말에서 11월 말까지의 선거 때문에 1개월 간 휴회되었다. 종친(鐘琛) 정무위원은 『선거가 끝난 12월에는 예산 결정에 중점을 둘 것이기 때문에, 11월 말까지 입법원을 통과해야 한다』고 언급하고 있다. 원래 심사할 예정인 법안에 경제발전자문위원회의 법안이 추가

되는 형식을 취하고 있기 때문에 입법원에서는 많은 법안을 검토하게 된다. 경제발전자문위원회의 법안을 우선적으로 심사하게 되었으나, 순조롭게 진행될지에 대해서는 계속해서 지켜볼 필요가 있다.

(2) 양안의 WTO 가입이 대만에 끼지는 영향

무역 · 투자에 대한 영향

대만지역은 중화민국으로서 GATT에 가입했으나, 1950년에 탈퇴했다. 그 후 1990년 1월 「대만(臺灣), 팽호(澎湖), 금문(金門), 마조(馬祖)」의 독립된 관세지역(Separate Territory of Taiwan, Penghu, Kinmen and Matsu)을 위한 정부로서 다시 WTO 가입신청을 하여, 교섭을 시작했다.[16] 양자 교섭의 경우, 2000년 4월 현재 홍콩을 제외한 29개 가맹국 · 지역과의 교섭을 끝마쳤고, 작업반 회의도 1997년 7월까지 공식적으로 10회가 열려, 대체적인 합의에 이르렀다.

그러나 1992년 GATT 이사회에서 확인된 「중선대후(中先臺後)」라는 중국이 WTO에 가입한 후 대만의 가입이 승인된다는 원칙에 따라 중국의 가입 교섭과정을 지켜보는 시기가 이어졌다. 최근 들어 중국의 가입교섭이 큰 진전을 보여, 2001년 9월 13일에 중국은 마지막 2국 간 교섭상대인 멕시코와 합의에 도달했다. 그리고 같은 해 9월 17일에 가입조건을 명기한 의정서 등 합의문서가 채택되었다. 이에 따라 대만의 제11회 공식작업반 회의가 9월 18일에 열리고, 최종합의에 이르러, 2001년 11월의 카타르 각료회의에서 중국에 이어 WTO 가입이 승인되었다.

대만 내에서의 WTO 가입에 대한 관심은 그다지 높지 않은 것 같다.

전술한 바와 같이 가입교섭은 실질적으로 종료되었음에도 불구하고, 가입을 위해 당국 및 기업에서 계속해서 조정을 해온 것, 중국의 가입에 시간이 걸려, 몇 번이나 실망한 것 등이 그 원인일 것이다. 그러나 실제로는 국제사회에서의 대만의 위상이 높아지고, 가입국·지역 간에서 최혜국 대우를 받을 수 있다는 점 등 많은 영향을 받게 될 것이다.

현재의 대만의 명목 평균관세율은 공업제품이 6.0%, 농산품이 20.0%이지만, WTO 가입 1년 후에는 각각 5.8%, 15.2%로, 최종적으로는 4.2%, 12.9%로 인하하도록 되어 있다.[17] 여기에 앞서 언급한 수입규제가 철폐되어, 중국에 최혜국 대우를 적용하면 대 중국수입은 농공업원료, 부품·반제품을 중심으로 틀림없이 격증할 것이다. 이에 따라 대만의 「달러박스 무역」이라고 불릴 정도로 많았던 대폭적인 대 중국무역 흑자는 감소할 것으로 보인다.

수출에서는 중국의 관세율 인하에 따라, IT 관련제품의 수출이 늘어날 것으로 보인다. 특히 2005년에 관세가 0%가 되는 컴퓨터, 통신기기 등 ITA(정보기술분야의 관세철폐에 관한 합의) 관련품목의 수출증대가 예상된다. 현지조달이 어느 정도 진척되는지에 달려 있지만, 중국이 「세계의 공장」으로 불릴 만큼 성장한 것으로 보아, 그 생산에 사용되는 부품·원재료의 공급이 증가할 것으로 생각된다.

또한 WTO 가입에 의해 중국에서의 투자 환경의 개선, 서비스 분야의 개방이 진행되기 때문에 대륙 투자는 늘어날 것으로 보인다. 현재의 대만경기 악화 속에 하나의 시류(時流)로 자리잡은 대륙으로의 생산시설 이전이 더욱 진척될 것이다.

특히 앞서 언급한 경제발전자문위원회의 제언에 기초하여, 대륙에 대한 투자규제 완화가 진행되면, 더욱 고도의 하이테크 분야에서의 투자, 5,000만 달러 이상의 대형투자가 허용되기 때문에, 지금까지 규제되었던 분야에서의 투자가 활발해 질 것이다. 그 외 WTO 가입으로 국내산업에서는 보호를 받아왔던 업종, 산업경쟁력이 없는 산업은 피해를 입게 될 것이다. 지역별 수입규제를 실시하고 있는 자동차 산업, 일부 차별적인 수입금지 조치를 취하고 있는 농업 등이 영향을 받을 것으로 생각된다.

WTO 가입과 「3통」

WTO 가입과 함께 의무적으로 실시해야 할 사항을 고려하면, 「3통」의 문제가 중요해진다. 통상부문 중의 하나인 무역에서 수출은 원칙적으로 개방하기로 되어 있기 때문에 문제가 되지 않지만, 대륙에 대한 수입규제는 WTO 최혜국대우 규정에 위반된다. 투자 면에서는 중국에서의 투자유치를 금지하고 있으나, 서비스 분야에서 「서비스 무역에 관한 일반협정(GATS)」에 근거해서 개방하도록 압력을 받고 있다.

단, 「계급용인」 정책에 기초한 대륙 투자에 대한 규제는 특별히 WTO 규정에 위배되는 것은 아니다. 통신에 있어서는, 직접통신의 금지가 「기본전기통신협정」에 위배된다. 통항에 있어서는 중국과의 직접통항(공운·해운)의 금지가, 아직까지는 WTO 규정에 위반되지는 않는다.[18] 이번의 경제발전자문위원회에서는 앞서 언급한 것과 같이 WTO 가입과 「3통」에 대한 대응방안을 제시하고 있다. 이에 따르면 WTO 가입의 진행 과정에 보조를 맞추어 양안의 직접무역, 직접통신을 실시한다. 대륙물품의 수입을, 적당한 정도로 확대할 것을 언급하고 있다.

그 외에도 양안의 통항을 적극적으로 추진시키는 것이 있다. 통항의 실현에는, 양안 협의를 전제로 하면서도 협의 실시 전의 간접통항의 불편함을 조금이라도 해소시키는 과도기적인 조치로서, 역외항운 센터의 기능과 범위를 확대하도록 하고 있다.

행정원 대륙 위원회 관계자는 구체적인 예로서 대만측의 항구가 고웅(高雄)에 한정되고 있으나 다른 항구에도 그 기능을 부여한다. 또한 고웅(高雄)에서는 제3지구에 대한 수출을 전제로 하고 있으나, 대만 내에 대한 통관을 인정한다는 등의 아이디어를 제안하고 있다.

또한 위원회의 관계자는 「소3통」에 대해서도 앞으로 계속 확대될 것을 시사하고, 금문, 마주에 각각 하나씩 항구를 늘려, 대륙에서 이 지역을 방문하는 것에 대한 조건을 완화할 것을 고려하고 있다고 말했다.

적지 않은 기업이 WTO 가입을 계기로 직항이 개설되기로 기대하고 있다. 수송경비를 절감하는 것 외에도 대만기업의 간부 중에는 대륙에 정기적으로 출장을 가는 경우가 있어, 직항이 되면 그 시간이 단축되는 것에 관심을 가지고 있는 것 같다.

이와 같이 양안에서의 규제가 서서히 철폐되어, 교류가 활발해질 가능성은 높다. 단, 경제개발자문위원회에서 도출된 제언의 시행이 앞으로 주목을 끌 수 있을지와 관련해서는 앞서 언급한 그대로이며, 「3통」의 해금에 대해서는 양안 간에서 정치적 협의가 필요한 경우도 많다. 그러나 정치 차원에서의 협의에 대해서는 전혀 예측할 수 없다. 또한 민간 중개기구인 「해협양안관계협회」와 「해협교류기금」과의 회장단 회담도 1999년 가을 이후, 아직까지 열리지 않고 있다.

(3) 산업공동화의 진전과 그 대응

위에서 살펴본 바와 같이 IT 분야를 중심으로 대만기업의 생산거점이 대륙으로 이전되고 있는 상황에서 WTO 가입이 실현되고, 경제발전자문위원회에서의 양안위원회의 제안이 실시된다면 대만의 산업공동화의 가능성은 더욱 높아진다. 실제로 많은 제품에서 대륙에서의 생산 비율이 높아지고 있다.

현재의 대만기업들은 제품개발, 마케팅, 세일즈 등의 분야는 대만에 남기고, 중국에서 생산하다는 구도를 세우고 있는 것 같다. 대형 IT 관련기기 생산업체인 건바오(金寶) 전자의 치우핑허(邱平和) 부총경리는 『대만에는 연구개발, 마케팅 같은 분야를 남겨서, 헤드쿼터(head-quater)적인 역할을 하기를 기대한다』고 말했다. 양안의 이러한 분업

〈표 11-3〉 대만기업의 각종기기의 생산지 비율(2000년) (단위: %)

제품명	대만 내	중국대륙	기 타
키보드	5.0	86.0	9.0
마우스	5.0	95.0	0.0
SPS	5.0	90.0	5.0
스캐너	14.3	85.2	0.5
데스크톱 컴퓨터	16.0	45.0	39.0
모니터	19.0	60.0	21.0
케이스	20.0	71.0	9.0
CD/DVD/RW	21.6	67.7	10.7
UPS	37.0	60.0	3.0
DSC	49.4	34.4	16.2
마더보드	53.0	45.0	2.0
그래픽카드	80.0	20.0	0.0
노트북 컴퓨터	93.3	0.0	6.7

자료 : MIC 경제부 IT IS계획 · 2000년 11월

체제는 앞으로도 강화될 것으로 생각된다.

한편 대만에서 계속해서 생산을 하는 산업도 있다. 8인치, 12인치 웨하의 반도체 생산은 몇 년 간 우위를 지킬 것으로 생각된다. 중국에서는 아직 6인치 웨하가 주류로, 기술수준이 크게 차이가 난다. 이 외에도 노트북, TFT-LCD 등의 생산도 유지될 것이다. 그러나 대만종합연구소 산하 제4연구소(전략과 국제)의 양즈환(楊志恒) 부소장은 앞날을 우려하며, 「노트북, TFT-LCD도 점차 대륙으로 이전될 것이다」라고 말하고 있다. 양 부소장은 「대만기업 기술자가 공업기술연구원 등으로부터 배운 것처럼, 중국의 우수한 기술자가 대만기업에서 배워, 독립할 가능성도 있다」고 우려하고 있다.

대만 당국은 금후 10년을 목표로 지식과 정보의 발행, 전달, 이용을 기초로 하는 지식경제 시대를 확립하고, 로지스틱스 센터로서의 기능을 높이는 것 등을 목표로 하고 있다.

대만의 경제정책을 통괄하는 행정원 경제건설위원회가 2000년 8월에 발표한 「지식경제발전 플랜」에 의하면 10년 후 대만 전체의 연구개발비가 GDP의 3%를 차지할 것을 목표로 하는 등 연구개발 메커니즘의 정비, 벤처캐피털 사업과 신규사업 발전을 위한 환경정비를 실현하려고 노력하고 있다.[19] 그리고 2001년 1월에는 57개에 이르는 구체적인 계획이 발표되었다. 또한 동 위원회는 「글로벌 로지스틱스 발전계획」을 발표하여, 전자상거래, 물류, 인프라 시설 부문에서의 개선을 꾀하고, 대만기업이 글로벌 경쟁에서 우위에 설 수 있는 환경을 조성하는 데 힘쓰고 있다.[20]

이 외에 이번의 경제발전자문위원회에서도 산업 공동화에 대한 대응을 의식한 제언이 언급되었다. 산업경쟁력 저하문제 위원회에서는 재래형 산업의 경쟁력을 높여, 세제상의 혜택을 줄 수 있는 환경을 정비하여 하이테크 산업의 발전을 자극해야 한다고 한다. 또한 투자환경 악화문제 위원회에서도 용수와 전력의 안정적인 공급을 꾀할 것, 행정 효율을 높일 것 등의 제언을 하고 있다. 이러한 노력들은 특효약은 아니지만, 장기적으로 효과가 기대되는 것으로서, 앞으로 계속해서 지켜 볼 필요가 있다.

현재의 중국의 장점을 고려해볼 때, 대륙진출을 진행하는 것은 자연스러운 것이다. 「띵양궈지(町洋國際)」의 총경리는 『세계 각국이 중국으로 생산기지를 이전하고 있는 상황에서, 국제 경쟁력을 키워 외자계 기업의 중국 진출 파트너가 될 수 있는 좋은 기회』라고 말했다. 시류의 변화에 따라서 비즈니스 기회를 발견하는 대만기업의 뛰어난 상술을 잘 나타내주는 말이다. 이러한 대만기업가의 유연성·적극성이 있다면, 경기 악화, 경쟁 격화의 사회에서 새로운 발전 영역을 찾아낼 가능성은 부정할 수 없을 것이다.

|12| 홍콩 ─ 중요성을 더해가는 중국의 서비스 센터

사이도우 히로후미(劑藤浩史)

홍콩은 1980년대 후반 이후 대외적으로 개방된 중국 광동성의 주강 델타 지역(이하 주강 델타)에 제조업의 생산거점을 차례로 이전시켰다. 또한 1990년대에 들어서는 무역관련 물류기능과 기업의 자금조달을 위한 금융기능이 중심이 된 서비스 생산거점으로도 변화해왔다.

본 장에서는 중국의 개혁개방을 계기로 중국의 서비스 센터로서의 기능을 강화시킨 홍콩 경제의 실태와 중국 경제의 국제화에 대한 대응방안을 1990년대 이후 산업집적을 강화시킨 주강 델타와의 분업체계, 홍콩에서 중국 투자기업의 자금조달 방법의 변천, 서비스 경제화를 이룬 홍콩의 생존전략과 중국의 WTO 가입에 대한 대응의 3가지 측면을 통해 논의해보고자 한다.

1. 주강 델타의 서비스 센터로서의 홍콩

(1) 1990년대에 급속도로 진행된 서비스경제화

1990년대에 들어 중국의 개혁개방이 가속화되어 홍콩에서는 경제의 서비스화가 한층 더 강화되었다. 1980년대에는 가방이나 신발 등 주로 경공업품의 생산거점을 주강 델타로 이전하여 이곳에서 생산한 제품을 다시 판매하는 재수출의 형태가 증가해왔다. 1990년대 말까지는 AV 기기, 사무용 기기, 전기기계 등의 제품에서도 생산거점이 이전되어 1998~99년경까지는 전체 품목 중 절반에 해당되는 품목들의 생산거점이 중국으로 이전되었다. 홍콩의 수출통계를 보면,[1] 수출 총액에서 점하는 재수출의 비율이 1990년 당시 64.7%였으나 2000년에는 88.5%로 증가했다.

이에 따라 홍콩에는 1990년대에 들어 급속도로 경제의 서비스화가 진행되었다. 홍콩의 GDP에서 차지하고 있는 제조업의 비율은 1989년의 18.3%에서 1999년 5.5%로, 제조업 종사자도 79만 명에서 36만 명으로 크게 감소했다. 경제성장률에 대한 기여도를 보면 1980년대에는 상품 및 서비스 무역수지 중에서 상품 무역수지의 기여도가 서비스무역수지를 크게 상회하고 있었으나, 1990년대에 들어서는 상품무역수지의 기여도는 마이너스가 되어 경제성장률을 억제하는 요인이 되었다.[2] 이에 반해 서비스 무역수지의 기여도는 1992~96년에 걸쳐 플러스를 기록했다. 서비스 수출(교통, 여행, 보험, 금융, 무역관련,[3] 등)의 서비스 무역수지에 대한 기여도를 보면 1995년 이후, 무역관련 기여도가 높게 나타나고 있다. 한편 서비스 무역흑자의 확대와는 대조적으로

1990년대의 재수출의 증가율은 1980년대에 비해 둔화되었다.

이와 같이 현재 홍콩은 역내 제조업이 거의 존재하지 않지만 지리적으로 근접해 있는 가공제조기지와 주강 델타의 무역관련 서비스 기지로서의 기능을 계속하고 있다. 홍콩의 서비스 기능에는 주로 위탁가공[4]의 의뢰처, 수출입 재선적 등의 물류, 국제적으로 이용되는 부품 및 원자재의 조달이 있다. 이 중에서 노동집약형의 생산공정을 근접한 주강 델타로 옮기고 홍콩은 무역에만 특화하는 위탁가공형 무역을 통해 서비스 경제화가 실현되었다고 할 수 있다. 홍콩기업이 1980년대 이후 위탁가공 무역을 실시하고부터 주강 델타에 진출하는 많은 외자계 기업이나 중국기업두 홍콩에 자회사나 지부(支部)를 두어 위탁가공 무역을 실시하게 되었다.

위탁가공 무역이 발전함에 따라 재선적과 같은 물류기능이나 부품 및 원자재의 조달과 같은 역할이 점차 중요성을 더해가고 있다.[5]

(2) 주강 델타의 물류 센터로서의 홍콩

홍콩의 통계에 의하면 홍콩기업이 의뢰하는 위탁생산의 90% 이상이 항상 광동성에서 이루어져왔다. 이것을 도시별로 확인해보면 1998년까지 심천이 항상 1위를 차지해왔으나 1998년 이후 동완(東莞)이 1위가 되었다(1999년은 심천이 34.5%, 동완이 34.6%, 그 외의 광동성 지역이 27.9%).[6] 이것은 정보기술(IT) 제품수요의 확대에 따라 동완에 주재하고 있는 컴퓨터 관련기업에 생산을 위탁하는 경우가 늘어났기 때문이다. 1998~99년부터 IT 관련산업이 급성장하면서 저렴한 하드웨어 생산이 중국에서 이루어지는 경향이 강해지고 있는데, 이는 즉 휴대전화나 컴퓨터 관련(대만계 기업) 정보통신 기기 제조업체가 중국으로 모여들었기 때문이며 특히 이러한 기업들이 주강 델타에 진출했던 것이다.[7]

이러한 이유로 정보통신 기기의 가격은 제품 특성에 의해, 기술적 또는 시장요인에 의해 급속도로 하락하는 경향이 있기 때문에 리드타임의 단축이나 거래비용의 절감이 요구되고 있다. 주강 델타는 광동성 외의 지역에서 유입된 저렴한 노동력을 보유하고 있으며 유연한 고용조정이 가능하다. 또한 부품이나 중간재의 수입과 완성품의 수출에 적합한 항만시설, 공항 인프라와 효율적인 물류기능을 지닌 홍콩에 근접해 있다는 장점을 가지고 있다. 주강 델타의 제조업이 발전하고 여러 기업들이 집적하게 된 것은 서비스 거점으로서 기능적 우위를 지닌 홍콩에 의해 가능하게 된 것이라고도 말할 수 있다.

주강 델타의 정보통신 기기 관련공장에서는 리드타임의 단축이 요구되고 있고 반도체 등 하이테크 장치의 공급은 아시아나 미국 등 제3국(지역)에 의존하고 있다. 한편 제품의 주요 판매처는 일본과 미국, 유럽인데, 그 때문에 이를 위해 생산지(주강 델타), 공급자, 최종시장을 일관수송 체제에 의해 효율적이고 신속하게 연결시키는 홍콩의 운송업자가 일반적으로 이용되고 있다. 최근 홍콩에서는 세관을 경유하지 않는 일관수송이 점차 확산되고 있어 홍콩의 관세통계상 무역액은 감소하는 경향이 있다.

예를 들어 홍콩의 중국산 제품의 재수출과 광동성의 수출 내 수출상위 품목은 대부분 중복되지만 광동성의 주요 수출품목인 컴퓨터 및 관련부품은 홍콩의 통계에서 9위에 그치고 있다. 이것은 컴퓨터 및 관련부품 수출의 대부분이 홍콩의 세관을 경유하지 않고 직접 제3국(지역)

으로 수출되고 있기 때문이다. 광동성에서 제3국(지역)으로의 직접수출이 증가하는 것은, 홍콩의 「트랜십먼트(transshipment)」의 증가,[8] 또는 심천의 염전항(鹽田港)과 같은 중국 내 항만에서 거래되는 물품의 양이 증가된 것과 연관이 있다. 하지만 현재 중국 내 항만에서 일을 처리하는 데에는 시간이 걸리기 때문에 리드타임의 단축이 필요한 중량 단위당 수송비용 절감의 효과가 큰 품목일수록 홍콩의 항만과 공항을 이용한 일관수송 체제로 수송되고 있는 것이다. 특히 홍콩에서는 1995년 이후 수송수단에서는 항공수송이, 품목별로 살펴봤을 때에는 컴퓨터 관련기기 · 부품 분야에서 대 미국 재수출이 증가하고 있다. 한편, 대만, 한국 등에서의 전자부품 수입이 활발히 이루어지고 있다. 또한 항공수송이 확대됨에 따라 홍콩과 주강 델타 간 육로를 이용한 수송도 증가하고 있다. 더욱이 홍콩은 해운화물의 거래량이 세계 1위이며, 항공수송에서도 제2위, 아시아에서는 1위의 거래량을 기록하고 있다.

(3) 주강 델타의 국제부품 및 원자재 조달 센터로서의 홍콩

1999년 후반부터 주강 델타의 정보기술(IT) 관련산업의 생산확대에 의해 홍콩은 지금까지의 가공무역 수출기지로서의 역할뿐만 아니라 전자부품의 국제조달 센터라는 새로운 역할을 이행하기 시작했다.

홍콩에서 국제조달을 실시하는 움직임은 자사 브랜드를 가지고 주강 델타를 포함한 세계 각지에서 생산하고 있는 홍콩과 대만계 공급업자나 해외로부터 부품을 조달하고 있는 기업에게서 뚜렷하게 나타나고 있다.

그러한 기업에 있어 정보 · 통신, 무역 · 물류 인프라가 잘 정비되어 있고 또한 근접한 지역(주강 델타)에 부품산업이 집적되어 있는 이점을 가지고 있는 홍콩은 세계에서도 가장 효율적이고 저렴한 가격에 부품이나 중간재를 조달할 수 있는 곳이라 할 수 있다. 그리고 조달된 부품이나 자재들을 생산 거점으로 운송할 수 있는 지역이기도 하다.

최근에는 부품의 종류가 다양한 IT 산업의 생산이 확대됨에 따라, 홍콩을 광범위하고 종합적인 부품조달이 가능한 국제부품자재조달사무소(IPO)의 거점으로서 재인식하려는 움직임이 나타나고 있다. 또한 홍콩뿐만 아니라 부품과 자재의 보관이 가능한 심천 내 보세지역(관세의 부과가 보류되는 지역)을 이용하여 IPO를 설치하는 기업도 늘어나고 있다.

이러한 배경에는 AV 기기, 가전제품, 사무용기기 등의 경우 70~90% 이상의 부품을 주강 델타에서 조달 가능하게 된 점, 생산현장으로부터 가까운 장소에서 부품 및 자재조달을 실시할 필요가 있다는 점, 홍콩만큼은 아니지만 심천의 항만 인프라가 향상된 점 등을 지적할 수 있다.

향후에도 주강 델타에서 가공 및 제조를 실시할 제조업체들은 홍콩과 주강 델타 양 지역에서 효율적인 분업체계를 모색할 수 있다.

지금까지 살펴본 바와 같이 최근 수년 간 홍콩과 주강 델타와의 분업관계에서 생산은 주강 델타가, 그 밖의 서비스 기능은 홍콩이 분담하는 구도가 선명하게 나타나고 있다.[9] 따라서 세계의 공장이라고 불리는 중국의 중핵지역인 주강 델타의 서비스 센터로서의 홍콩의 역할은 한층 더 강조되고 있다.

2. 중국계 기업의 자금조달 거점으로서의 홍콩

홍콩은 가공 및 제조에 대한 서비스를 제공해주는 것은 물론, 기업의
자금조달을 위한 금융 서비스 거점의 역할도 하고 있다. 중국의 개혁개
방이 가속화되는 가운데 자금조달에 있어서 홍콩에 주재하고 있는 홍
콩계 중국기업의 역할이 점차 그 중요성을 더해가고 있다.

(1) 무역기업으로부터 자금조달기업으로: 1998년 이전의 중국자본 기업

중국의 개혁개방 정책이 시작된 79년에는 홍콩계 중국기업이 122개
사였으나 대부분의 기업들이 중국과의 무역에 종사하고 있었다. 그 후
이 기업들은 1989년 당시 2,500개사로 크게 증가했으나 1989년의 중
국 정부에 의해 정리되어 1991년에는 1,500개사 정도[10]로 감소했다.

덩샤오핑의 「남순강화(南巡講話)」 정책에 의해 대 중국투자 붐이 일
어났던 1992년 이후의 홍콩계 중국기업의 가장 큰 특징은 홍콩에서 자
금을 활발히 조달했다는 점이다. 중국기업이나 기관들이 출자한 비율
이 35% 이상인 상장기업들의 주가지수인 「한센중국기업지수」를 구성
하는 기업들은 1993년 당시 24개사였으나 1998년 말에는 47개사로 증
가했다. 또한 중국자본의 소유 비율이 35% 미만인 상장 중국자본 기업
을 대상으로 하는 「중국개념기업(中國槪念企業)종목」 수는 1992년의
13개사에서 1997년에는 92개사(홍콩상장기업의 14%)로 늘어났다. 여
기에 중국기업의 홍콩 상장종목인 H주를 더하면 128개사(총 홍콩상장
기업 수의 약 20%)가 되며 시가총액에서도 전체의 20%이상의 점유율
을 기록하게 되었다. 또한 1992년 이후에는 비상장기업도 활발한 자금

조달 활동을 보여주면서 영업이나 사업이 목적이 아닌 단지 자금조달에 신경을 쓰는 경향이 강해졌다. 홍콩계 중국기업의 자금조달 방법은 크게 주식발행과 차입의 두 가지로 나뉘어지는데 일반적으로 홍콩시장에서 주식을 발행하는 기업(레드칩)과 H주기업이 전자에 해당되며 차입을 주로 하는 중국 논 뱅크의 홍콩 내 비상장기업은 후자에 속한다.

1992~93년 여름부터 홍콩계 중국기업의 「리코우(裏口)」 상장(기존의 상장기업을 매수하여 사실상 새로운 자금조달효과를 얻음)이 활발하게 이루어졌다. 홍콩이 중국에 반환된 1997년에는 주식시장에 일시적으로 레드칩 붐이 일어나 상장기업이 증가했고 주식발행에 의한 기업들의 자금조달도 크게 늘어났다. 홍콩계 중국기업은 홍콩의 주식시장에서 1993~97년 동안 총 미화 238억 달러를 조달했다. 또한 1992년경부터 차입에 의한 자금조달도 늘어나 1998년 말 광동국제신탁투자공사(GITIC)가 파산할 때까지 지속되었다. 홍콩 금융관리국에 의하면 1998년 9월 말 시점에서 홍콩 주재 은행들이 레드칩을 대상으로 대출한 자금과 논 뱅크의 홍콩 내 비상장기업에게 대출한 자금은 총 미화 360억 달러(2,780억 홍콩 달러)에 달한다. 게다가 차입기간이 3~5년인 장기대출금이라는 점에서 1994년 이후 매년 연평균 70억 달러에 달하는 자금을 차입했다고 할 수 있다.

(2) 단순한 자금조달기업에서 대형실 무기업으로 : 1998년 이후의 홍콩계 중국기업

1997년 레드칩 붐은 같은 해 10월 아시아 통화위기에 의해 식어버렸다. 홍콩계 중국기업은 1997년에 홍콩의 주식시장에서 미화 153억 달러의 자금을 조달했으나, 1998년에는 조달액이 미화 24억 달러로 크게 줄어들었다. 한편 차입은 1997년 10월 이후에도 지속되었다. 외환관리가 강화된 1998년 가을 이후 광동국제신탁투자공사(GITIC)가 파산하여 중국 내 논 뱅크와 홍콩계 중국기업들의 채무불이행 사태가 계속되었다. 이러한 배경에서 1998년 가을부터 1999년까지 홍콩계 중국기업들의 차입을 통한 자금조달이 곤란하게 되었다. 또한 1998년 중국의 외환준비고 확보가 어려워져 1993~95년 당시 차입했던 금액의 상환기간이 다가오게 되자, 채무자가 무리를 해서라도 외화를 조달하게 되는 결과를 낳게 되었다.

하지만 2000년에 들어와서 홍콩계 중국기업의 자금조달이 증가하고 있다. 주식시장에서는 1999년부터 기업들의 자금조달액이 늘어나기 시작했고 2000년 6월에는 중국연합통신(유니콤)이 새롭게 레드칩으로 상장했다. 보도에 따르면 유니콤은 1997년의 레드칩 붐 당시 약 미화 42억 달러를 조달한 것으로 알려진 종궈뎬신〔中國電信, 현재의 종궈이통(中國移動)〕을 상회하는 미화 50억 달러에 가까운 자금을 조달했다고 한다. 그리고 2000년 11월에는 종궈이통이 중국 내 휴대전화 네트워크망을 형성하기 위해 미화 230억 달러의 신주발행을 실시했다. 홍콩계 중국기업의 홍콩 내 자금조달 액수는 당시 급격하게 규모가 축소되었던 1998년도 상황과는 크게 달라져 1999년에는 미화 252억 달러, 2000년은 미화 440억 달러에 이르게 되었다. 또한 H주에서도 중국 석유천연가스가 2000년 4월 상장하여 10억 홍콩 달러 이상의 금액을, 계속해서 10월에는 「중국석탄화공」이 상장을 통해 10억 홍콩 달러 이상의 자금을 조달했다.

한편 1998년 말 GITIC가 파산하자 대출을 꺼려했던 외국은행과 홍콩의 은행들은 2000년부터 중국기업의 재무상태가 개선되었다고 판단하여 융자 서비스를 개시하려는 움직임이 보이기 시작했다. 대외경제무역합작부 계열의 「화원창예(華潤創業)」, 해운의 「종쑤(中速)홍콩」, 「상항이시예(上海實業)」 등의 중앙정부 산하 기업이나 무역, 인프라 관련기업을 대상으로 한 대출실적이 눈에 띈다. 하지만 홍콩 내 비상장 기업들이 구조조정을 실시하고 있어 지방정부 산하기업을 대상으로 한 대출은 저조한 편이다.

이상과 같이 홍콩계 중국기업의 주식발행과 차입의 움직임을 보면 WTO에 가입하기 전에 다국적 기업과 동등하게 경쟁할 수 있는 기업을 육성하려는 중국 정부의 의도, 즉 「지방우대가 아닌 산업우대로」의 산업육성 정책이 금융분야에서도 일어나고 있는 것을 알 수 있다. 1998년 이전에는 홍콩에서의 자금조달 목적이 중국의 지방에 산업시설(인프라)을 건설하기 위한 것이었으나, 현재는 중국에 사업기반을 두고 있는 기업이 자금을 마련하기 위해 홍콩이라는 시장을 이용하고 있다. 또한 이러한 경향은 주로 석유화학 관련기업이나 통신관련 기업 등 대형기업을 중심으로 진행되고 있다는 특징이 있다.[11]

(3) 홍콩을 사업전개의 거점으로 하는 홍콩계 중국기업

중국시장에서 성장한 제조업기업은 홍콩을 자금조달처뿐만 아니라 부품과 원자재조달 및 국제적인 사업을 전개할 거점으로도 인식하고 있다. 현재 롄샹, TCL, 베이따팡증 등이 홍콩법인의 지주회사를 홍콩 주식시장에 상장하고 있고, 중국의 AV, 가전, PC, 통신분야 제조업체의 대부분도 홍콩에 자금조달, 판매, 구매(부품구매), 기술개발, 전자상거래, 투자, 지주회사 등의 거점을 두고 있다(〈표 12-1〉). 또한 중국의 제조업체는 판매뿐만 아니라 해외의 생산위탁 의뢰기업을 개척하기 위해 홍콩에 지부(支部)를 두고 있다. 이와 같이 중국의 제조업체와 위탁의뢰처인 외국기업이 물류나 재무(결제) 등의 면에서 우수한 홍콩의 서비스를 향유하고 있는 것이다.

또한 주강 델타에 주로 생산 거점을 두고 있는 중국기업들 중에서는, 해외에서 주강 델타에 진출한 외자계 제조업체와 같이 홍콩을 부품 및 원자재 조달처, 그리고 해외로의 수출거점으로 인식하는 기업들이 늘어나기 시작했다. 예를 들어 북경과 홍콩에 본사를 두고 주강 델타지역에는 주요 생산시설을 둔 렌샹은 1994년에 홍콩 본사를 상장시키고,[12] 그 산하에 있는 홍콩법인이 부품 및 원자재 조달, 유통, 시스템 서비스 등을 담당하고 있다. 또한 2001년에는 외국 브랜드 IT 제품 판매, 네트워크 제품개발·판매 등을 담당하는 기업으로서「디지털 차이나」를 분리상장했다. 그리고 주강 델타의 혜주(惠州) 및 심천(深圳)을 주요 제조거점으로 하는 TCL은 1999년 조직재편을 통해 홍콩에 지주회사인 TCL 궈지콩구(國際控股)[13]를 홍콩시장에 상장시키고 부품 및 원자재조달과 판매부서를 산하에 두고 있다. 그 밖에 중국의 생산공장뿐만 아니라 베트남 등의 해외공장도 설립했다. 중국의 WTO 가입에 따른 중국 제조업체의 해외사업 전개는 더욱 가속화될 것으로 예측되는 가운데 홍콩을 각종 사업을 위한 거점으로 활용하는 사례는 늘어날 것으로 보인다.

한편 WTO 가입에 의해 외국계 금융기업과 경쟁하게 될 것으로 보이는 중국의 금융업계도 홍콩을 이용한 경쟁력 제고방안을 모색중이

출자	홍콩법인 명칭	업무	출자비율(%)	진출시기	주요 취급제품
康佳	康佳香港	전자제품무역	100	1998	CTV, 백색가전 등
	香港康電投資	투자	100	1998	
	香港康電貿易	전자제품무역	100	1998	CTV, 백색가전 등
TCL	TCL實業控股(香港)	홍콩판매	100		가전
	TCL國際控股	홍콩지주회사	(51)	1999 1999.11상장	
	TCL電子(香港)	홍콩판매	(100)*	1993	CTV
海爾	香港海爾	정보센터(무역·기술개발)	100	1995	전자제품
格力	格力集團(香港)	수출	100	1988.8	에어컨 등
	香港鬪績(格力)	영업·판매			
連想	連想集團有限公司) (Legend Holdings	홍콩지주회사	61	1998	
	連想電腦系統有限公司 (Legend Computer System)	구매대리·유통	(100)	1994	컴퓨터
	連想專業系統有限公司 (Legend Expert Systems)	유통·시스템 서비스	(80)	1995	컴퓨터
	連想科專線路有限公司 (Legend Techwise Circuits)	구매대리·유통	(75.5)	1994	인쇄회로
	Quantum Designs (H.K.)	구매대리·유통	(100)	컴퓨터	
	Didital China	외국제품의 유통·네트	51	2000.1 2001.6 상장	시스템, PC
	連想集成系統有限公司 (Legend Advanced Systems)	유통·시스템 서비스	(100)	1999	시스템, PC
	連想科技發展有限公司 (Legend Technology)	구매대리·유통	(100)	1999	컴퓨터
長城	Kaifa Technology	홍콩지주회사	100	1992	
	Broadate(HK)	영업·판매	100		PC, 부품
北大方正	方正控股 方正(홍콩)	홍콩지주회사 영업·판매	(62%)**	1999 개편·상장 1992 (95.12 상장)	PC 소프트
	EC-Founder (Holdings)	전자상거래		2000. 9 裏口 상장	시스템 제안 등
華爲	華爲(홍콩)	영업·판매	100	1997	통신설비

주: 1. 출자비율은 중국 메이커의 것이지만, 반드시 본사의 출자라고는 할 수 없다. 상장기업의 출자비율은 상장시 비율. ( )는 홍콩법인의 산하 기업에 대한 출자 비율

　　2. *TCL電子(홍콩)는 TCL實業控股(홍콩)─ 출자 회사인 TCL國際控股의 출자회사

　　3. **은 方正(홍콩)이 상장할 당시의 출자 비율. 이 회사는 99년의 개편으로 지주회사에 참가하게 되었고, 이 지주회사가 方正 대신 상장기업이 되었다.

자료 : 각사 홈페이지 및 청취조사로 JETRO 홍콩이 작성

다. 중국은행은 1999년 말 외환거래 부문을 북경에서 홍콩으로 이전시켰으며, 2000년 7월에는 종궈공상(中國工商)은행도 마찬가지로 홍콩에 따로 외환부서를 두었다. 또 종궈은행은 2001년 중에 홍콩 등으로의 해외상장을 준비중이며,[14] 다른 국유상업은행들(工商, 建設, 農業)도 홍콩 은행매수를 통해 홍콩지점 및 자회사를 확충하려고 하는 등 머지않아 이들 기업도 홍콩에 상장할 것으로 보여진다.

3. 홍콩의 산업진흥책과 중국 WTO 가입의 영향

(1) 홍콩의 산업진흥책

중국의 개혁개방을 계기로 시작된 홍콩 경제의 서비스화는 자산 인플레이션을 유발하게 되었다. 즉 서비스 산업을 담당할 인재의 부족으로 인한 임금상승으로 인플레이션이 발생하는 한편, 이자율 인상이 억제되어 실질금리가 극히 낮은 수준이었기 때문에 자금이 부동산이나 주식시장에 유입되어 자산가격의 상승을 초래한 것이다. 하지만 1990년대를 통틀어 경제성장을 뒷받침해주었던 신공항건설을 포함한 각종 공공사업이 1998년까지 중지되었고 아시아 통화위기 당시에 금리가 급등함에 따라 주가는 급락했다. 또한 부동산투자도 줄어들어 부동산 가치도 떨어지게 되었다. 이러한 요인들로 인해 소비도 크게 줄어들고 건설·상업부문에서 실업이 늘어났다. 홍콩에서는 경기침체 현상으로 인해 부동산가격의 상승과 다수의 고용창출도 기대할 수 없었다. 무역 관련 서비스나 금융업을 보완하는 새로운 산업을 창출하고 이를 통한 노동력 흡수효과를 실현하기 위해 홍콩은 1997년 이후 둥젠화(董建華) 행정장관의 지휘 하에 중장기적인 산업진흥책[15]을 내놓았다.

홍콩은 1990년대 동안 제조업의 부가가치화와 서비스업으로의 경쟁 정책을 주요과제로 했으나[16] 둥 행정장관은 1997년 10월에 발표된 시정보고에서 홍콩을 이노베이션(innovation)과 첨단과학기술의 센터로 발전시킬 구상을 밝혔다. 이에 기초해 둥 행정장관은 1998년 3월에 「창신(創新)과학기술위원회」를 특별 신설했다. 1999년 6월에 보고된 최종안에 따르면 정부기구 개편, 이노베이션·과학기술기금과 응용과학기술연구원을 설립하고 홍콩사이언스파크·홍콩공업단지·홍콩공업과학기술센터의 통합, 홍콩에서의 인재육성·중국 및 해외로부터의 인재유치, 인큐베이션 프로그램이나 중소기업의 연구비 지원 등 이노베이션과 과학기술의 진흥을 제안했다.

이러한 제안은 실제로 홍콩 정부의 여러 가지 구체적인 시책에 반영되고 있다. 특히 정보기술 산업에 있어서 홍콩 정부는 정부기구의 개편[17]에 의해 1998년 4월 정보기술·방송국을 설립했다. 여기서는 1998년 11월 홍콩의 정보기술 정책의 장기적인 계획이라고 할 수 있는 「디지털 21 신세기 정보과학기술」전략을 발표하여 행정서비스의 네트워크화를 통한 전자정부의 실현, 전자서명인증의 추진, IT 기술자의 육성, IT 산업의 육성[50억 홍콩 달러의 창신(創新) 기술추진기금의 설립]을 제안하는 등, 2002년까지의 계획을 언급했다.[18] 계속해서 1999년 3월의 재정예산연설에서는 IT 진흥책의 일환으로써 홍콩을 IT 허브로 육성시키기 위해 관·민 협동의 사이버포트계획을 발표했다.

이러한 정책이 어느 정도로 그리고 어떤 형태로 실현될 것인지는 앞으로 지켜볼 수밖에 없지만 최근 인터넷을 활용한 미국 전자상거래

(B2C)의 사례에서 확인할 수 있듯이 정보기술은 기존의 경제체제(소프트웨어개발을 포함한 제조업 등)에 속하는 기초연구, 시장조사, 제품개발, 원재료 조달, 판매의 각 단계에 활용돼야만 그 진가를 발휘할 수 있는 것이다. 또한 조직이 커지면 커질수록 정보기술을 활용함으로써 얻을 수 있는 효과는 커진다고 한다. 하지만 홍콩에는 제조업이 존재하지 않는다고 할 수 있다. 기존 제조업체도 중소기업이며 더욱이 자사 브랜드가 극히 적어 해외로부터 위탁된 생산을 하는 기업이 대부분이며 홍콩의 연구·개발투자는 극히 적다.[19]

(2) 광둥성과 연대를 강화하는 홍콩

둥젠화 행정장관은 2000년 가을 시정보고에서 광동성과의 연대강화를 강하게 주장하고 있다. 2001년 3월 예산안 발표시에 홍콩의 재정장관은 『중국의 WTO 가입과 서부개발에 의해 생겨난 기회를 포착·활용하고 동시에 인적자원을 개발하여 국제금융, 고부가가치 서비스 센터로서의 역할을 강화하자』고 했다. 하지만 중국의 WTO 가입은 「중국의 현관」으로서의 홍콩의 역할 및 기능을 약화시킬 수 있다는 의견도 나오고 있다. 홍콩 재정장관은 외국과의 직접적인 경제관계가 급속도로 진행되고 있는 화동(華東)이나 화북(華北)이 아닌 『무역과 투자에서 홍콩의 기능을 더욱 더 필요로 하는 광동성, 특히 주강 델타와의 협력을 강화하여 분업체제를 좀더 확실히 다져 아시아에서의 비교우위를 확보할 필요가 있다』고 주장했다. 이것을 반영하여 2001년 7월 말 홍콩에서 개최된 제4회 홍콩·광동성 협력합동회의에서는 통관협력, 남사(南沙) 지역의 발전, 홍콩·주강 델타의 공항협력, 환경보호협력,

관광분야에서의 관계강화 등 구체적인 사항이 검토되었다.

이 회의에서는 남사 지역의 물류 인프라, 인재육성과 교류, 하이테크 산업의 육성에 관한 구체적인 협력 가능성을 모색하고자 하는 인식이 대두되었다. 이렇게 양 정부 간에 교류가 급속하게 진행된 배경에는 급속도로 경제성장하고 있는 화동이 자리잡고 있다. 빠른 속도로 양 지역을 쫓아오고 있는 화동에 대해 홍콩과 광동성의 각 지방정부 당사자들은 위기감을 느꼈을 것이다. 요컨대 홍콩과 광동성이 상호간의 연대를 강화하고 홍콩과 주강 델타를 중심으로 하는 화남(華南) 경제권의 가치를 좀더 높이기 위한 의도를 확인할 수 있다고 하겠다.

(3) 중국의 WTO 가입이 홍콩에 미치는 영향

홍콩 정부 및 홍콩의 각 기관과 업계는 중국의 WTO 가입은 홍콩에 플러스적 요인이 될 것이라는 입장을 취하고 있다. 즉 거래비용의 감소, 중국시장으로의 진입의 개선, 제도의 투명성 향상 등 플러스적인 면이 크다. 중국에서의 비즈니스 경험, 광범위하게 걸쳐 있는 대중 네트워크, 문화적·언어적 근접성 등을 살려 홍콩의 주요산업이라고 할 수 있는 유통·금융·은행·보험·통신·관광·광고 및 회계·감사·법률 등 전문서비스가 확대될 것으로 기대되고 있다. 또한 중국을 비롯해 외국과의 통상분쟁으로 인해 입었던 피해를 회피 또는 그 정도를 줄일 수 있게 되어 외자계 기업을 포함한 홍콩기업의 사업상 신뢰도를 높여줄 것이라는 의견도 있다.[20]

홍콩 정부는 중국의 WTO 가입이 홍콩에게 어떤 영향을 줄 것인지를 예측하기 위해 1999년 4월, 재정장관을 의장으로 한 정부 각 국의 횡단적 연구집단을 조직했다.

이 그룹의 회합에서는 특히 무역, 도·소매업, 통신, 금융, 관광, 리버 트레이딩, 전문 서비스 등 서비스 산업에 미치는 영향이 논의되었는데, 2000년 1월에 발표된 「중국의 WTO 가입―기회와 도전」이라는 보고서에 그 결과가 담겨져 있다. 이에 따르면, 『민간기관의 각종 시산(試算)에 기초하여 추정한 결과, 중국의 GDP는 WTO에 가입하지 않았을 경우와 비교하여, WTO에 가입함으로써 2010년까지 13% 「더」 증가한다(연평균 1.7% 증가). 마찬가지로 수출은 22%(연평균 1.7% 증가), 수입은 17%(연평균 1.3% 증가) 증가한다. 이러한 추정에 기초하여 홍콩 경제에 대한 영향을 분석하면, 2010년까지 홍콩의 중국관련 수출은 15%(연평균 1.3%), GDP는 5.5%(0.5%)씩 증가할 것으로 예상된다. 단, 가입 후의 구조조정에 따른 중국 경제의 혼란으로, 2005년까지는 중국의 무역과 GDP에 대한 효과는 크지 않을 것으로 예상되어, 홍콩 경제에 대한 영향도 소폭에 그칠 것으로 전망하고 있다. 단, 이러한 시산은 관세율 인하, 섬유·의류수출 쿼터를 포함하는 비관세장벽의 완화 등에 한정해 이루어진 것으로, 서비스 부문의 발전 등을 고려한 전체적인 효과의 추정은 곤란하다』라고 결론짓고 있다.

(4) 중국의 주식시장개방 정책이 홍콩 주식시장에 미치는 영향

중국의 주식시장 개방 정책에서는 A주(인민 위안화 표시)시장과 B주(외화 표시)시장과의 통합 및 현재는 금지되어 있는 A주 시장에 대한 해외투자가의 투자, A주·B주에 대한 외자기업의 상장 등의 문제를 포함한 대외개방의 논의가 진행되고 있다. 중국 증권당국은 중국 주식시장의 성급한 대외개방에는 신중하지만, 그렇다고 해서 시장개방의 추세(움직임)가 중단된 것은 아니다. 중국 증권당국은 지금까지 해외투자가에 한정되었던 B주 투자를 2001년 2월 19일 외화계좌를 가진 내국인(중국 내에 거주하는 중국 국민)에게 허가했다.

앞으로 예상되는 일련의 변화들, 예를 들면 외화기업의 중국 주식시장에 대한 상장, 해외투자가의 A주 투자와 A주·B주의 통합 등에 이어, 훗날 H주와의 통합이 실현되면, 홍콩주식시장에 커다란 영향을 미칠 것이다.

2001년 2월의 B주 시장을 내국인에게 개방한 후 주가가 급등하고, 아울러 외국인 투자가가 자금을 철수하는 움직임이 보였지만, 그 후 10억 미국 달러 정도의 해외자금이 유입되었다고 한다. WTO 가입 후에는 다시 해외자금이 중국 주식시장에 유입될 가능성도 있다고 지적되고 있다.

이는 동시에 홍콩시장에 대해서 자금의 구축효과를 가져온다. 또한 앞으로 H주 발행기업이 A주를 발행하고, B주발행에 대해서도 제한이 풀린다고 한다면, 이 효과는 더욱 증폭될 것이다. WTO 가입에 의해 중국의 주식시장이 급격하게 개방되지는 않을 것이고, 개방 정책은 과거에서 미래에 걸친 많은 불확정적인 요소들이 계획될 것이라고 예상된다.[21]

또한 이미 시가총액에서 중국 주식시장은 홍콩시장과 대등한 규모에 이르고 있는 바(홍콩시장은 4조 7,952억 홍콩 달러, 상해·심천시장은 총 4조 8,091억 위안, 1 홍콩 달러 = 약 1.04 위안 전후), 홍콩은 이러한 움직임에 큰 위기감을 느끼고 있다.

4. 중국의 WTO 가입을 대비한 홍콩기업의 해외진출과 앞으로의
가능성

(1) 부동산 사업으로부터 탈피를 모색하는 홍콩의 현지 대기업

1997년 아시아 통화위기와 포화상태에 직면한 시장구조에 의한 홍콩 부동산시장의 침체로 인해 홍콩 정부뿐만 아니라 홍콩기업들도 지금까지와 같은 자산효과에 의한 성장은 이미 한계에 이르렀다고 느끼게 되었다. 그러한 가운데 1999년 11월 벤처기업들을 대상으로 하는 홍콩 증권거래소의 2부시장 「GEM(성장기업 시장)」의 거래가 개시되었다. 지금까지 부동산개발에서 거액의 이익을 올려왔던 홍콩의 선두주자(developer)와 이를 핵으로 하는 현지 대기업은 부동산사업에서의 탈피와 장래의 성장산업에 대한 선행투자를 노려, 1999년 말부터 2000년 초에 걸쳐 GEM에 잇따라 인터넷 관련기업(닷컴)을 상장시켰다. 이때, 일시적인 닷컴기업 상장 붐이 일어났으나, 세계적인 IT 붐의 종식과 더불어, 많은 홍콩의 닷컴기업은 주가 하락에 허덕이든가 아니면 소멸했다. 그러나 이러한 닷컴기업 중에서도 중국의 WTO 가입을 앞두고, 서비스 분야에서 중국시장을 겨냥하여 선행투자를 적극적으로 하는 기업도 있다. 예를들어 대기업 선두주자(developer)인 「창장시예(長江實業)」와 「허치슨 왐포어」가 출자한 톰닷컴은 중국 내에 다수의 포털사이트[22]를 가지고 있다. 뿐만 아니라 적극적으로 중국 내 광고회사를 매수하여, 2001년 중국에서의 옥외 광고 영업액이 3억 5,000만 HK달러에 이를 것으로 예상되고 있다.[23]

한편, 이전부터 통신과 홍콩 오퍼레이션(operation, 공개시장조작)

등 사업의 다각화를 도모한 홍콩 대기업 허치슨 왐포어의 추진전략은, 중국의 WTO 가입에 대한 대응으로서, 무국경(boderless)화가 가속화되는 세계적인 추세에 대비할 수 있는 글로벌 전략의 하나로 간주되고 있다. 예를 들어, 이 회사는 중국 내 홍콩 오퍼레이션 사업에 있어 상해, 영파(寧波), 심천 염전항에서의 콘테이너 터미널과 주강의 내천(內川)에서 홍콩의 오퍼레이션 활동을 영위하고 있는데, 이는 아시아, 아프리카, 유럽, 미주(美州) 등 15개국, 29개 항만, 162개 기항지(2001년 현재)에서 수행되는 오퍼레이션의 일환으로 추진되고 있다.

(2) 중국의 WTO 가입을 앞두고 중국진출을 꾀하는 홍콩의 금융업

금융분야에서는 중국의 WTO 가입을 앞두고, 홍콩에 주재하고 있는 외환, 현지 은행들이 경쟁력 향상을 꾀하기 위해 활발히 움직이고 있다.

홍콩을 베이스로 하고 있는 영국계 은행인 HSBC는 2000년 5월 중국업무의 관리 · 총본부를 홍콩에서 상해로 이전하고, 주(駐) 중국총대표소를 정식으로 개설했다. WTO 가입을 겨냥하여 5년 안에 중국의 종업원을 800명에서 1,000명 이상으로 늘리고, 인민위안(人民元) 업무와 인터넷 뱅킹 등에 있어서 중국 현지은행과의 협력관계를 강화하려는 움직임을 보이고 있다. 마찬가지로 영국계의 스탠더드챠터드 은행은 2001년 말부터 2002년까지 홍콩 주식시장에 상장할 계획으로,[24] 조달한 자금의 일부는 중국업무 확대에 충당할 예정이다. 한편, 인민위안 업무의 확대를 위해 중국 국내에서의 상장을 꾀하는 재(在) 홍콩의 외국 은행, 현지 은행들이 생겨나고 있다. 예를 들어, 홍콩 현지의 동아은행은 중국의 인터뱅크 시장에서 인민위안 자금을 조달해 왔으나, 인민위안 업무 부채의 외화 부채에 대한 비율은 이미 3 대 7에 이르러, 인민은행이 규정한 수준[25]에 육박하고 있다. 이 은행은 현재의 규제하에서 인민위안 업무를 확충하기 위해서는 A주의 발행이 유일한 방법이라고 말하고 있다. 중국에서의 소매업(retail) 확장에 강한 의욕을 보이고 있는 HSBC, 스탠더드챠터드 은행 및 홍콩 현지 은행들의 대부분은 중국 주식시장에 대한 상장을 유력한 위안화 조달수단 가운데 하나로 인식하고 있다.

한편, 주강 델타와 분업강화를 위한 전제는 홍콩 서비스 산업의 경쟁력 강화이지만, 역설적이게도 금융업에서도 그 업무의 일부를 광동성으로 이전하려는 움직임이 보이고 있다. 2001년 3월 중반에 HSBC는 같은 해 4월부터 카드 오퍼레이션 센터를, 9월부터 네트워크 서비스 센터를 3년 간에 걸쳐 광주로 이전할 것이라고 발표했다. 홍콩 역내에서 소매를 하고 있는 은행은 1998년 이후 역내경제의 성숙화와 2000년 7월의 금리규제 완전철폐에 의한 경쟁격화로 2001년 초부터 경비절감에 온힘을 기울이고 있다. 서비스업은 그 성격상 일반적으로 체제가 다른 지역과 경계를 초월한 업무의 아웃소싱은 어렵다고 말한다. 그러나 역내시장이 작다고 하는 제약 속에서 다국적화된 홍콩기업은 코스트 관리에 매우 민감하며, 정보·통신기술의 발전을 기반으로 쉽게 입지를 바꾼다. 또한 광동성에서는 같은 언어를 사용하고, 새로운 기술 및 기능에 대해 흡수가 빠른 젊은 인재를 낮은 코스트로 고용할 수 있다는 점 등은 업무의 광동성 이전을 촉진하는 요인이 되고 있다. 이러한 서비스업의 광동성 업무 이전에 대해, 홍콩은 기존 취업자의 재훈련, 새로운 인재육성, 인재도입, 연구 개발제체의 충실, 자본시장의 정비 등으로 광동성을 뛰어넘는 생산성의 수준향상을 위해 한층 더 노력해야 할 필요를 절실하게 느끼고 있다.

끝으로 홍콩 및 그 배후지 주강 델타는 중국과 그 외의 아시아 지역과 비교하여, 세계시장에 의존하고 있는 비율이 크기 때문에, 세계경기의 영향을 많이 받는 구조로 되어 있다. 그러나 주강 델타의 두터운 기반산업 외에 기업의 다양성, 산업의 유연성, 유연한 「경량체질」을 자랑하는 홍콩·화남(華南) 지역은 후발지역인 상해·화동(華東) 등의 추격은 있지만, 아시아에서 가장 경쟁력이 있는 제조·수출거점으로서 계속 존속할 것으로 보인다. 홍콩의 우위성은 물류 및 통신기능의 국제적인 네트워크와 열린 정보환경에 있다. 또한 금융기능으로서의 우위성도 가지고 있어, 중자(中資) 기업의 자금조달도 증가할 전망이다. 21세기를 맞는 지금, 홍콩은 「세계의 공장」인 중국의 핵인 주강 델타의 서비스 센터, 중자 기업의 자금조달 거점, 중국 및 홍콩기업의 국제진출 거점 등, 중국과 세계 특히 아시아와의 연결지역으로서 그 중요성을 더하고 있다.

한편, 중국의 WTO 가입으로 홍콩 서비스 산업의 고용흡수 능력이 감소할 것이라는 우려로 인해 홍콩 정부는 새로운 성장산업 창출을 위한 산업진흥책을 잇따라 발표하고 있다. 또한 홍콩의 현지 대기업도 WTO 가입에 따른 중국의 서비스산업 확대에 대한 대응과 세계경제의 무국경(boderless)화에 대한 대비로써, 중국·아시아에 그치지 않고, 세계로 영업을 확장해가는 등 생존전략을 모색하고 있다. 이러한 시도의 결과는 아직 미지수지만, 우수한 물류, 금융기능을 기반으로 한 중국의 서비스 센터로서의 홍콩의 역할과, 풍부한 자금과 지금까지 축적

된 서비스업의 노하우를 가지고 있는 홍콩 경제의 경쟁력은 쉽게 소멸
되지 않을 것이다. 또한 경제의 서비스화를 달성한 최근의 홍콩은, 생
산시설이 중국으로 빠르게 이전되고 있고 중국제 수입품이 범람하고
있는 가운데 아직까지 미래에 대한 뚜렷한 청사진을 제시하시 못하고
있는 일본에게 중요한 사례가 될 것으로 보인다.

|13| 싱가포르 — 긴밀해지는 양국 경제관계

가와다 아츠스게(川田敦相)

　높은 수준의 임금, 노동력 부족, 좁은 국토라고 하는 고유의 문제점을 안고 있는 도시국가, 싱가포르에게 있어 해외 비즈니스 기회의 개척은 필연적인 움직임이라고 할 수 있다. 「성장의 삼각지대 구상」[1]이 상징하는 바와 같이, 1990년대 중반까지만 해도 싱가포르 기업(외자를 포함)들은 인접국인 말레이시아, 인도네시아를 비즈니스상의 주요한 진출국으로 생각해왔다. 하지만 1997년 아시아 통화위기 발생 이후, 인근 국가들이 정치·경제 모든 면에서 혼란을 겪기 시작하면서 싱가포르에서는 경제발전 전략상, 중국을 상대로 한 비즈니스가 그 중요성을 더 하게 되었다.

　또한 중국은, 싱가포르 인구의 약 80%를 차지하는 화교들의 고향이기도 하다. 본 장에서는 싱가포르와 중국의 경제관계에 관해 살펴보고, 대 중국 비즈니스의 진전상황, 부상하는 중국 경제에 대한 대응방법 등에 대해 고찰해보도록 하겠다.

1. 중국과의 경제관계

중국과는 국교정상화(1990년 10월) 이전부터 무역 등 경제적인 교류를 해왔으나, 본격적으로 경제 교류를 시작한 것은 국교가 정상화 된 1990년대 이후다.[2]

싱가포르측은, 거대시장을 보유하고 있는 중국의 경제개방 진전을 새로운 비즈니스 기회로 인식하고, 관민일체가 되어 대 중국투자 촉진에 착수했다. 한편, 중국측에서도, 덩샤오핑의 1992년 남방시찰 당시, 싱가포르의 사회질서나 규제를 높이 평가하고, 배울 점이 있다고 하는 취지의 발언을 했던 것을 계기로, 양국 간의 경제교류가 활발하게 진행되었다.

(1) 급증하는 대중무역

싱가포르의 대 중국무역을 보면, 1990년의 수출입 총액이 52억 1,675만 싱가포르달러(이하 S달러)에서, 10년 후인 2000년에는 215억 6,373S달러로 약 4배 정도 증가했다. 1990년에는 수출이 14억 4,335만 S달러, 수입이 37억 7,339만 S달러로, 무역총액에서 차지하는 중국의 점유율은 수출 1.5%(제14위), 수입 3.4%(제7위) 수준에 지나지 않았다. 하지만, 2000년에는 수출 92억 8,501만 S달러(전년비 39.8%증가), 수입 122억 7,873만 싱가포르 달러(동 27.3% 증가, 이하 S달러)를 기록하

구 분	1990	1995	1998	1999	2000	2001
수출	1,443	3,911	6,794	6,643	9,285	4,849
수입	3,773	5,730	8,123	9,649	12,279	6,205
무역수지	△2,330	△1,819	△1,329	△3,006	△2,994	△1,356
(신장률)						
수출	△38.2	22.0	12.5	-2.2	39.8	20.0
수입	14.0	29.9	△3.8	18.8	27.3	11.5
(점유율)						
수출	1.5	2.3	3.7	3.4	3.9	4.3
수입	3.4	3.2	4.8	5.1	5.3	5.8

주 : 신장률은 전년(동기)대비

출처 : 싱가포르 무역개발청 *Singapore Trade Statistics* 에 의해 작성

면서 점유율 측면에서도 수출 3.9%(제7위), 수입 5.3%(제4위)를 기록하는 등 중국에 대한 무역이 크게 증가했다(〈표 13-1〉).

2001년에 들어와서, 세계적인 전자부문 수요의 부진으로 인해 싱가포르의 대외무역이 전체적으로 정체하고 있는 상황(2001년 상반기 : 수출이 전년동기대비 3.8% 증가, 수입도 0.2% 증가)에서도, 중국 무역은 수출이 20.0% 증가한 48억 4,944만 S달러, 수입은 11.5% 증가한 62억 471만 S달러로 계속된 성장세를 보이고 있다. 대 중국무역 점유율만 보아도 수출은 4.3%, 수입은 5.8%로 상승했다.

2001년 상반기 싱가포르의 대 중국무역에 대한 상위 취급품목을 보면, 수출입 모두 전기제품이 중심이 되고 있다. 수출에서는 「사무용기기부품·부속품」이 전년동기대비 53.2% 증가한 7억 8,574만 S달러, 「집적회로 및 초소형조립」이 8.3% 증가한 5억 3,429만 S달러, 「자동데이터처리기기·동구성 유닛 및 기계」는 12.6% 증가한 3억 3,813만 S

달러, 「다이오드 · 트랜지스터」는 41.5% 증가한 1억 4,938만 S달러에 이른다. 또한 제4위인 「석유 및 역청유(원유를 제외함)」는 25.0% 감소한 3억 1,516만 S달러를 기록하고 있다. 반면 수입에서는 제1위인 「사무용기기부품 · 부속품」이 전년동기비 0.7% 감소한 7억 9,026만 S달러, 「집적회로 및 초소형조립」이 26.9% 감소한 1억 8,750만 S달러로 대부분 감소했지만, 「자동 데이터 처리기계」가 51.4% 증가한 6억 908만 S달러로 급증했고, 「석유 및 역청유(원유를 제외함)」, 「트랜지스터 · 스태틱 컨버터(예를 들어, 정류기) 및 인덕터」 등도 각각 9.1% 증가한 4억 3,370만 S달러와 15.1% 증가한 1억 7,931만 S달러를 기록했다.[3]

싱가포르에 진출한 일본계 전자 업체의 대부분은 전자관련 제품의 중국수출과 중국으로부터의 조달 등이 앞으로도 계속 확대될 것으로 전망하고 있다.

(2) 직접투자 상대국으로는 중국이 최대

싱가포르의 중국 직접투자는 최근 들어 대폭적인 증가추세를 보였고, 1997년 말에는 잔고베이스에서 말레이시아를 제치고 1위가 되었다(중국측 통계를 보면, 2000년 싱가포르의 직접투자액은 계약 베이스에서 약 8위인 20억 3,074만 S달러다). 1998년 말 대외 직접투자 전체 잔고액(756억 2,240만 S달러) 중 중국의 점유율은 16.1%(121억 8,630만 S달러)였으며, 1999년 말 시점에서는, 상승률은 둔화됐지만, 전체 투자잔고액(842억1,860만 S달러) 중 15.0%(126억 2,530만 S달러)를 차지했다(〈표 13-2〉).

〈표 13-2〉 싱가포르의 대외 직접투자잔고 추이				(단위: 100만 달러, %)	
구 분	대외 직접투자잔고		중국 직접투자 잔고		
	금액	신장률	금액	신장률	점유율
1995년 말	49,571	32.8	3,718	123.8	7.5
1996년 말	55,536	12.0	6,414	72.5	11.5
1997년 말	75,807	36.5	10,477	63.3	13.8
1998년 말	75,662	△0.2	12,186	16.3	16.1
1999년 말	84,219	11.4	12,625	3.6	15.0

자료 : 싱가포르 통계국 *Singapore's Investment Abroad* 에 의해 작성

1999년 말 대 중국투자 잔고의 업종별 내역을 살펴보면, 제조업이 62.5%(78억 9,560만 S달러)로 과반수를 차지하고 있고, 부동산이 17.6%(22억2,190만 S달러), 상업이 8.2%(10억 4,090만 S달러), 수송업이 4.4%(5억 6,100만 S달러), 금융이 2.8%(3억 5,790만 S달러) 등이다.[4] 또한 1990년대 이후 싱가포르 기업에 의한 중국투자 형태는 합병이 대부분을 차지하고 있다. 투자처로는 강소성 25%, 호북성 17%, 복건성 13%, 광동성 9% 등으로 다양하게 분포하고 있음을 알 수 있다.[5] 이러한 직접투자액의 증가는 싱가포르 대 중국무역 확대의 한 요인이 되고 있다.

아시아가 경제위기로부터 회복되기 시작한 1999년부터 2000년 3/4분기까지만 해도, 세계적인 전자제품의 수요확대로 ASEAN 거점을 폐쇄하거나 규모축소를 하는 싱가포르의 전자 관련기업은 거의 없었다. 하지만 전자제품의 세계적인 수요가 침체되어 있는 현재는, 비용절감 등을 위해 중국으로 생산거점(일부)을 옮기는 움직임이 두드러지게 진행되고 있다.

플랙스트로닉스 인터내셔널(Flextronics International)

2001년 4월, 싱가포르의 전자기기 생산수탁 서비스(EMS) 기업의 대표격인 이 회사는, 싱가포르에서의 생산의 대부분을 중국 및 말레이시아로 이전하는 방안을 발표했다.

히타치 컨슈머 프로덕트 · 싱가포르(Hitachi Consumer Products Singapore Pte)

2001년 6월, TV 생산을 9월 말까지 중국 복건성 및 인도네시아의 자사공장으로 이관할 계획이 있음을 발표. 연구개발 업무는 싱가포르의 이 시아지역 통괄회사인 히타치아시아(Hitachi Asia)로 이전할 예정.[6]

GES 인터내셔널(GES International)

컴퓨터 부품업체인 이 회사는 2001년 7월, 비용절감을 위해, 중국에 건설 중인 신공장으로 2002년 말까지 싱가포르 생산일부를 이전할 계획을 발표.[7]

(3) 확대되는 인적 교류

양국 간의 인적교류는 계속 증가하는 추세에 있다. 중국(홍콩을 제외함)의 싱가포르 방문자 수는 1990년에는 2만 8,225명에 불과했으나, 1998년에는 홍콩에서 싱가포르를 방문하는 사람들의 수를 상회하고, 2000년에는 43만 4,335명(전년 동기대비 16.4% 증가)에 달했다(〈표 13-3〉 참조). 총 방문자 수 중 중국이 차지하는 비율을 보아도, 1990년 0.5%, 1995년에는 2.8%로, 이후 더욱 증가해 2000년에는 5.6%, 2001

구 분	1990	1995	1998	1999	2000	2001
세 계	5,323	7,137	6,242	6,958	7,691	3,744
중 국	28	202	293	373	434	234
홍 콩	194	280	273	260	286	143
(신장률)						
세 계	10.2	3.3	△13.3	11.5	10.5	0.6
중 국	16.7	22.4	24.7	27.3	16.4	6.6
홍 콩	32.0	3.3	3.0	△4.8	10.0	3.2
(점유율)						
중국	0.5	2.8	4.7	5.4	5.6	6.3
홍콩	3.6	3.9	4.4	3.7	3.7	3.8

〈표 13-3〉 싱가포르 방문자수의 추이 (단위: 100만 달러, %)

주 : 신장률은 전년(동기)대비

자료 : 싱가포르 통계국 *Monthly Digest of Statistics* 에 의해 작성

년 상반기에는 6.3%까지 상승하고 있다. 아시아 경제위기의 영향으로, 싱가포르의 방문자 총수가 전년대비 13.3% 감소한 1998년 당시에도, 중국인들의 방문자 수는 24.7%나 증가한 것을 보면 알 수 있듯이 싱가포르 정부는 중국시장을 매우 중요시하고 있다.

싱가포르 관광청(STB)은, 중국에는 상해, 홍콩에 사무소를 설치하고 있으나, 2001년 9월에는 2002년 초에 북경에 사무소를 개설할 계획에 있음을 명백히 밝히고 있다.[8]

반면, 싱가포르인들의 중국 방문자 수도 1990년 7만 1,700명에서 2000년에는 39만 9,400명으로 대폭 증가하고 있다.

2. 싱가포르의 경제고도화 전략과 중국

(1) 인프라, 부동산개발 분야에 적극적인 중국 비즈니스 전개

싱가포르 정부는 1990년대에 들어 싱가포르 기업이 인근 아시아 국가들로 사업을 확대하거나 전개할 때 지원(Regionalization Policy)하는 프로그램을 만들고 있다. 구체적으로는 싱가포르 정부나 정부계 기업 등이 인근 아시아 국가들에서 공업단지를 만들거나, 싱가포르에서 공업단지를 개발한 경험에서 얻은 노하우를 제공하거나, 싱가포르의 뛰어난 항만 관련기술이나 시설의 마케팅 활동 등을 들 수 있다. 중국에서도, 1990년대 중반이후, 지역화 정책의 근원인 강소성 소주·싱가포르 공업원구(江蘇省蘇州·新加坡工業園區), 무석·싱가포르 공업원구(無錫·新加坡工業園區), 대련 컨테이너 터미널 등의 개발·운영에 관여하여 그 성과를 얻고 있다. 싱가포르 정부나 정부계 기업 등은 중국과 관련하여 다음과 같은 공업단지, 항만, 주택과 같은 부동산 개발사업 등에 적극적으로 나서고 있다.

공업도시 · 공업단지 프로젝트

소주·싱가포르 공업원구〔蘇州·新加坡工業園區(CS-SIP)〕

중신소주공업원구(中新蘇州工業園區) 개발공사(CSSD)[9]가 관리·운영하고 있고, 상해에서 서쪽으로 약 80km 떨어진 장소에 위치한다. 이 공업원구는 약 70km²의 면적에 공업, 상업, 공공, 오락시설을 겸비하고 있다. 제1구(15.4km²)는 이미 완성되었고, 공업용지의 95%, 주택의

90%가 각각 분양을 끝낸 상태다. 더욱이 수출가공구(輸出加工區)는 2000년에 중국 국무원으로부터 인증을 받고, 제2구(16.6km²)건설에도 착수하고 있으나, 제2구, 제3구(36.6km²)가 모두 완성되기까지 15~20년 정도 걸릴 것으로 보고 있다.[10] 진출결정 외자계 기업 수는 2001년 5월 말 현재, 230개사(그 중에서 조업기업은 197개사). 투자계약액으로 보면 외자에 의해 94억 7,200만 달러의 투자가 이루어졌다. 국가·지역별로 보면, 유럽이 38%, 미국 23%, 일본 7%, 싱가포르 5%, 그 밖의 아시아 국가(한국, 말레이시아 등)가 27%이다. 더욱이 진출기업에 대하여 법인세의 경감세율(15%)의 적용,[11] 이익을 계상한 연도부터 2년 간의 법인세면세, 연속 3년 간 경감세율(7.5%)의 적용, 이익 재투자에 대한 40% 세금 환불(하이테크 또는 수출형 기업에 대한 투자는 100% 세금 환불), 지방세(3%)의 면제 등 세금제도상의 우대조치를 주고 있다.

하지만 소주 시당국이 공업원구의 인근에 조성했던 공업단지에 필요한 외자유치를 위해 주력함으로써, 소주시 당국과의 사이에서 이 공업원구의 경영을 둘러싼 문제가 부각되는 등 잡음이 발생하기 시작했다. 1999년 6월, 싱가포르는 제1구 개발이 끝난 단계에서, 이 공업원구에 대한 출자비율의 인하 및 운영권을 중국측에 위임할 것을 결정하고 2001년 1월에 출자비율을 종래의 싱가포르측 65%, 중국측 35%에서 싱가포르측 35%, 중국측 65%로 변경하고, 경영권도 중국측에 이관했다.

무석·싱가포르 공업원구〔無錫·新加坡工業園區(WSIP)〕

1993년에 싱가포르측〔(싱가포르 정부기술공사(STIC), 현 셈코프 공업단지 운영회사(SembCorp Parks Managenent) 등] 70%, 중국측(무석시) 30%의 공동출자에 의해 설립되었다. 이 공업원구는 무석시의 중심에서 동남쪽으로 6km에 위치하고 있고, 1995년 7월에 제1기 공사(工事)인 공업구획(100ha)를 완매했다. 2000년 제 2기에 공사(60ha)가 완료되었고, 이 구획의 53%는 이미 구매자가 결정되었다(2001년 7월 시점). 또한 제3기 공사(90ha)도, 판매동향을 확인, 앞으로 착수계획에 있다.

이 공업원구에 진출하기로 한 기업은 2001년 6월 말 당시 51개사(그 중에서 조업기업은 43개사)로, 국가·지역별 내역을 보면, 일본이 15개사로 가장 많고, 유럽 13개사, 아시아(일본 제외) 12개사, 미국 11개사 순이다. 업종별로 보면, 전자관련 진출이 가장 많고, 정밀부품, 전기, 기계, 화학 순이다. 또한 이 공업원구는 소주·신가파공업원구와 마찬가지로 진출기업이 세제상의 우대를 받을 수 있다.[12] 이 공업원구 관계자는 『2001년에 들어와서, 기존 진출기업에 의한 확장투자안건이 증가하고 있다. 또한 투자처로서 화동지구에 대한 관심이 높아지고 있기 때문에 신규투자 안건도 나올 것이다. 공업용지의 사용권도 50년의 임대가격을 인하하여 비용면에서도 충분히 경쟁력이 있다』라고 말하고 있다.

북경경제기술개발구(BDA)

듀런·타운·코퍼레이션(JTC)의 전액출자 자회사 JTC인터내셔널〔개편 후, 아센다즈(Ascendas Pte)〕은 2000년 7월, 북경 동남부에 위치한 「BDA(Beijing Economic-Technological Development Area)」 개발의 초기단계 지원과 관련하여, 북경경제기술투자개발공사(BETIDC)와 각서에 조인했다. 합의내용에는 이 개발구를 국제수준에 부합하는 공업단지로 만들기 위해, JTC인터내셔널 측이 마케팅이나 경영·관리 컨설턴트 업무에 관해 전문지식을 제공함과 동시에, 단지 내에 표준형 공장, 정보기술(IT) 시설을 개발하는 것, BETIDC 측이 합병기업의 BDA 진출을 위한 지원활동을 하는 것 등이 담겨져 있다.

더욱이 2001년 5월에는 아센다즈가 출자하는 VCC(후술)공업단지개 발계획을 발표하면서, 아센다즈가 BDA개발을 위해서 BETIDC와 합병 해, 북경·아센다즈 BETIDC 개발공사(Beijing Ascendas-BETIDC Development)를 설립하는 것에 합의했다.

크리에이티브 드래곤 파크(Creative Dragon Park)

2001년 1월, 싱가포르 사운드카드 업체 크리에이티브·테크놀러지 (Creative Technology)와 부동산회사 드래곤랜드(Dragon Land)는, 산 동성(山東省)에 250ha 규모의 하이테크 통신단지(통신·미디어 관련 용)를 개발하는 계획을 발표했다.

비전·센트리·코퍼레이션(VCC)에 의한 하이테크 공업단지 개발

VCC(Vision Century Corporation)는 홍콩의 부동산 개발회사지만 싱가포르 식품업체인 프레이저 앤 니브(Fraser & Neave), 아센다즈사, 사이버시티·홀딩스(CyberCity Holdings) 등 3개사가 합계 71%의 주 식을 보유하고 있다. VCC는 2001년 5월, 5년 간에 걸쳐서 상해, 북경, 대련, 성도에 차례로 하이테크 공업단지를 개발하는 계획을 발표했 다(각각 프로젝트에 평균 4억 홍콩 달러 투자 예정).

그 밖에 싱가포르의 중국 공업단지 개발과 관련하여 광주시가 싱가포르 정부와 협력하여 공업단지를 개발할 것을 제의하기도 했다. 하지만 2001년 7월, 광주시에서 싱가포르 정부는 『양국 간 비즈니스 문화에 있어 차이가 나타난 소주 · 신가파공업원구의 경험을 발판으로 민간기업들의 광주진출을 촉진하고, 나아가 민간기업들이 비즈니스 기회를 개척할 수 있도록 관심을 기울이고 있다』라고 언급함으로써, 이러한 광주시의 제안에 대해 부정적인 견해를 시사하고 있다.[14]

항만 프로젝트

싱가포르항만공사(PSA)는 뛰어난 항만운영 · 관리수완으로 중국의 대련, 복주, 광주에서 항만개발 사업에 착수하고 있다.[15]

대련 컨테이너 터미널

1996년 7월, 조업을 시작했으며 현재 중국에서 7번째로 큰 컨테이너 항으로서 2000년 컨테이너 취급량은 전년대비 41% 증가한 97만 9,300TEU(20피트 컨테이너 환산)를 기록했다. 이 터미널은 전자상거래, 전자 데이터 · 인터체인지 설비를 갖추고 있다. 더욱이 2001년 8월, PSA는 아이플래닛(iPlanet E-Commerce Solutions)[16]과 합병, 대련시에 소프트개발 센터를 설치한다고 밝혔다. 동 센터는 항만관리, 물류분야를 위한 전자상거래용 소프트웨어를 개발할 예정이다.

복주 컨테이너 터미널

1998년 7월, 조업을 개시했으며, 2000년 컨테이너 취급량은 전년대비 36% 증가한 32만 8,000TEU를 기록했다. 대련 컨테이너 터미널의 경우처럼 IT를 구사한 야드 관리용 무선·컴퓨터 시스템 등을 도입하고 있다. 2000년 4월에는 싱가포르퍼시픽·인터내셔널·라인즈가 복주와 싱가포르, 마닐라 등을 연결하는 신규항로를 개설하는 등, 물류면에서의 편의성도 높아지고 있다.

광주 컨테이너 터미널

2000년 7월, PSA가 출자한 광주 컨테이너 터미널(PSA 측 출자비율 49%, 광주 항만국측 51%)의 개업식이 거행되었다. 동 프로젝트에서는 광주 황포신항(黃甫新港)에서 세 개의 컨테이너 버스를 운영·관리하고, 신사항(新沙港)에서 별도의 3개 버스를 임대하고 있다. 또한 PSA는 광주항만국과 물류관련 업무에도 종사하고 있다. PSA 회장은 진수식에서 행한 기조강연에서, PSA사가 가지고 있는 기술적인 노하우,[17] 경영상의 경험을 중국측과 함께 나눌 것을 강조했다. 본 합병프로젝트를 통해, 광주항이 경합관계에 있는 다른 항을 제치고, 특히 중국인 직원을 훈련하고 경영 노하우를 공유하는 주요 항만으로 선정될 것임을 분명히 밝혔다.

부동산개발 프로젝트

중국의 WTO 가입을 앞두고, 중국의 오피스 빌딩, 고급 콘도미니엄에 대한 외국 사업가들의 수요가 높아질 것으로 보여진다. 싱가포르 현지기업은 중국에 부동산 투자를 활발하게 진행시키고 있다. 주요 투자안건은 다음과 같다.

케펠랜드(Keppel Land)

2000년 12월, 상해에서 주택 약 3,000호를 건설하는 계획을 발표했다. 제1기 공사 1,200호를 2002년 하반기에 판매할 예정이며, 동 프로젝트 외에 상해에 25층의 오피스 빌딩 「오션타워즈」, 운남성 곤명에 「스프링시티 · 골프 클럽 · 리조트」 개발 등에도 착수하고 있다.

아스코트그룹(Ascott Group)

이 회사는 이미 상해에서 서비스 아파트를 2동 경영하고 있지만, 2001년 4월, 새롭게 35층 서비스 아파트 「아스코트 포동(浦東)」을 오픈했다. 또한 동년 7월에는 북경에도 21층 서비스아파트 「아스코트 북경」을 오픈했다.

드래곤 랜드(Dragon Land)

산동성청도(골프코스, 콘도미니엄), 복건성 안계(상업빌딩), 감소성 상주(타운십), 북경 및 요녕성 심양(주택) 등에서 부동산개발 사업을 진행하고 있다.

도브켐 터미널즈 홀딩즈(Dovechem Terminals Holdings)

대상해기업발전유한공사(도브켐측 50% 출자)는 상해 교외의 곤산(昆山)에 리조트 시설 「대상해 골프리조트촌」을 개발, 골프장 등 일부 시설은 이미 완성단계에 있다. 2001년 4월에는 향후 콘도미니엄이나 별장을 개발할 예정임을 표명.

캐피털 랜드(Capital Land)

2001년 6월, 상해사무소 개설식을 거행함과 동시에 상해에서 오피스빌딩 (46층건물)과 소매점 임대 예정빌딩(7층 빌딩)에 이르는 「라플즈·스퀘어(Raffles Spuare)」를 개발할 예정에 있다고 발표했다(투자총액 3억 달러).

기 타

공공사업국(PWD)은 2000년 이후, 중국의 시가지 재개발, 단지 등 건설분야에서 컨설턴트, 설계업무에 종사하고 있으나, 2001년 2월, 상해 지하철 1호선의 연장로 선상에 있는 10개 역의 설계사업에 참가할 취지를 표명[18]했다. 또, 셈코 마린(SembCorp Marine)은 2001년 6월 중국원양운수총공사(COSCO)와 합병하여 대련에 중국 최대의 조선소를 건설할 계획을 발표했다.

대 중국 비즈니스를 지원

1993년 11월, 싱가포르과 산동성의 경제관계 강화를 위해 싱가포르·산동시 비즈니스협의회(SSBC)를 설치했다. 싱가포르 무역개발청(TDB)의 산동성 제남사무소가 SSBC로 운영되어, 산동성의 무역, 투자 관련 정보를 뉴스레터(월간) 등으로 제공하고 있다. SSBC 멤버가 상호 방문하여, 양국·지역 간의 경제교류 촉진을 목적으로 한 회의를 개최하고 있다.[19] 이미 1996년 5월에는, 싱가포르·사천성 무역투자협의회(SSTIC)를 설치했다. SSBC의 경우와 같이, 상호간 회의 등이 개최되고 있다. 사천성에서 회의를 개최할 때는 TDB가 경제사절단을 사천성에 파견하는 등 경제교류 활발화에 힘쓰고 있다.

최근에 TDB는 중국서부(위구르 자치구 등)에 경제대표단을 파견 (2001년 8월), 중국 비즈니스정보센터(CBIC)를 설치하는 계획을 발표 (동년 9월)하는 등, 중국 비즈니스 지원에 힘쓰고 있다. TDB는 북경, 상해, 산동성 제남, 홍콩에 사무소를 두고 있으나 사천성 성도, 산동성 청도, 광동성 광주(또는 심천)에 3개 사무소를 신설할 계획(설립시기 등 구체적 사항은 협의 중)이 있음을 명백히 하고 있다.[20]

그 밖에 싱가포르 산업연맹(SCI) 등이 중국에 대표단을 파견하여 세미나를 개최하는 등, 중국 비즈니스 지원활동에 나서고 있다. 2001년 말에 새(社)중국 싱가포르싱공회의소를 설립할 계획(본부는 북경)도 분명히 밝히고 있다.

10년 이내 ASEAN 중국 자유무역 지역을 창설하는 것에 합의

2000년 11월, 싱가포르에서 개최된 ASEAN 경제각료회의를 앞두고, 중국은 ASEAN에 대해 자유무역권 구상을 제안했다. 경제각료회의에서 ASEAN 측은 이러한 중국의 제안을 환영, 결과적으로는 중국측의 원래 의도를 넘어, 잇달아 개최된 ASEAN 플러스3(일본·중국·한국) 정상회담에서 동아시아 전역에 걸쳐 자유무역을 실시하기 위한 작업반 회의가 설치되었다. 조지 요 무역산업상은 『중국이 ASEAN과 한층 긴밀한 경제관계를 구축할 것을 기대하고 있다』라고 말하고 있다.

또한 2001년 6월, 싱가포르에서 개최된 국제통화회의(IMF 주최)의 개회 만찬회 연설에서, 고촉통 수상은, ASEAN·중국 간의 자유무역 지역 창설과 관련한 연구가 진행 중에 있다는 것을 분명하게 밝혔다. 같은 해 11월, 부르나이에서 개최된 ASEAN과 중국과의 「ASEAN 플러

스1」정상회의에서는, ASEAN · 중국 자유무역 지역을 금후 10년 이내
에 창설할 것에 합의했다.[21]

일본계 대기업 가전 업체 관계자는 『ASEAN과 중국은 경제 면에서
상호 의존관계가 더욱더 깊어지고 있다. 일본계 기업의 대부분은 아시
아에서의 사업전개와 관련하여, 현재는 ASEAN과 중국을 별개의 시장
으로 분류하는 견해가 강했으나, 앞으로는 양국 · 지역을 하나의 거대
한 시장으로 간주하지 않으면 안 되는 시대가 도래할 것이다』라고 기
술하고 있다.

(3) 중국의 풍부한 노동력 활용과 중국 공무원의 연수

중국의 노동력 활용

싱가포르 제조업은 1990년대는 말레이시아와 서남아시아의 노동자
에 의존해왔으나, 최근에는 중국에서 온 노동자가 급증하고 있다.

일본계 전자업체 A사는, 경제개발청(EDB)으로부터 비즈니스 헤드
쿼터(BHQ) 자격을 취득했고, 중국인 노동자의 채용과 관련해, 경제개
발청으로부터 편의를 제공받고 있다. 과정은 다음과 같다. 먼저 경제
개발청에 채용 희망인수를 전달하고, 허가를 받는다. 그리고 경제개발
청 지정 인재파견 회사의 리스트를 받는다. 이 리스트 중에서 기업을
선정하고, 채용활동에 나선다. 채용이 결정되면 인재개발성에 신청하
여 노동비자, 노동허가를 취득하는 순이다.

또한 일본계 금형업체 B사도 중국에서 노동자를 채용하고 있는데,
그 평가로서 근면함, 이해력의 정도를 지적하고 있다. 특히 중국인 노
동자의 임금은 필리핀 노동자에 비해 낮다. 이것은 『인재개발성이, 필

리핀에서는 대졸 이상의 인재에게만 채용허가를 부여하는 반면, 중국에서는 고졸 출신에게도 허가를 부여』(채용담당자)하고 있기 때문이다. 다만, B사에서는 외국인 노동자수의 국적별 균형을 고려해 중국인 노동자는 일정한도 이상 채용하지 않을 예정이다. 인재개발성에 확인해본 바에 의하면 싱가포르에서는 156개사의 인재채용 회사에게만 중국 노동자를 채용할 수 있는 권한이 부여되고 있다.

싱가포르에서 중국 공무원의 연수

싱가포르, 중국 정부 사이에서 이루어진 합의에 의해, 중국의 정부 기관과 비즈니스계의 간부 후부가 싱가포르에 유학, 연수를 받는 사례가 많다. 남양공과대학(NTU)에서는 1998년 이후, 약 200명의 중국 정부고관이 석사과정을 졸업했다. 이 대학의 주순벤 교수는 이 과정에 대해 『중국의 차세대를 이끌어갈 젊은 공무원에게 매우 인기 있다』고 말하고 있다. 또한 주 교수에 의하면 NTU 산하의 남양 비즈니스 스쿨에서는 1993년 이후, 중국의 고관과 리더를 위해 2주에서 3개월 간의 많은 단기연수 코스(회계, 경영 등)을 개설하여, 지금까지 2,000명이 넘는 사람들이 참가했다고 한다. NTU 외에, 싱가포르 국립대학(NUS)에서도 비즈니스 관리, 그 외의 단기연수 과정 등 중국 정부고관이 참여할 수 있는 대학연구과의 프로그램이 개설되어 있다.

1999년에 양국의 교수담당 장관들이 조인한 교환 프로그램에서, 싱가포르 교육성이 장학금제도를 마련하고 있고, 또한 2001년 4월에 싱가포르 정부가 중국 외무성과 합의한 프로그램에서도 싱가포르 외무성이 지원제도 등을 마련하고 있다. 한편 공무원과 비즈니스계의 간부 후보가 파견원(중국 정부, 기업)으로부터 지원을 받아 유학하고 있는 경우도 많이 있다. 또한 리콴유 전 싱가포르 수상 회고록에도, 1980년 장쩌민 국가주석이 정부의 상급관료였을 때, 장 주석이 EBD에 의한 외자 도입, 공업단지 개발 관련 2주 간의 연수 프로그램에 참가한 사례가 소개되어 있다.

한편, 싱가포르의 무역산업장관은 중국과의 비즈니스를 넓히기 위해 중국에 장학생을 파견하고, 무역산업부 및 관련법정기관 내의 중국 전문가를 육성할 계획을 밝히고 있다.

3. 중국의 부상에 대한 싱가포르의 대응

(1) 중국기업과의 경합과 제휴

2000년대는 중국기업과 경합

이웃 나라인 ASEAN과 비교하여, 소득수준이 매우 높은 싱가포르의 소비시장에서는 가전제품의 경우 일본, 구미, 한국 제품에 대한 수요가 높아, 중국 제품(중국 브랜드)은 거의 시장에서 찾아볼 수 없다. 오차드로드 외곽의 대형 가전상점 및 가전 체인점에서는 중국 제품은 취급하지 않는다. 교외의 쇼핑 센터에서도 중국 제품을 취급하는 곳은 적다. 중국 제품은 싱가포르에 판매대리점도 적고, 애프터 서비스도 충분하지 않기 때문에, 아무리 가격이 싸더라도 수요가 적은 것으로 보인다.

그러나 싱가포르에 진출한 일본계 기업은, 미국 등의 수출시장에서 중국 제품과 가격경쟁이 심화되는 것을 우려하고 있다. 일본계 전자제품 업체 관계자는 『미국시장 등에서 중국 제품은 흔히 볼 수 있다. 중국 제품은 가격이 매우 저렴하기 때문에 가격 면에서는 경쟁이 되지 않는다. DVD를 예로 들면, 일본 제품은 약 300달러나 하는데, 중국 제품은 겨우 80달러에 판매되고 있다. 브랜드로 승부할 수밖에 없다』고 말하고 있다. 한편, 일본계 대형 가전업체 관계자는 『예전에는 중국의 기술흡수력을 중요하게 생각하지 않았지만, 요즘에는 평면 TV 등 고부가가치제품의 생산도 가능할 만큼 성장했다. 일본의 가전업체는 1990년대는 한국기업과 경쟁했지만, 2000년대는 중국기업과 경쟁이 치열하게 될 것으로 예상하고 있다』라고 하고 있다.

늘어나는 중국으로부터의 부품조달

싱가포르에 진출한 일본계 기업에 있어서, 싱가포르는 여전히 중요한 국제조달 거점으로 인식되고 있음에도 불구하고, 홍콩의 국제조달사무소(IPO) 등을 통한 중국으로부터의 부자재 조달을 늘리는 움직임이 나타나고 있다. 중국으로부터 부자재를 조달받는 현상 등에 대해 싱가포르에 진출한 일본계 전자 업체 국제 조달 담당자들과 인터뷰를 했다. 그 개요는 다음과 같다.

- 중국 부자재가 붐이 된 것은 1999년 전후부터다. 일본계 기업의 중국진출과 함께, 중국으로부터 부자재를 조달받는 현상도 늘고 있다.
- 중국에서의 부자재 조달은, 중국대륙에 진출한 일본, 홍콩, 대만계 기업들로부터 납품받는 것들이 중심이 되고 있다. 중국기업으로부터 조달받는 것은 아직까지는 일부에 지나지 않지만, 앞으로는 늘어날 것으로 보인다. 중국에서 부자재를 조달하지 않는 기업조차도, 앞으로 중국으로부

터 조달하는 것을 늘릴 필요성에 대해 인지하고 있다.

- 중국으로부터의 조달을 늘리는 이유는 가격이 싸기 때문이다.
- 싱가포르의 IPO가 부자재의 조달총액 중에서 중국에서 들여오는 비율을 산출하는 것은 어렵다. 이는 상류상(商流上)에서는 싱가포르에 소재하는 공급자부터 구입한 것이 되지만, 물류상(物流上)은 공급자가 중국공장에서 생산한 것을 주로 홍콩을 경유하여 반입하는 경우가 많기 때문이다. 또한 동남아시아의 공장은 독자적으로 구매부를 가지고 있거나, 일본계 상사를 경유하여 중국 부자재를 구입하고 있는 경우가 많기 때문이다.
- 중국에서 조달하는 데 가장 큰 문제점은 물류비용이 높은 것이다.

또한 가격상의 이유로 공급 라인을 싱가포르에서 중국으로 전환하는 움직임이 있으나, 반도체 관련부품과 화학품 원재료의 조달처로서, 아직 물류 면에서 뛰어난 인프라를 가지고 있는 조달 거점으로서, 싱가포르는 여전히 중요한 역할을 담당하고 있다.

(2) 경제적 대두, WTO 가입으로 위상을 높이는 중국

중국의 WTO 가입에 대체로 긍정적

중국의 WTO 가입의 영향에 대해, 고촉통 수상은 『중국은 무역, 투자 파트너로서의 매력을 더욱 높이고 있다』고 말하고 있다.[24] 싱가포르 기업도, 대체로 도움이 된다는 견해를 나타내고, 비즈니스 기회가 늘어날 것으로 받아들이는 사람들이 많다.

캐피털 랜드 관계자는 『중국의 경제성장과 WTO 가입에 따라 상해의 고급 건물 시장은 회복되고 있다』라고 말하고, 이 회사가 상해에서

건설 예정인 라플즈 스퀘어에 대해『지금이 개발에 박차를 가할 수 있는 호기』라는 견해를 나타내고 있다.

또한 중국 정부는 WTO 가입을 위해, 외국 보험회사의 중국진출을 허용하고, 국내기업 주식의 50%까지 외국인 투자가가 출자할 수 있도록 했다. 이에 따라 싱가포르 정부투자 공사(GIC)는 2000년 11월, 일본 소프트뱅크 그룹을 포함한 4개사와 공동으로, 중국의 대형 생명보험회사인「타이캉」생명보험공사(Taikang Life)의 주식 25%를 사들였다. 싱가포르의 대형 생명보험 회사인 GE홀딩즈도 중국시장에서의 사업전개를 고려하여 진출을 검토하고 있다.[25]

PSA의 회장은『중국의 WTO 가입은 싱가포르의 해운·항만 업계가 전환을 꾀하는 데 있어 열쇠가 된다』고 말하는 한편,『중국의 발전은 동서의 교류를 확대시키기 때문에, 중계지가 되는 싱가포르의 물류취급량도 늘어나게 될 것이다』라고 지적하고 있다.

단, JETRO가 싱가포르에 진출한 일본계 제조업체를 대상으로 2000년 11~12월에 실시한 앙케이트 조사 결과에 따르면, 일본계 제조업체는 수출시장에서의 중국 제품과의 경합 등 마이너스 영향도 우려하고 있는 것을 알 수 있었다. 유효 회답 91개사 중, 중국이 WTO 가입에 가입할 경우, 사업활동에 미치는 영향에 대해『영향이 있다』가 34개사(37.4%),『영향이 없다』가 20개사(22.0%),『모르겠다』가 37개사(40.7%)였다. 그리고 사업활동에 끼치는 영향이 있는 상황에 대해 유효 회답 33개사 중,『마이너스가 플러스보다 크다』가 16개사(48.5%),『어느 쪽이라고 말하기 어렵다』가 8개사(24.2%)였다. 영향이 있는 경우, 생각할 수 있는 구체적인 영향에 대해서는 유효 회답 32개사 중,『수출시장에서의 경합』이 16개사(50.0%),『중국 제품의 국내시장에 대한 유입」이 5개사(15.6%), 『중국에 대한 수출 기회의 증가』가 15개사 (46.9%)였다.

(3) 싱가포르에서 중국기업의 위협이 높아지는 징조

생산원가의 상승, 노동력 부족 등이 나타나고 있는 싱가포르에서는 중국계 업체에서 공장을 가지고 있는 기업이 없어, 중국기업의 위협은 현재까지는 낮다. 그러나 중국의 TV 제조회사 TCL이 판매회사로서 2000년에 「TC Electronics Singapore Pte」를 설립했는데 이 회사에 의 하면, 2001년 5월부터 TV 판매를 시작한다고 한다. 다른 제품은 싱가 포르 정부의 규제인증을 아직 받고 있지 않다. 대형 가전 판매점에서 는 판매하고 있지 않지만, 심림 타워 2층의 판매대리점 「DMK 트레이 딩」에서는 취급하고 있다. 또한 렌샹은 「Legend Technologies Pte」를 1999년에 설립했는데 판매대리점 「ATC Technology Pte」에서 이 회사 제품을 취급하고 있다. 그리고 캉지아는 「Konka Electronics Singa- pore Pte」를 2000년에, 하이얼은 「Haier Singapore Appliances Pte Ltd」를 2001년에 등록하는 등 기업등록을 끝냈으나, 아직까지 창업에 는 이르지 못하고 있다. 「화웨이 기술(Hauwei Technoligies)」도 2000 년에 주재원사무소를 설립, 싱가포르을 거점으로 삼아, ASEAN 국가들 과 오스트리아, 뉴질랜드의 시장개척과 애프터 서비스를 강화하는 방 침을 밝히는 등 싱가포르에서 중국기업의 움직임에 대해 언급되는 일 이 서서히 늘어나고 있다.

마지막으로 싱가포르 · 중국간의 경제관계는 1990년대 이후, 급속하게 가까워지고 있다. 특히 아시아 통화위기 이후, 이웃 국가들이 정치·경제 면에서 어려움을 겪고 있을 때, 싱가포르 비스니스계의 중국에 대한 관심을 더욱 높아졌다. 한편, 싱가포르 정부도 투자처로서 중국에 매력을 느끼면서, 1990년대 중반에 미얀마 등 ASEAN 신규 가입국의 시장개척에 기울였던 힘을 중국에서의 틈새시장 개척에 힘쓰고 있을 정도로 중국시장에 강한 의욕을 보이고 있다.

여러 가지 제약을 가지고 있는 도시국가 싱가포르에서는, 중국을 위협으로 받아들이는 견해도 있다. 그러나 한편으로 중국의 발전을 비즈니스상의 호기로 생각하고, 이 혜택을 누리려고 하는 견해도 있다. 앞으로, 정부주도형으로 중국 비즈니스에 더욱 박차를 가할 것이라는 것은 누구나 생각할 수 있는 일이지만, 싱가포르의 허브 기능, 중국과의 문화·역사적 유사성 등으로 인해 ASEAN과 중국을 연결시키는 창구(Gateway)로서의 역할 및 기능 또한 명확해질 것이다. 또한 양국 간 경제관계 발전을 위해서는 싱가포르측이 중국을 활용한 발전전략을 추진하는 노력뿐만 아니라, 실질적인 선진국으로서의 입장에서 대 중국 경제협력 등을 고려한 대응과 대책이 요구된다고 생각된다.

박정동(朴貞東)

1. 서론

중국은 1983년 10월 GATT의 옵서버 자격을 획득하고 1986년에 GATT(WTO의 전신)에 가입신청을 제출함으로써 WTO 가입을 위한 본격적인 작업을 추진했으나 미국과의 입장차이로 큰 성과를 거두지 못했다. 그러나 1999년 11월 15일 미국과의 협상이 타결되면서 WTO 가입을 위한 새로운 전기를 마련했는데, 이후 2000년 5월 유럽연합 (EU)과 쌍무협상 타결, 2001년 7월 초 제네바 WTO 가입 협상, 작업반 회의에서의 잔존 쟁점사안 타결 등으로 2001년 11월 열린 제4차 각료 회의에서 WTO에 정식으로 가입했다.

한편, 중국은 1980년대 초반부터 개혁개방 정책을 꾸준히 추진해온 결과 놀라운 경제성장을 이룩했으며 경제규모도 빠르게 성장해 세계의 이목을 집중시키고 있다. 현재의 추세대로라면 2010년경에는 세계 최대의 경제대국으로 부상할 것이라는 것이 경제학자들의 일반적인 관측이다.

이러한 시점에서 중국의 WTO 가입은 세계경제 및 무역질서에 상당한 충격을 가져다줄 것으로 예상되는 한편, 우리나라와 같이 중국과 무역 및 산업 측면에서 중요한 관계를 가지는 근린 국가들에게는 더욱 직접적인 영향을 미칠 것으로 예상된다. 최근에는 이러한 추세에 편승하여 「차이나 쇼크」, 「중국 위협론」 등이 대두되면서 중국이라는 거대 경제대국의 출현에 대해 우려하는 이들도 적지 않다.

그렇다면 중국의 급속한 경제성장과 WTO 가입이 어떤 변화를 가져올 것인가? 그리고 우리경제에 미치는 영향은 어떠한가. 이것이 본고에서 다루고자 하는 주요 문제제기다. 즉 본 장에서 다루고자 하는 주요 문제는 중국의 WTO 가입이 중국의 대외 경제관계에 어떠한 영향을 미칠 것이며, 아울러 한·중 간의 산업경쟁력 분석을 통해 WTO 가입을 계기로 가속화될 것으로 기대되는 중국의 산업화가 주요 수출시장에서의 우리의 비교우위 영역을 얼마나 빨리 잠식할 것인지에 대해 검토하고 이로부터 시사점을 도출하는 것이다:

2. 중국의 대약진

중국은 1978년 개최된 제1기 당중앙위원회 제3총회(11기 3중총회)에서 『프롤레타리아 독재 하의 계속 혁명이라는 잘못된 이론을 부정하고, 당의 활동 중점과 전국 인민의 활력을 사회주의 현대화 건설로 이행시킨다」고 선언했다. 이후 개혁개방 노선은 시행착오를 거듭하면서 지역적인 확대뿐만 아니라, 경제 각 영역에의 적용, 이론적인 정비를 거치면서 계획경제에서 시장경제로의 전환을 추구해왔다. 이는 그 때까지 중국의 정치·경제 시스템을 고려할 때 믿기 어려울 정도로 유연하면서도 대담한 전환이었다.

중국의 개혁개방 20여 년의 업적은 대대적인 경제성장, 그리고 그에 따른 국력의 약진으로 정리할 수 있다. 1979년부터 1999년까지 22년 간 국내총생산(GDP)은 3,624억 위안에서 8조 2,054억 위안으로 급증했다. 불변가격으로 계산하면 연평균 성장률이 9.6%에 달한다. 1인당 GDP 역시 1979년 379위안에서 1999년에는 6,534위안으로 17.2배나 증가했다

직원 노동자의 평균임금도 1978년에는 615위안이었던 것이, 1999년에는 8,346위안으로 13.6배나 증가했다. 그 결과 지난 20여 년 간의 중국의 국민생활, 즉 수입, 소비수준, 저축, 주택, 교통, 문화, 교육, 위생 등 각 방면에서 중국은 눈부신 발전을 이룩했다.

내구 소비재의 보급율 역시 지난 세월 동안 대단히 눈부신 발전을 이룩했다. 「신사종(新四種)의 신기(神器)」로 불렸던 컬러 TV, 냉장고, 세탁기, 녹음기의 상황을 살펴보면, 컬러 TV의 경우 1985년에는 도시 가정 100가구당 17.21대를 보유했지만, 1999년에는 111.57대를 보유하고 있다. 냉장고 역시 1985년에는 6.58대였던 것이, 77.74대로, 세탁기도 48.2대에서 91.44대로 증가했다.

대외 경제교류도 급속히 진전되어, 무역 및 외자이용 규모가 크게 확대되었다. 1978년의 수출입 총액은 206억 달러에 불과했으나 1999년에는 이것이 3,606.5억 달러로 크게 증가했다. 동시에 1979~99년

기간 중 외자이용 실적은 4416.25억 달러에 달하고 있다.

이처럼 중국은 1980년 이후 연평균 9.6%라는 유례없는 고도성장을 구가했으며, 세계경제에서 차지하는 위상 역시 대단히 높아졌다. 세계은행의 《세계발전지표 2000》에 의하면, 1998년의 시점에서 구매력 평가(purchasing power parity＝PPP)로 환산한 중국의 GNP는 3조 7790억 달러로 세계 제2위다. 참고로 1위인 미국은 7조 9040억 달러, 3위인 일본은 2조 9820억 달러이다.[1] 뿐만 아니라 중국 경제의 약진은 중국 제품이 세계시장에서 얼마나 활약하고 있느냐를 통해서도 잘 알 수 있다.

1999년 기준 4,200개 품목 가운데 시장점유율이 1위인 것은 460개나 된다. 1~5위 안에 드는 품목도 무려 1,428개나 된다. 이처럼 강한 경쟁력을 가지고 중국은 미국시장에서 1990년 3.1%였던 점유율을 1998년에는 8.0%까지 끌어올렸다. 일본에서의 시장점유율 역시 같은 기간 5.0%에서 13.2%로 끌어올렸다.

하지만 중국이 앞으로의 고도성장을 현실화하기 위해서는 풀어야 할 과제 또한 적지 않다. 관료의 부패, 지역격차의 확대, 대 중국 직접투자의 감소, 심각한 실업문제, 금융기관의 불량채권, 국유기업의 적자 등이 그 대표적인 것이라 할 수 있다. 이 가운데서도 특히 국유기업의 적자문제는 국유기업 개혁, 행정개혁, 금융개혁의 3대 개혁의 발목을 잡고 있는 대단히 중대하면서도 고질적인 문제라 할 수 있다. 이런 상황에서 중국의 WTO 가입은 향후 중국 경제에 중요한 변수로 등장할 것이다. 중국은 WTO 가입으로 세계시장에 대한 접근이 좀더 용이해질 것이나 현재 직면한 문제들에 더해 제도개선 및 구조조정에 대한 외부 압력도 커질 것이기 때문에, 중국의 WTO 가입은 긍정적인 영향과 함께 부정적인 영향도 동시에 가져올 것으로 사료된다.

3. WTO 시대의 중국 경제

중국의 WTO 가입은 중국의 전반적인 경제환경과 중국의 무역·산업구조 및 대외관련 정책에 큰 변화를 가져올 것으로 전망되며 지난 20년 동안 추진해온 중국의 개혁개방 정책에도 큰 영향을 미칠 것으로 예측된다. 또한 중국의 WTO 가입은 그 동안 추진해온 대외무역체제 개혁의 성공적 결과이자 가시적인 성과지표로서, 그것이 갖는 상징적 의미 또한 대단히 중요하다고 할 것이다.

그러면 중국이 WTO에 가입하게 되면 무엇이 달라지는가. 가장 직접적인 변화는 무역 면에서 관세 및 비관세 장벽의 완화 및 시장개방 확대일 것이다. WTO 가입으로 중국의 관세 및 비관세 장벽은 더욱 획기적으로 낮아질 전망이다. 미국과의 협상으로 농산물의 평균관세율이 1999년 현재 22%에서 2004년까지 17%로 인하될 전망이며 미국산 주요 농산물에 대한 관세는 14.5%로 인하될 전망이다.[2] 또한 미국산 농산물에 대한 수입제한이 폐지되며 밀수입 쿼터의 경우 1999년 730만 톤에서 2004년 930만 톤으로 확대될 전망이다. 한편 중국은 EU와의 협상에서 올리브, 와인, 버터, 파스타 등의 품목에 대해서도 큰 폭의 관세인하를 추진하기로 합의했다.[3] 이와 함께 중국 정부의 농산물에 대한 수출 보조금도 폐지될 것으로 예측되는데, 요컨대, 농산물 부문에서 중국이 기존에 고수하던 고관세, 수량규제, 비과학적 위생·검역기준에서 탈피하여 동 부문에 대한 수량제한이 완화되고 농산물 관세가 점진적으로 인하될 것으로 기대된다.

이러한 변화는 상품 및 서비스 부문에서도 찾아볼 수 있다. 상품과 서비스 부문의 보호장벽도 크게 낮아질 것인데 중국과 미국의 주요협정 내용을 살펴보면 현재의 제조업 평균 관세율 17%(1999년)를 2005년까지 9.44%로 낮추어야 한다(공산품 평균 관세율이 2005년까지 44% 정도 하락할 것으로 전망). 특히 반도체, 컴퓨터, 통신설비 등의 첨단 전기 · 전자제품의 경우 아예 관세를 없애야 하며 자동차 및 주요 부품의 수입관세는 2005년까지 25%, 10% 수준으로 인하된다. 중국은 관광, 정보통신, 보험, 금융, 건설, 영상음향, 전문 서비스 등을 포괄하는 광범위한 서비스 부문에 대해서도 규제 완화를 약속했다. 특히 유통부문에 대한 약속은 매우 중요한 의미를 가지는데, 이는 유통부문이 창출하게 될 투명성과, 정부 수준에서 유통부문을 통제함으로써 발생하는 간접적인 장벽 형성의 가능성을 배제함으로써 상품무역에 있어 중요한 영향을 미치기 때문이다. 중국이 제시한 서비스 부문에 대한 향후 개선안은 우루과이 라운드에서 고소득 국가들의 평균수준과 같고 대부분의 개발도상국 수준을 훨씬 뛰어넘는 것으로 평가되고 있다.

반면 중국도 WTO 가입으로 타국의 관세 · 비관세장벽 인하의 혜택을 받을 것으로 전망된다. 일례로 중국은 과거 직물 및 의류에 관한 우루과이 라운드 협정에서 배제되었기 때문에 협정국들 사이에 진행된 쿼터 증대에 관한 합의사항으로부터 큰 혜택을 얻지 못했다. 그러나 중국은 WTO 가입으로 이러한 적용을 받을 수 있을 것으로 전망되며 향후 쿼터의 점진적 철폐로 인해 직물 및 의류부문에서 중국상품의 수출확대를 위한 중요한 전기를 마련하게 될 것으로 보인다.

한편 이와 같은 대변동을 겪게 될 중국은 WTO 가입 이후 단기적으로는 기회와 위기의 틈바구니 속에서 적지 않은 시련도 감수해야만 할 것으로 보인다. 왜냐하면 중국은 WTO 가입으로 인해 국제경쟁과 시장원리에 그대로 노출될 수밖에 없기 때문이다. 하지만 이러한 시련은 장기적으로는 중국기업의 구조조정을 가속화시키고 국가 경쟁력을 고양시키는 요인으로 작용할 것이다. 다시 말하면 중국의 WTO 가입은 중국의 개혁개방 정책의 수준을 한 단계 격상시키는, 즉 세계기준에 맞는 법적 · 제도적 장치의 정비를 꾀하는 중요한 계기가 될 것이다.

거시적인 측면에서 중국은 WTO에 가입함으로써 GDP 성장률이 증가할 것이며 이로 인해 소비자들은 더 많은 혜택을 누리게 되고 결과적으로 중국의 GDP 성장도 새로운 모멘텀을 획득할 것이다. 산업구조라는 측면에서 보면 WTO 가입으로 경쟁에 따른 진입 · 퇴출 원리와 함께 경쟁력이 제고되면서 중국산업이 재편되고 산업구조의 고도화가 진행될 것인데, 이 과정에서 중국의 자본집약적 또는 기술집약적 산업이 직 · 간접적으로 영향을 받지 않을 수 없을 것이다. 따라서 중국의 자본 · 기술 집약적인 산업들은 각 부문별로 경영여건 악화와 구조고도화라는 양면의 성향이 공존하게 될 것이다.

또 경제의 세계화와 네트워크화가 가속화되면서 중국 내 전통적인 경영시스템의 개혁에 대한 압력도 더욱 증대될 것이다. 미래지향적 경제발전을 가속화하기 위해서는 상호 의견교환이 용이한 수평적 경영 메커니즘이 필수적인데, 이에 반해 중국 대부분의 경영 메커니즘은 피라미드 계층형태를 나타내고 있다. 이러한 경영체제는 향후 '신경제' 발전을 방해하는 요소로 작용할 가능성이 높으며 앞에서도 언급한 바 WTO 가입으로 중국의 시장개방에 따른 외국기업들의 중국진출 가속화로 경영 시스템의 개혁이 불가피할 것으로 전망된다. 이에 따라 정부의 행정 및 경영관리 메커니즘은 직접적인 개입형태에서 간접적인 관리형태로 변화할 가능성이 크다.

4. 한·중 간 산업경쟁력 분석

그러면 중국의 변화가 한국에게는 어떠한 경제적 영향을 미칠 것인가. 우선 중국의 WTO의 가입, 그리고 이로 인한 관세인하가 한·중 간의 수출에 어느 정도의 영향을 미칠 것인가. 연구기관에 따라 그 결과가 다양하지만 그 중 몇 가지를 소개하면 다음과 같다.

- 미국 국제무역위원회(ITC)는 중국의 WTO 가입이 미국 및 세계경제에 미치는 영향을 분석했는데, 이에 따르면 중국의 WTO 가입시 2005년까지 중국수출은 1998년 대비 10.1~12.2% 증가, 수입은 11.9~14.3% 증가할 전망이다. 한편으로 한국의 수출 및 수입은 중국의 증가액의 3.2%, 수입 증가액의 12.1%~13.3%만큼 늘어날 것으로 추정했다. 즉 중국의 WTO 가입이 한국의 대 중국수출에 2000~2005년 누계액 기준으로 볼 때 22.2~24.3억 달러의 영향을 미칠 것으로 추정했다.

- 한국은행은 중국의 수입함수를 추정한 후 가격탄력성 및 소득탄력성을 이용하여 2000년부터 2005년까지 6년 동안 중국의 수입증가액을 추정하고 여기에 한국 수출의 중국시장 점유율을 적용하여 중국의 WTO 가입에 따른 대 중국수출 증가액을 산출했다. 그 결과, 중국의 WTO 가입시 2000~2005년에 걸쳐 6년 동안 중국의 총수입액은 총 260억 달러 정도 증가하고 한국의 대 중국수출은 27억 달러 정도 증가할 것으로 추정했다.

<table>
<tr><td colspan="4">〈표 14-1〉 중국의 WTO 가입이 한국의 중국 수출입에 미치는 영향 추정 (단위 : 억 달러)</td></tr>
<tr><td>구 분</td><td>수출</td><td>수입</td><td>수출입 차이</td></tr>
<tr><td>한국은행</td><td>27</td><td>3</td><td>24</td></tr>
<tr><td>대외경제정책연구원</td><td>32.1~55.5</td><td>21~38</td><td>11.1~17.8</td></tr>
<tr><td>미국국제무역위원회</td><td>22.2~24.3</td><td>5.8~7.0</td><td>16.4~17.3</td></tr>
</table>

주: 2000~2005년 중 누계액 기준

• 대외경제정책연구원은 중국의 WTO 가입 후 평균관세율이 1995년의 약 36.0%에서 1995년 기준 ASEAN 평균관세율 수준인 15%, 이보다 낮은 10%, 또는 이보다 높은 19% 등 3가지 경우를 상정하여 한국의 중국수출이 32.1~55.5억 달러 증가할 것으로 추정했다.

한편 중국의 WTO 가입시 한국의 대 중국수입은 한국은행에 따르면 한국의 조정관세 인하에 따른 대 중국수입 증가효과와 한국의 대 중국 수출 증가에 따른 수입유발 효과를 합산할 경우 한국의 중국수입은 2005년까지 6년 간 약 3억 달러 증가할 전망이다. 이에 따라 한국의 중국 무역수지는 2000~2005년 동안 24억 달러 정도 개선될 것으로 예상된다. 이 같은 추정결과는 미국 국제무역위원회(ITC)의 16.4~17.3억 달러, 대외경제정책연구원의 10~17억 달러보다 다소 큰 수치다.

그렇다면 중국의 WTO 가입이 제3국 시장에 있어서 한·중 간 수출 경합관계에는 어떠한 영향을 미칠 것인가. 중국은 개혁개방 정책 이후 급속한 경제성장에 힘입어 대외무역에서도 혁혁한 성과를 거두었다. 1990년부터 2000년까지 한국의 연평균 수출증가율은 10.01%를 기록한 반면 중국의 연평균 수출증가율은 15.65%를 기록했으며 세계시장에서 중국의 점유율도 빠른 속도로 증가하고 있다. 중국의 세계시장

점유율은 1980년대 중반부터 1990년까지 한국보다 낮은 수준을 기록
했으나 지속적인 수출 증가세에 힘입어 1991년에는 2.04%로 한국과
같은 수준을 기록했다. 그리고 이후에는 상황이 역전되면서 중국의 우
위가 지속·확대되었는데 1999년에는 그 격차가 1% 수준으로 증대되
었고 2000년에는 1.24%로 확대되었다.

그러나 중국의 세계시장 점유율은 WTO 가입과 함께 앞으로도 계속
확대될 것으로 전망되며 문제는 각 품목별 부문에서 한국과 중국의 수
출경쟁력이 어떻게 변화할 것이며, 그 변화가 우리 나라 경제에 어떤
영향을 미칠 것인지에 대한 것이다. 전반적인 교역구조 측면에서 볼
때 한국과 중국은 경합관계보다 보완관계에 있는 것으로 볼 수 있는데
우리나라와 중국 간의 무역보완도 지수[4]를 살펴보면 이러한 관계를 쉽
게 예측할 수 있다.

1990년에 0.58을 기록했던 양국의 무역보완도 지수는 이후 지속적
으로 증가하여 2000년에는 0.94까지 상승했다. 이는 한국에서 수출비
중이 높은 품목이 중국에서는 상대적으로 수입비중이 높다는 것을 의
미하며 우리나라의 수출구조가 중국의 수입구조와 유사하다는 사실
을 보여주는 것이라 할 수 있다. 이러한 사실은 제3시장에서 한국과
중국의 수출경합도 지수[5]를 통해서도 알 수 있다. 미국시장과 일본시
장에서 한국과 중국의 수출경합도 지수는 1994년에 각각 0.39를 기록

<표 14-2> 한국과 중국의 무역보완도 지수

구 분	1990	1995	1998	1999	2000
무역보완도 지수	0.58	0.71	0.86	0.92	0.94

자료: 1999년까지는 한국은행, 2000년은 KOTIS 자료를 기초로 작성

〈표 14-3〉 미국 및 일본시장에서 한국과 중국의 수출경합도 지수					
구 분	1994	1997	1998	1999	2000
미국시장	0.39	0.32	0.34	0.35	0.37
일본시장	0.39	0.35	0.37	0.36	0.34

자료 : 1999년까지는 한국은행, 2000년은 KOTIS 자료를 기초로 작성

했으나 2000년에는 0.37과 0.34로 1994년의 그것보다 낮은 수준을 기록했다.

한편 제3국 시장에 있어서의 한·중 간 수출경합관계를 좀더 자세히 살펴보기 위하여 본고에서는 2000년 HS 코드기준 품목별 데이터로부터 수출비중, 무역특화도 지수,[6] 제3시장에서 양국의 현시 비교우위지수[7]를 산출하고 이를 근거자료로 품목별 경합여부를 조사했다. 요컨대 각 품목별로 해당 시장에서 현시 비교우위지수가 1보다 큰 품목은 상대적으로 경쟁우위가 있는 것으로 가정하고 양국 모두 현시 비교우위지수가 1보다 큰 품목을 양국 간 경합관계가 있는 품목으로 판단했다. 그러나 본 장에서는 자료의 제한으로 인해 미국시장과 일본시장만을 고려하고 있기 때문에 그 외의 수출시장이 제외된 것을 보완하기 위해 수출비중이나 무역특화지수도 함께 고려했다. 따라서 양국 모두 현시 비교우위지수가 1보다 높다고 하더라도 양국 간 현저한 차이가 존재한다든지 수출비중이나 무역특화지수에서 큰 차이를 나타내는 경우에는 양국 간 경쟁품목에서 제외했다. 또 반대로 현시 비교우위지수가 1보다 약간 낮은 수치를 기록하더라도 양국모두 수출비중이나 무역특화지수가 높거나 비슷한 경우에는 경쟁품목으로 고려했다.[8]

전체적으로 볼 때 한국과 중국간에 경쟁관계가 존재하는 부문은 크지 않은 것으로 조사되었으며, 대부분의 품목에서 한국 또는 중국이

비교우위에 있거나 양국 모두 경쟁력이 없는 것으로 분석되었다. 전반적으로 아직은 한국이 중국보다 경쟁력이 있는 것으로 나타났는데 상대적으로 중국이 비교우위에 있는 것으로 판단되는 품목은 농수산·음식물, 가죽 및 모피, 신발류, 의복, 액세서리, 비금속광물제품, 가구 및 무기, 완구 등으로 나타났으며 반대로 한국이 비교우위에 있는 품목은 고무 및 타이어, 자동차, 자동차, 선박, 기계류 및 정밀기기 등인 것으로 분석되었다(〈부표 1·2〉 참조). 한편 양국이 경쟁관계에 있는 품목으로는 섬유류, 철강 및 금속제품, 전기전자 등으로 조사되었고 광물 및 시멘트, 화공품, 나무 및 종이제품, 귀금속 등에서는 양국 모두 경쟁력이 없는 것으로 나타났다. 주요 산업들이 세부사항에 간략히 언급하면 다음과 같다.[9]

전기·전자 제품의 경우 HS 2단위 단일코드 기준으로 양국 모두에 있어 가장 높은 수출비중을 나타내고 있는 부문인데(한국의 경우 전체 수출 가운데 26.9%, 중국의 경우 전체 수출 가운데 18.5%를 차지), 전자 집적회로와 초소형 조립회로, 휴대전화 및 송신기기와 TV, 카메라 등에서는 한국이 중국보다 높은 경쟁력을 보여주는 반면 중국이 한국보다 비교우위를 나타내는 주요 품목은 전동공구, 면도기와 이발기, 가정용 전기기기, 변압기, 카세트 플레이어 등으로 나타났다. 한편 전동기와 발전기, 축전지, 전기식 물가열기, 난방기기, 마이크로폰, 헤드폰, 마그네틱 녹음기, 영상기록·재생기, 무선전신·전화 또는 라디오 방송기, TV 수상기 및 부분품, 인쇄회로 등 일부 품목에서는 양국이 경합관계에 있는 것으로 분석되었다.

철강과 금속제품은 한국과 중국에서 각각 전체수출 대비 6.8%와 6.7%를 기록하고 있는 부문이다. 철강제품, 금속제품(공구, 도구, 스푼과 포크) 등에서 양국이 경합관계를 보였으며 중국이 비교우위에 있는 세부품목은 연(납), 아연, 주석, 기타 금속제품이고 한국이 비교우위에 있는 품목은 철강, 동 등의 품목인 것으로 나타났다.

자동차 부문의 경우 현시 비교우위지수를 살펴보면 미국시장에서는 한국이 더 높은 수치를 기록하고 있으나(한국은 1.1, 중국은 0.2) 일본 시장에서는 중국이 약간 높은 수치를 기록하고 있다(한국은 0.3, 중국은 0.5). 그러나 일본시장에서 양국의 현시 비교우위지수는 둘 다 1을 넘지 못할 뿐만 아니라 그 차이도 미미하며 무역특화지수(한국 0.8, 중국0.1)와 수출비중(한국 8.9%, 중국 1.8%)에서 한국이 높은 수치를 기록하고 있다는 사실을 고려해 이를 한국이 경쟁우위가 있는 품목으로 분류했다. 세부품목을 살펴보면 한국은 승용차와 기타 차량(전체 수출 대비 6.91%, 자동차 부문대비 78%), 그리고 신체장애자용 차량 부문에서 중국보다 경쟁력이 높은 것으로 분석되었으며 반대로 중국은 이륜 자전거 및 기타 자전거, 부분품과 부속품, 유모차, 트레일러 등에서 한국보다 비교우위를 나타내는 것으로 조사되었다. 한편 선박 부문에서는 한국이 중국보다 다소 높은 경쟁력을 보유하고 있으며 철도차량 및 항공기 부문에서는 양국 모두 경쟁력이 없는 것으로 조사되었다.

요컨대 지금까지의 품목별 경쟁관계를 전체적으로 검토하면 중국은 경공업 부문에 높은 경쟁력을 가지고 있는 반면, 한국은 중화학공업 부문에 비교우위를 가지고 있는 것으로 판단할 수 있다. 전반적으로 양국이 다른 분야에 특화하고 있는 이유로 양국 간 경합이 크게 높지 않고 보완적 관계에 있음을 알 수 있다. 이는 앞에서 언급한 무역보완도 지수나 제3시장에서의 수출경합도 지수를 통해 살펴본 양국 간 경합관계 분석과 같은 맥락이라고 할 수 있다. 그렇다면 중국의 WTO 가입 이후 한국과 중국간 경쟁관계가 어떻게 변화할 것인가?

단기적인 관점에서는 중국의 WTO 가입이 현재 한·중 간 경쟁관계의 틀을 크게 변화시키지는 못할 것으로 예상된다. 아래의 표에서 보는 바와 같이 한·중 간 수출구조를 살펴보면 한국이 경쟁우위를 보이는 품목은 전체수출에서 58.9%를 점유하고 있다. 한편 양국이 경합관계에 있는 품목의 비중은 17.1%에 불과하며, 중국이 경쟁우위에 있는 품목의 비중(6.9%)을 함께 고려하더라도 그 비중은 24%에 지나지 않는다. 즉 현재의 한·중 간 수출구조와 앞에서 언급한 향후 수출·수입 전망을 감안하면 중국이 WTO 가입하더라도 단시간 내에 중국의 급격한 경쟁력 상승이나 중국의 한국 경제 추월과 같은 현상으로 한국 경제가 크게 위축될 것으로 예상되지는 않는다.

그러나 문제는 장기적인 관점에 있다. 앞에서도 언급한 것처럼 중국의 WTO 가입은 중국에게 직접적이거나 가시적인 이점 외에 간접적이거나 보이지 않는 이점을 제공할 것이다. 요컨대 중국의 WTO 가입은 향후 중국의 제도·체제가 정비되고 기업의 효율성이 증대되면서 산업구조가 현재의 노동집약적인 경공업 중심에서 중화학공업 위주로 재편되는 과정에서 중요한 촉매제 역할을 담당할 것이 자명하다. 현재 한국과 중국의 수출구조가 어느 정도 보완성을 유지하고 있는 것은 한국이 중화학공업에서 비교우위를 확보하고 있는 반면, 중국은 경공업에서 상대적으로 높은 경쟁력을 보유하고 있는 구조에 기인하는 측면이 강하다. 따라서 중국의 산업구조 재편으로 한국과 중국의 경쟁관계가 향후 더욱 심화될 가능성이 있다.

이러한 추세는 최근 몇 년 간의 자료를 통해서도 살펴볼 수 있다. 전기·전자 부문을 예로 들면 최근 3년 간 동 부문이 중국의 전체 수출에

<표 11-4> 2000년 한국과 중국의 수출경합품목 및 수출비중 요약

구 분	한국의 비교우위 품목	한국과 중국의 경합품목	중국의 비교우위 품목	양국 모두 경쟁력이 없는 품목
주요 품목	종이 및 판지, 인조장섬유, 공업용 의방직용 섬유제품, 철강, 기계류, 선박, 승용차, 집적회로, 열전자관, 송신기기 등	베이커리, 플라스틱, 견직물, 면직물, 인조단섬유, 특수직물, 모자류, 유리 및 유리제품, 철강제품, 금속제의공구, 악기, 전동기 및 발전기, 마이크로폰, 헤드폰, 녹음기 등	식용채소, 과실, 소금, 시멘트, 무기화학품, 화약류, 모피, 가죽제품, 로우프 및 케이블, 신발류, 아연, 주석, 납, 시계 및 부분품, 완구, 자전거, 유모차, 유선전화, 변압기, 카세트 플레이어 등	유기화학품, 의료용품, 목재, 코르크, 귀금속, 니켈, 알루미늄, 항공기, 트랙터, 차체, 발전 세트 등
한국의 수출비중	58.9%	17.1%	6.9%	17.1%
중국의 수출비중	19.2%	25.5%	39.5%	15.8%

주 : KOTIS 데이터를 기초로 HS 2 또는 HS 4코드 기준 현시 비교우위지수, 무역특화지수, 수출비중 등을 산출한 후 각 품목을 분류

서 차지하는 비중은 1998년 14.8%에서 2000년 18.5%로 증가했으며 미국시장에서 한국과 중국의 현시 비교우위지수 격차도 1998년에는 약 1.5 정도를 유지했으나 2000년에는 0.8로 축소되었다. 이러한 추세를 감안하면 장기적으로 전기·전자부문에서 양국의 경쟁은 더욱 치열해질 것으로 판단된다. 또한 과거 한국이 경쟁력을 가졌던 철강, 화섬 등의 분야에서도 중국은 자체 생산능력을 갖추는 등 경쟁력이 제고되었다. 일례로 철강 및 금속제품이 1998년 총 수출에서 차지하는 비

중은 한국과 중국에서 각각 9.0%, 6.9%였으나 2000년에는 6.8%, 6.7%로 변화했으며 미국시장에서 한국과 중국의 현시 비교우위지수는 각각 1998년에 1.7, 1.1에서 2000년에는 1.2, 1.4로 상황이 역전되었다. 또한 일본시장에서의 한국과 중국의 현시 비교우위지수도 1998년의 3.2, 1.0에서 2000년에는 2.3, 1.1로 축소되었다. 한편, 자동차 부문은 현재 무역특화지수나 수출비중에서 한국이 중국에 비해 높은 비교우위를 가지고 있으며 미국시장에서의 현시 비교우위지수 격차도 일정한 수준 이상을 유지하고 있다(1998년 한국과 중국의 현시 비교우위지수는 0.6, 0.1에서 2000년에는 1.1, 0.2로 격차가 확대). 그러나 중국은 선진국 기업과의 합작기업 설립을 통해 빠른 기술이전을 추진하고 있으며 WTO 가입으로 자동차 시장의 개방이 더욱 확대되어 중국의 기술수준이 급격히 확대될 가능성이 있으므로 이 부분에서도 향후 경쟁이 심화될 것이다.

이러한 경향은 1998년부터 2000년에 이르기까지 양국 간 경합품목 수출비중의 변화추이를 통해서도 확인할 수 있다. 1998년 한국과 중국의 경합품목 수출비중은 한국을 기준으로 전체 12.7%였으나 1999년에는 15.6%, 2000년에는 17.1%로 매년 상승했다(중국기준으로는 1998년 17.6%, 1999년 23.1%, 2000년 25.5%를 .기록).[10] 이러한 경합품목 비중의 증가추세는 향후 중국의 WTO 가입으로 양국 간 수출시장에서의 경쟁관계가 더욱 심화될 가능성이 있음을 시사해주는 것이라 할 수 있다.[11]

한편, 중국은 제10차 5개년 계획(2001-2005)을 통해서 공업구조 개혁 및 고도화, 서비스 부문의 발전제고, 국민경제 및 사회의 정보화 가속화 추진 등 산업구조 재편에 더욱 박차를 가할 것으로 예상된다. 제

15기 5중전회에서 심의·통과된 중국 10차 5개년 계획에 따르면 중국은 향후 5~10년 기간을 경제구조조정, 대외개방의 확대, 사회주의 시장경제 체제의 완성 등 경제 및 사회발전의 중요한 시기로 이해하고 국민경제의 지속적인 발전속도 유지, 경제성장의 질과 효율성 제고, 전략적인 경제구조조정 달성, 사회주의 시장경제체제의 진일보, 사회보장제도의 건전화, 과학기술 및 교육의 신속한 발전 등을 주요 목표로 선정했다. 또한 목표달성을 위한 세부추진 방안으로서 공업구조 개혁 및 고도화의 측면에서는 첨단 선진기술을 적극 도입하고, 기업이 주체가 되어 기술진보를 기반으로 한 총체적인 공업생산능력과 국제경쟁력을 제고하며, 특화 및 규모의 경제원칙에 입각하여 기업구조조정을 가속화하는데 주력한다. 둘째, 서비스 부문의 발전 제고 측면에서는 서비스 산업의 전체적인 수준제고를 위해서 금융, 회계, 자문, 법률, 정보 서비스 부문을 적극 개발하고 서비스업의 시장화를 가속추진하며 행정서비스 개선을 도모한다. 셋째, 정보화 가속추진의 측면에서는 정보화를 중국의 산업구조 고도화, 공업화 및 현대화 실현의 중심축으로 추진하는 한편, 공공정보 네트워크 건설 및 정보화 종합관리 강화, 정보산업의 발전 가속화에 중점을 두고 있다. 이러한 중국의 행보는 향후 중국의 산업구조 개편을 촉진시켜 한국과 중국의 경합관계를 심화시킬 수 있는 또 다른 요인으로 작용할 것이다

따라서 한국은 장기적인 시각에서 한국과 중국의 경쟁관계를 조망하고 이로부터 필요한 조치를 강구해야 할 것이다. 그리고 이것은 제3시장에서 한·중 간의 경쟁관계 확대에 대한 대응방안을 포함하는 동시에 중국시장에서 한국산업의 경쟁력 문제를 재고하는 전략이 바람직할 것이다. 즉 시장별 대응방안으로서 세계시장, 중국시장, 그리고

한국시장을 구분하여 선정하고 각 시장별로 적합한 세부방안을 모색하는 것이 바람직할 것이다.[12] 세계시장에서는 향후 중국과의 경쟁이 치열해질 것에 대비해 제품개발에 필요한 연구개발을 확대하고 한국 기업들이 취약한 디자인, 설계 등의 분야에 적극적으로 투자할 필요가 있으며 중국시장에서는 현지화 전략의 심화·확대를 통해 장기적인 측면에서의 중국시장 공략을 검토해보아야 할 것이다. 또한 중국의 WTO 가입으로 한국시장에서 중국상품의 수입도 급증할 것으로 예상되는 바[13] 중국의 무역보복을 피하면서 중국의 급격한 수출증대를 완화할 수 있는 제도적 정비에도 주의를 기울여야 할 것이다.

5. 맺음말

중국의 WTO 가입이 시사하는 진정한 의미는 무엇인가. 결론부터 이야기하면 우리는 이를 단순한 무역 투자확대 이상의 의미, 즉 세계시장에서 중국 경제의 영향력 확대라고 하는 좀더 큰 틀 속에서 조명해 볼 필요가 있다. 왜냐하면 중국의 WTO 가입은 가입협상에서 약속한 제반 사항을 이행하는 과정에서 중국 경제를 세계시장경제 체제에 완전히 편입시키게 될 것이고, 아울러 이 과정 속에서 중국은 자국경제권의 외면적 확대를 이룩하고, 나아가서는 ASEAN을 포함한 동아시아 경제권으로까지 그 범위를 확대하게 될 것이기 때문이다. 이러한 측면에서 볼 때 중국의 WTO 가입은 그 자체가 중국 경제를 중국적 틀 속에서 벗어나 세계경제라는 큰 틀 속으로 나아가게 하는, 말하자면 중국 경제사에 있어서 한 획을 긋는 획기적인 사건이라 할 수 있다. 요컨대, 15년 만에 성사된 중국의 WTO 가입으로 세계 무역질서가 재편되고 중국 내 구조조정과 개방이 가속화될 것으로 전망되며, 한국과 중국의 경합관계와 관련해서는 단기적인 측면보다도 장기적인 측면에서 향후 양국 간 경합관계가 심화·변화될 가능성이 있는 것으로 예측할 수 있다.

따라서 중국 경제의 성장을 우리의 기회로 최대한 활용하고 한국의 경쟁우위를 유지·지속시키기 위한 좀더 기본적인 전략 개념으로서 우리나라는 시장경제 시스템에서의 우월성을 확보하고 그 격차를 확대·유지시키기 위해 노력해야 할 필요가 있다. 중국은 시장경제 지향적 개혁과정에서 국가권력이 시장원리에 대체되기보다는, 국가권력이 시장원리의 적용범위와 방향을 전략적·자의적으로 선택하는 경향이 강하다고 할 수 있다.[14] 이러한 상황에서 중국은 향후 시장원리에 기반을 둔 노동·자본시장의 형성 및 발전이 한계에 직면할 가능성이 있는 반면, 우리 나라의 경우 외환위기 이후 시장경제의 틀을 재정비하기 위한 구조개혁을 추진해왔기 때문에, 이를 성공적으로 완수할 경우 중국보다 우월한 시장 시스템을 확보할 수 있을 것으로 예상된다. 따라서 시장 시스템의 우월성 유지에 주력하는 한편, 국내기업의 경쟁력 확보, 글로벌 기업의 유치, 수출상품구조의 고도화, 산업구조조정 등에도 지속적인 관심을 기울여야 할 것이다. 또한 21세기는 세계화·정보화 시대로 진입함에 따라 정보통신 기술이나 지식기반 경제의 확립이 매우 중요한 요인으로 작용하고 있는 바 정보화 기술에서의 격차 유지도 매우 중요한 관건이라 할 수 있다. 중국의 경우 인터넷 관련 인프라 수준이 미약하고 아직 초고속통신망을 활용한 인터넷 환경은 극히 저조하며 정부의 통제가 심해 관련산업 발전이 더딘 실정이다. 반면 우리나라의 경우 정보통신 인프라의 구축이 이미 일정수준을 넘어섰고, 최근 들어 관련 콘텐츠 개발과 제도정비의 중요성에도 주의를 기울이고 있는 바, 이를 적극적으로 추진·활용함으로써 정보기술 발전속도를 더욱 증대시켜나간다면 중국시장 및 세계시장에서 큰 이득을 얻을 수 있을 것으로 판단된다.

아울러 중국의 WTO 가입 이후 경제지도의 새로운 변화로 인해 이웃나라 대만이 그러하듯 한국 경제도 이제는 중국대륙을 중심으로 하는 거대경제권 속에서의 생존전략을 모색하지 않으면 안 된다. 즉 이제는 정부가 우리의 경제정책을 수립하는데 있어서도, 그리고 기업이 생산 및 판매전략을 수립하는 데 있어서도 중국의 동향을 일일이 점검하면서 수립해야만 한다. 결국 한국의 향후 전략은 중국에 비해 비교우위가 있는 중간재·자본재 산업의 지식·기술 격차를 어떻게 지속적으로 유지할 것인가 하는 것에 달려 있다고 하겠다. 이를 위해서는 우리 기업들의 지속적인 기술투자가 필수적인데, 세계적인 수준의 기술투자가 이루어지기 위해서는 지금이야말로 국제 비즈니스 센터로서의 역할을 할 수 있게 진정한 의미에서의 지구촌화를 생각하지 않으면 안 된다. 즉 이제부터는 「MADE IN KOREA」에서 「MADE BY KOREA」로의 전략수정이 필요한 것이다.

구분	한국의 비교우위 품목	한국과 중국의 경합품목	중국의 비교우위 품목	양국 모두 경쟁력이 없는 품목
주요 품목	고무 및 타이어, 종이 및 판지, 인조장섬유, 부직포, 공업용 의방직용 섬유제품, 철강, 동, 기계류, 선박, 승용차, 인쇄회로, 트랜지스터, 집적회로, 열전자관 등	베이커리, 플라스틱, 견직물, 면직물, 양모, 인조단섬유, 모자류, 유리 및 유리제품, 철강제품, 금속제공구, 금속제 기타제품, 악기, 잡품, 전동기 및 발전기, 축전지, 마이크로폰, 헤드폰, 녹음기, TV, 무선 송수신기, 트레일러 등	식용채소, 과실, 소금, 시멘트, 무기화학품, 화약류, 모피, 가죽제품, 로우프 및 케이블, 신발류, 아연, 주석, 납, 철도용 기관차량, 시계 및 부분품, 완구, 자전거, 가구, 유모차, 변압기, 방송수신용 기기, 전기 절연제품 등	유기화학품, 담배, 광물성 연료, 의료용품, 비료, 귀금속, 니켈, 알루미늄, 항공기, 정밀기기, 트랙터, 차체, 발전세트, 유선전화·전신용 기기, 축전기 등
한국의 수출비중	54.3%	15.6%	6.8%	23.0%
중국의 수출비중	17.0%	23.1%	37.1%	22.8%

구 분	한국의 비교우위 품목	한국과 중국의 경합품목	중국의 비교우위 품목	양국 모두 경쟁력이 없는 품목
주요 품목	고무 및 타이어, 인조장섬유, 메리야스·뜨게질 편물, 철강 및 철강제품, 선박, 기계류, 악기, 무선 전신·전화용 송신기기, 인쇄회로, 열전지관, 트랜지스터, 전자집적회로, 승용차 등	베이커리, 플라스틱, 견직물, 인조단섬유, 특수직물, 모자류, 아연, 금속제의 기타제품, 철도용 기관차량, 잡품, 축전지, 난방기기, 미이그로폰, 헤드폰, TV 수상기, 무선 송수신기기, 램프 등	채소, 과실, 소금, 시멘트, 무기화학품, 화약류, 가죽제품, 모피, 로우프, 케이블, 지팡이, 우모, 납, 주석, 시계, 가구, 완구, 전동공구, 면도기 및 이빌기, 무선전신·전화기기, 자전거, 유모차, 트레일러 등	당류, 담배, 광물성 연료, 유기화학품, 비료, 의료용품, 원피(모피 제외), 양모, 동, 니켈, 항공기, 정밀기기, 일차전지, 음성기록용 데이프 및 매체, 전기저항기, 개폐기 및 계전기 부분품. 트랙터, 화물자동차 등
한국의 수출비중	54.3%	12.7%	6.5%	26.5%
중국의 수출비중	18.3%	17.6%	39.0%	25.1%

각 주

제1장

1) 중국측의 무역통계인 《중국해관통계연감》을 이용했다.

2) 태국의 무역통계에 의하면 태국의 대 중국무역은 적자다.

3) 엄밀히 말하자면 관세율 등을 고려해야 하지만, 개황을 파악하는 것이 목적이기 때문에 통계치를 그대로 이용했다.

4) AFTA의 진척상황 및 기업이 지적하는 문제점에 대해서는, 靑木健, 「AFTA - ASEAN 경제통합이 실향괴 진밍」 (JETRO 2001)년에 상세히 소개되어 있다.

제2장

1) 중국 대외무역경제합작부 발표자료에 의함.

2) 丸屋豊二郞, 「중국화남의 산업집적과 아시아 국제분업의 재편」, 丸屋 編, 「아시아 국제분업재편과 외국직접투자의 역할」(일본무역진흥회 아시아경제연구소, 2000).

3) 동완대상기업협회(東莞台商企業協會)에 의함. 대만정보산업책진회에 의하면, 2000년에 중국은 대만을 제치고 미국, 일본에 이은 세계 3위의 PC 및 주변기기 생산국이 되었지만, 그 중 70%는 대륙의 대만계 기업의 OEM 생산이나 EMS 생산에 의한 것이라고 한다. 한편 대만의 PC 및 주변기기 생산의 약 절반은 해외에서 이루어지고 있으며, 그 중 4분의 3은 중국대륙에서 생산되고 있다.

4) 필자의 현지 청취에 의함. 본 장에서는 1998년 여름부터 2001년 봄에 걸쳐 중국과 아시아 각지에서 실시한 청취결과를 이용했는데, 번잡하므로 다음부터는 특별히 주석을 달지 않는다.

5) 일본무역진흥회, 「제11회 아시아 주요도시 · 지역의 투자 코스트 비교」.

6) 橋田坦, 《북경의 실리콘 밸리》(백조서방 · 2000년), 《중국과기통계연감》 외 다수.

7) 水橋佑介, 「전자입국 대만의 실상 - 일본의 파트너를 알기 위해서」(JETRO ·

2001년 9월호)에 상세히 실려 있다.

8) 국제전기통신연합(ITU)에 의하면 중국 전체의 2000년 말 인터넷 이용자 수는 2,250만 명, 1년 전의 2.5배로 아시아에서는 일본 다음이다. 이 조사에 따르면 2001년에는 일본을 제치고 2003년에는 미국을 제쳐 8,000만 명 이상에 달할 것으로 예상하고 있다. 같은 2000년 말 휴대전화 이용자 수는 8,526만 명으로 미국 다음으로 세계 2위다. 2002년에는 세계 1위가 되고 2005년에는 2억 4,000만 명에 달할 것으로 예상하고 있다. 2000년의 휴대전화 판매대수는 전년대비 2.3배인 4,500만 대에 이른다. 또한 PC 보유대수는 이미 2,000만 대에 이르며, 2000년 판매대수는 717만 대, 아시아의 42%를 차지하고 있다.

9) 이하 본 항에서는 橋田坦, 《북경의 실리콘 밸리》(백조서방·2000년), 동「북경 중관촌의 발전과 기업화 현상」(JETRO·2001년 8월호), 天野眞也, 「중국의 두뇌·중관촌, 활발해지는 R & D 투자」(JETRO·2001년 8월호)를 참고로 했다.

10) 大原盛樹, 「중국 가전 메이커의 경쟁우위」(〈일중경협저널〉·2000년 2월호).

11) 단지, 다음의 것에는 유의할 필요가 있다. 예를 들어 중국은 현재 세계최대의 TV 생산국이고, 그 대부분을 현지계 기업이 담당하고 있다. 그러나 부품가격의 절반 이상을 차지하는 기간부품이나 브라운관은 거의 외자계 기업이 생산하고 있다. 세계최대의 TV 생산국인 창훙도 뒤를 쫓아 오는 캉지아나 TCL도 고정밀 TV 개발에 노력하면서도 브라운관의 생산에는 전혀 손을 대지 못하고 있다. 확실히 브라운관은 설비 집약적이고 기술적으로도 쉽지 않은 산업이지만 중국기업이 불가능할 만큼 어려운 것은 아니다. 중국의 TV 메이커는 브라운관을 「못 만드는 것」이 아니라 「안 만드는 것」이라고 생각한다. 즉 일본기업과 같이 가능하면 풀세트로 주요부품은 자사 내지는 관련회사에서 만든다는 사고방식을 갖고 있지 않고, 싸게 살 수 있는 것은 외부에서 구입한다는 오히려 미국계 기업에 가까운 합리적인 조달전략을 갖고 있는 것 같다. 브라운관도 만들 수 없으니까 중국의 전기기업이 아직은 두려운 상대가 아니라고 생각했다가는 큰 코를 다칠 것이다.

12) 渡邊眞理子, 「중국 가전기업의 비즈니스 모델」(〈아시아 연구 월드 트레이드〉 일본무역진흥회·아시아경제연구소·2001년 1월).

제3장

1) 이 지표들을 볼 때 고수입 관세 등 무역 저해 요인이 있을 경우에는 유효한 결과

를 얻을 수 없음에 유의한다. 그러므로 자동차 등에 대해서는 미리 제외했다.

2) 인력(引力) 모델에 의하면 「지리적·문화적 유사성을 갖고 있는 국가 간에 무역과 투자가 촉진되는 경향이 있다.」

3) 보조금·상쇄 조치(SCM) 협정에서 불공정 행위로 간주되는 보조금에는 세액 공제가 포함된다. 현재 중국에서는 제품 수출비율이 70% 이상인 외국기업의 경우 현행 세율의 반액 공제가 적용되고 있다.

4) Bartlett, A.C., and S. Ghoshal. *Managing Across Borders: The Transnational Solution*, Boston: Harvard Business School Press, 1989, 1998(second edition).

5) AFTA에 의한 영역 내에서 분업 체제를 모색하고 있는 업체는 그 사전 단계로서 영역 내에서의 수입 관세가 0~5%인 AICO를 활용하는 경우가 많다. 2001년 8월 현재 AICO 기업으로서 인가를 받은 업체는 ASEAN 전체에서 77개사(신청 기업 125개사)에 이르고 인가율은 61.6%로 낮아 기업측에서는 수속의 신속화를 요구하는 소리도 드높다. 한편 말레이시아에서는 50개시기 인가를 마쳤으나 인가율은 84.7%로 높아 비교적 수속이 원활하게 진행되고 있다. 또한 일본기업에 대해서는 ASEAN 전체에서 12개사가 AICO 기업으로서 인가받았으나 자동차회사(8사)와 전기·전자회사(4사) 두 업종에 한정되어 있다.

6) 〈일본경제신문〉, 2001년 4월 18일자.

7) 池下護治, 「말레이시아의 위기와 회복 메커니즘」(〈평화연구소 리포트〉·2000년 8월).

제4장

1) 「중국의 WTO 가입 : 비즈니스 기회와 영향」, 태국 상무성 상업경제국, 2001년 6월.

2) 위와 동일.

3) 〈Thai News Service〉, 2001년 8월 29일자.

4) 〈The Nation〉, 2001년 8월 29일자.

5) 〈Bangkok Post〉, 2001년 7월 30일자.

6) 일본무역진흥회 「진전하는 태국·중국관계와 화교 문제」, 1987년 3월.

7) Pasuk Phongpaichit · Chris Baker, *Thailand's Boom and Bust*, 1998, P.15.

8) 〈Xinhua News Agency Bulletin〉, 2001년 8월 28일자.

9) 방콕 일본인 상공회의소, 「태국의 일본기업」, 2001년 3월.

제5장

1) 필리핀에서는 2001년 6월에 귀화법(공화국법 제9138호)이 성립되어 필리핀에서 출생하여 거주하고 있는 자에 대해 필리핀 국적이 주어지게 되었다.

2) Ellen H. Palanca, "Chinas Economic Growth and the ASEAN," *Philippine Institute for Development Studies*, 2001, pp.296 참고.

3) 2001년 8월 필자는 필리핀의 비즈니스가로 알려진 마카티 시에서 일하는 중간 소득층 15명을 대상으로 중국 브랜드를 알고 있는지에 대해 설문조사를 했다. 중간 소득층의 조건은 대학졸업 이상이고 자택에 컬러 TV, 에어컨, 자동차를 갖고 있는 자로 선정했다. 젊은이도 대상에 포함시켰기 때문에 급여 소득은 전제 조건으로 삼지 않았다. 설문 내용은 마닐라 수도권의 대형 전기상가에서 팔리고 있는 창홍(컬러 TV), TCL(컬러 TV), 캉지아(컬러 TV), 춘란(컬러 TV, 냉장고, 세탁기), 하이얼(냉장고), 끄리(에어컨)라는 브랜드명을 알고 있는지를 물었다. 이는 춘란 : 0명, TCL: 0명, 캉지아 : 2명, 춘란 : 2명, 하이얼: 3명, 끄리 : 5명이라는 결과로 나타났다. 가장 인지도가 높았던 브랜드는 끄리였는데 이것은 동사의 시장 참여가 1995년으로 다른 브랜드에 비해 빨랐던 점과 한때 TV를 통해 적극적으로 홍보했기 때문이라고 생각한다(앙케이트에 답해준 자료).

4) 어느 브랜드나 마닐라 수도권의 가전 대리점에서 판매되었던 21인치형 보통관 컬러 TV를 대상으로 가격 조사함(2001년 8월 현재).

5) 2001년 현재 컬러 TV(완성품)에는 20%, 냉장고(완성품)에는 15%의 관세가 부과되고 있다.

6) 필리핀의 컬러 TV 시장은 종전에는 보통관 컬러 TV가 주류를 이루었지만 2001년에 들어와 평면 TV가 급속히 보급되었다. 이와 관련하여 컬러 TV 부문에서 차지하는 평면 TV의 시장점유율은 2000년에 3%였으나 2001년 1~5월에는 13%까지 확대되었다(샤프 필리핀사 간부). 앞으로는 액정 TV가 부유층을 중심으로 시장점유율을 신장해나갈 것으로 예상된다.

7) 무역공업성 수출촉진국이 작성한 무역통계를 이용함.

8) 미국의 중국산 섬유제품에 대한 특별 보호는 2008년 말까지 적용된다.

9) 구미 기업은 거래 조건으로 거래처 기업의 노동조건을 염두에 두는 경향이 강하다. 미국은 WTO의 국제 기준에 노동조건을 넣을 것을 제안했다. 한편 이런 미국의 주장에 대해 개발도상국측은 경쟁력을 저해하는 요인으로서 반대하고 있다.

10) 현재 필리핀에서는 일본계 4사(후지쓰, 도시바, 히다치, NEC)가 HDD를 생산하고 있다. 이에 대해 미국계 HDD 메이커인 시게이트와 맥스터(Maxtor)는 중국과 싱가포르에서의 생산을 특화하고 있다.

11) NEC는 화남지역의 우위성으로 싼 인건비, 풍부한 노동력, 조달 가능한 부품의 범위 넓음 등을 지적하고 있다.

12) 이러한 정책의 방향은 아로요 대통령의 일반 교서에서도 거론되었다(2001년 7월 23일).

13) 중국의 WTO 가입에 있어서 양국 간 협정은 2000년 2월 16일에 체결되었다. 이에 수반하여 바나나, 망고, 파인애플 등에 대한 중국의 수입관세는 20%에서 12%로 인하될 예정이다.

제6장

1) 여기서는 중국, 홍콩, 한국, 말레이시아, 필리핀, 싱가포르, 대만, 태국을 가리킨다.

2) BPS, *Berita Resmi Statistik No.21/*Th.Ⅳ/1 Agustus 2001. 본 자료는 BPS의 홈페이지(http://www.bps.go.id)에서 다운로드할 수 있다.

3) 사쿠라종합연구소 환태평양연구센터, 「사쿠라 아시아조사 보고 No.11, 2000/2001년 아시아 주요 산업의 회복과 전망—증대되는 중국의 위협」, 2001년, P.25. 원전은 (사)전자정보기술산업협회(JEITA) 자료.

4) 〈경제일보〉, 2000년 9월 21일자.

5) 캉지아 집단공사 홈페이지(http://www.konka.com/).

6) BKPM의 北島武夫 투자촉진정책 고문(JICA 전문가) 및 달마완 쟈우스만 투자촉진부장에 대한 설문조사에 의함.

7) 가입기업은 혼다, 가와사키, 야마하, 스즈키, 베스파(이탈리아) 등 5개사다.

8) INDOCOMMERCIAL. Jakarta, Vol.278, 2001. 8.

9) Ridwan Gunawan, *The Short Analysis of Motorcycles Market and Industries in Indonesia for the year 2000 And First Half 2001.*

10) 인도네시아 공업상업성의 알폰스 사모실 다국간통상협력 부국장, 시몬 즈로테스 양국 간 협력 제1국 동아시아 과장에 대한 설문조사에 의함.

11) 〈통상홍보〉, 2001년 8월 7일자.

12) 한국무역진흥회(KOTRA) 자카르타 사무소의 이성수 부소장에 대한 설문조사에

의함.

13) 중화민국 대외무역발전협회(CETRA) 자카르타 사무소의 이성수 부소장에 대한
설문조사에 의함.

14) 인도네시아 이외 국가의 수출량에 대해서는 태국 0.031% 증가, 말레이시아
0.025% 증가, 베트남 0.001% 증가인 한편 싱가포르가 0.027% 감소, 필리핀도
0.012% 정도 감소할 것으로 예상된다.

제7장

1) 베트남측 발표에 의한다. 중국측 발표에서는 20만 명이라고 한다.

2) 남사제도(南沙諸島, 영문명 Spratly)는 중국, 대만, 베트남이 군도(群島)의 모든
영유권을, 말레이시아와 필리핀이 일부에 대한 영유권을 각각 주장하고 있다. 그
리고 서사제도(西沙諸島, 영문명 Paracel)는 중국, 대만, 베트남이 영유권을 주장
하며 대립하고 있다.

3) 2000년에 베트남을 방문한 외국인은 214만 명으로 중국인이 가장 많아 492,000명
이고 다음은 대만인 21만 명, 일본인 14만 3,000명 등으로 되어 있다. *Statistical
Year Book 2000*, General Statistical Office (GSO), 2001.

4) 1988~2001년 6월 20일까지의 누계치. 〈Vietnam Economic Times〉, 2001. 6.

5) 광공업 생산에서 차지하는 각 부문의 비율은 국유 부문 42.0%, 비국유 부문
22.4%, 외국 투자 부문 35.5%로 되어 있다.

6) 업계로부터의 설문조사에 의한다.

7) 추정된 장롱 예금은 20억 달러라고도 하며 이는 베트남의 외화준비고에 필적하는
금액이다. *Vietnam Living Standard Survey 1992-1993*, GSO, 1994.

8) *Vietnam Living Standard Survey 1992-1993*, GSO, 1994.

9) *Vietnam Investment Review*, 9-16 April 2001.

10) 〈Vietnam Economic Times〉, March 2001.

11) 추정 60사의 베트남 기업이 수입 부품의 조립 판매에 종사하고 있다고 한다. 업
계로부터의 설문조사에 의한다.

12) 51사 중에서 44사가 국유기업, 7사가 민간기업으로 되어 있다. 베트남 공업성 자
료에 의한다.

13) 수상 결정 「No.46/2001/QD-TTg」, 2001년 4월 4일자.

14) *Statistical Year Book 2000*, General Statistical Office (GSO), 2001.

15) 업계로부터의 설문조사에 의한다. 그러나 어느 국유 오토바이 조립기업에 의하면 밀수를 포함시키면 중국제 오토바이는 130만 대가 수입된 셈이라고도 한다.

16) 업계로부터의 설문조사 및 *General Department of Custom* 자료에 의한다.

17) 〈Saigon Times Weekly〉, July 21, 2001.

18) 현지 조달률을 공업성에 등록해 오토바이 수입인가를 받고 있다는 의미.

19) 사업협력계약(Business Cooperation Contract)은 외국 투자형태의 하나로 외국 측 당사자와 베트남측 당사자가 계약에 의해 공동으로 사업한다. 그러므로 BBC에 의한 프로젝트는 법인격을 갖지 않는다.

20) *Vietnam Investment Review*, August 27–September 2, 2001.

21) 계획투자성(MPI), 성령(省令) 「No.229/1998/QD–BKH」, 1998년 4월 24일자.

22) 주요 세트 메이커에 의한 생산뿐이다. 위탁생산 포함.

23) 업계로부터의 설문조사에 의하다.

24) 베트남 국유 메이커로부터의 설문조사에 의한다.

25) 업계로부터의 설문조사에 의한다.

26) ASEAN 지역 내에서의 부품, 원재료, 완성품 조달에 관한 관세를 5%로 하는 결정. 지역 내의 생산 분업을 촉진하여 ASEAN 기업의 국제 경쟁력을 강화하는 것이 목표다. 참가희망 기업의 신청과 무역 당사국의 승인이 필요하다.

27) Tac Dong Cua Viec Trung Quoc Gia Nhap WTO, Doi Voi Mot So Nhom Hang Xuat Khau Chu Yeu Cua Viet Nam, Ministry of Trade, Oct. 2000.

28) 최혜국 대우(MFN)와 동의어.

제8장

1) 제2차 세계대전이 일어나기 전 중국의 장제스 국민당군에 병참물자를 보급하기 위해 연합군이 개발한 수송 루트다. 1990년대 후반 아시아 월드사가 이것을 넓혀 포장했다.

2) 연해부와의 경제 격차를 시정하기 위해 사천성, 귀주성, 운남성, 청해성, 광서 치완족 자치구, 티벳족 자치구 등의 서부지역을 종합적으로 개발하는 대규모 프로젝트다.

3) 2001년 6월 말까지 미얀마투자위원회(MIC)의 외국투자인가조건 누계는 357건,

73억 436만 달러다.

4) 국가평화발전평의회(State "Peace" and Development Counci). 1988년 9월에 설치된 군정 집행기관 SLORC(State Law and Order Restoration Council : 국가법 질서 회복평의회)가 1997년 11월에 개편되어 생긴 조직이다.

5) 국가평화단결협회(Union Solidarity and Development Association). 중앙 및 지방 관료, 군인, 교원, 농민조직, 상공단체 등 모든 조직을 동원하여 전면적으로 조직화된 SPDC의 조직이다. 1993년에 결성되어 현재 회원수 1,600만 명이라고 한다.

6) 직능 집단(GOLKAR). 인도네시아의 수하르트 체제를 떠받든 정치적 전국조직으로 중앙 및 지방 관료, 군인, 농업 · 상공업 단체 대표, 소수민족 대표 등으로 구성된 정당이다.

제9장

1) 현재도 GATT 제20조, 제21조에 기초한 안전상의 이유 등으로 인해 약 800개 품목에 대해 수입량 규제가 부과되어 있다. 또 수입량 규제를 보완하는 제도로서 특별 수입 라이선스(SIL) 제도가 있었다. 이것은 수입량 규제 하에 있는 일부 품목에 대해 수출 실적에 따라 일정 비율의 수입을 인정하는 제도였으나 2001년 4월 수입량 규제 철폐와 더불어 동 제도도 폐지되었다.

2) 경제산업성 「2000년판 불공정무역보고서」 참조.

3) 에버레디(Eveready)사의 자회사인 Eveready Energizer Miniature Ltd.는 2000년 10월에 건전지공장을 폐쇄했다(FICCI : Federation of Indian Chambers of Commerce and Industry, "Chinese Imports −Reality and Impacts," 2000).

4) 〈파이낸셜 익스프레스〉, 2001년 6월 27일자.

5) 〈파이낸셜 익스프레스〉, 2001년 7월 17일자.

6) 〈인디아 토디〉, 2001년 5월 28일자.

7) 중관촌은 북경 남서부에 위치하는데, 1999년 6월 중국정부는 「중관촌과기원구」를 제정했다. 현재 중소기업 외에 IBM과 마이크로소프트, 모토로라, 마쓰시타전기, 후지쓰 등이 중관촌에 연구개발 거점을 설치했다.

8) 전국소프트웨어서비스업협회(NASSCOM)에 의한다. 1999년도 대(對) 달러 연평균 환율(1달러는 42.875루피)로 산출.

9) 인도 IT성 소관의 IT 수출진흥단체.

10) 비시장경제국으로 분류된 국가는 중국, 러시아 외에 알바니아, 아르메니아, 아
제르바이잔, 베라루시, 그루디아, 카자흐스탄, 북한, 킬기스탄, 몰도바, 몽골, 타
지키스탄, 토크메니스탄, 우크라이나, 우즈베키스탄, 베트남이다.

11) 시장경제국으로부터의 수입품에 대한 덤핑 마진 산출은 원칙적으로 수출국의
국내용 판매가와 수출용 판매가와의 차이로 계산된다. 국내용 판매가가 불분명
할 경우에는 수출국에서 제3국으로의 수출가 또는 대상 상품의 구성 가격을 기
준으로 할 수 있다.

12) 정책연구대학원 대학의 山根裕子 교수에 의하면 동 조치는 GATT 10조, 11조와
수입 허가절차협정 및 WTO의 「무역의 기술적 장해에 관한 협정」(TBT 협정)와
관련되어 있고 특히 TBT 협정 2조 2항의 「불필요한 조치」에 해당할 가능성이 있
다고 지적했다. 그러나 불필요한지의 여부를 판단하기가 곤란하기 때문에 지금
까지 동 조항 위반으로 판정된 사례는 없다.

13) 칼카타는 2000년 12월에 콜카타로 명칭이 변경되있나. 인도에서는 영국 식민지
시대에 붙여진 도시명을 인도 예전의 명칭으로 되돌리려는 움직임이 있어 지금
까지 봄베이가 문바이로, 마두라스가 쳉나이로 각각 변경되었다.

14) 인도의 관세는 기본관세, 추가(상쇄)관세, 특별 추가관세로 구성되어 있다. 기본
관세는 원칙적으로 5%, 15%, 25%, 35% 등 4종류로 구성되어 있다. 여기에 더하
여 국내의 물품세(원칙은 16%)와 동률의 추가(상쇄)관세, 특별 추가관세(4%)가
부과된다. 또한 승용차에 대한 관세율은 WTO에서 제한하고 있지 않기 때문에
최고 기본관세율을 넘는 세율이 적용되고 있다.

15) 1997~2002년도 수출입 정책(Export and Import Policy 1, April 1997~31 March
2002).

16) 조약명은 「Treaty of Tread Between the Government of India and His Majes-
ty's Government of Nepal」이다.

17) 관세 면제를 적용할 때는 원산지 증명서 제출이 요구되고 증명서에는 제조공장
과 기업명, 제조방법, 조립, 포장 등에 관한 정보와 함께 제3국 제품이 아니라는
사실이 명기된다.

18) 조약명은 Treaty of Transit Between the Government of India and His Majes-
ty's Government of Nepal이고 동 협정은 2006년 1월 5일 효력을 상실하나 쌍
방에 이론(異論)이 없을 경우에는 자동으로 7년 간 연장된다.

19) 휴대전화나 손목시계 시장에서는 국내 수요의 약 80%가 밀수품이라는 지적도
    있다.

20) 현재 전자제품에 대한 기본 관세율은 대체로 완성품은 35%, 부품은 25%다.

21) 재정 지출을 확대함으로써 민간지출을 축소시켜버릴 것.

22) 경제백서(Economic Survey)는 매년 2월 말 차년도 예산안이 국회에 제출되기 전
    에 발표된다.

23) 인도는 1991년에 현재 야당인 국민회의파의 라오정권에 의해 경제자유화 노선
    이 채택됨으로써 대담한 구조조정이 진행되었다. 현 정권은 인도 인민당(BJP)을
    중심으로 한 바지파이 정권인데 「제2세대」란 라오 정권시의 경제개혁을 「제 1세
    대」로 받아들인 개념이다. 「제2세대의 경제개혁」은 현재의 경제구조개혁을 상징
    하는 용어로 되어 있다.

24) 재정적자에 대한 GDP. 비율은 1998년도에는 5.1%, 1999년도는 5.5%다.

25) 2001년 8월 2일 인도공업연맹(CII)이 델리에서 주최한 「Exporting to China-
    Opportunities and Challenges」에서 행한 연설.

제10장

1) 2000년 4월에 한국정부가 발표한 마늘에 관한 대 중국 세이프가드에 대해 중국정
    부가 휴대전화 및 폴리에틸렌에 100%관세를 부과하는 보복조치를 발표했다. 그
    후, 일정분의 수입량을 확보하는 조건으로 보복조치는 해제되었으나. 2001년에
    실적 미달을 이유로 중국이 다시 관세를 인상할 자세를 보이는 등 분쟁이 지속되
    고 있다.

2) 2001년 6월 11일자 〈중앙일보〉에 소개한 연구보고. 이 보고서는 한국경제연구원
    내부 보고서이지만, 이번에 필자가 한국경제연구원의 박진달 이사로부터 연구 성
    과를 취재했다.

3) 삼성경제연구소가 삼성그룹의 경영진에 대해 보고하는 보고서. 이른바 CEO리포
    트를 정리한 것. 집필자는 윤진석 주임연구원. 본고에 소개한 것은 한국과 중국과
    의 경쟁력에 관한 부분이지만, CEO 리포트의 대부분은 중국경제와 산업의 현상
    및 전망에 관한 분석이다.

4) 〈동아일보〉 2001년 5월 1일자 기사에서 발췌. 단, 산업자원부는 본 보고서의 존재
    도, 조사를 하고 있는 것도 부정하고 있어, 취재를 요청할 당시에도 노 코멘트였다.

제11장

1) 양안 교류사에 대해서는 林滿紅, 《台灣海峽兩岸經濟交流史》, 재단법인교류협회, 1997년(17세기 이후의 교류사에 대해서 정리하고 있음) 참조.

2) 행정대륙위원회, 《跨越歷史的鴻溝─兩岸交流十年의回顧興前瞻》, 1997년 10월, PP171~172.

3) 藤原弘, 「대지진 발생 후의 대만경제와 양안경제관계의 향방」, 《근년의 양안정세─중국·대만경제관계의 현상과 과제》(재단법인 국제무역투자연구소 2000년, PP44~45).

4) 『일본경제신문』은 2001년8월4일자에서 마조도(馬祖島)에서 대륙으로 가는 배편은 1월 이후 18회에 달했다고 보도하고 있다.

5) 경제부 국제무역국 홈페이지(『대륙물품진출관리상황』 http://fbfh.trade.gov.tw/fh/MainLand/index.htm), 농산품이라는 것은 중화민국상품표준 분류에서 제1장에서 제24장까지의 품목, 공업산품이라는 것은 제25상에서 제97장까지의 품목을 말한다.

6) 藤原弘, 「대륙의 대만전자·정보기업은 지금」(JETRO · 2001년 5월호), P66.

7) 경제부 투자 심의위원회 홈페이지 「在大陸從事投資或技術合作准許類, 禁止類項目統計表」(http://www.idic.gov.tw/html/b_frame.html).

8) HS 코드 6자리 분류로 살펴보면 하이브리드 직접회로, 직접 회로 및 초소형조립, 그 외 자동데이터 처리기기 및 동 부품 등의 수출이 눈에 띈다. 수입에서는 비합금속의 반제품, 스태틱·컨버터, 그 외 자동 데이터 처리기계 등이 많고, 대륙에 진출한 기업의 제품이 많이 포함되었다고 생각된다.

9) 재단법인교류협회, 《대륙에 대한 투자확대에 의한 양안경제관계에 대한 영향과 금후의 과제》, 1998년 3월, P42.

10) 〈일본경제신문〉, 2001년 7월 23일자.

11) 아시아 대양주과(大洋州課), 「아시아 주요도시·지역의 투자관련 코스트 비교」(JETRO 센서·2001년 4월호), PP. 53~63.

12) 〈공상시보(工商時報)〉, 2001년 8월 18일자.

13) 〈공상시보(工商時報)〉, 2001년 8월 10일자.

14) 취임연설의 내용에 대해서는 〈대북주보(台北週報)〉, 2001년5월31일자, PP2~4 참조.

15) 경제발전자문위원회의 각 위원회의 제안 사항은 http://www. president.gov.
tw/2_special/economic/index-9.html에서 열람할 수 있다.

16) 경제산업성 통상정책국편, 《2001년판 불공정 무역보고서》, 2001년 3월,
PP.419~425.

17) 경제부 국제무역국 홈페이지 「我國加入WTO之進展興入會後之商機」
(http://www.trade.gov.tw/global_org/wto/wto_index.htm).

18) 伊藤信悟, 「중국과 대만의 WTO 가입에 따른 중국과 대만의 경제 교류의 구조
변화」, 외국환율 무역연구소, 제1060호, P58.

19) 경제건설위원회 홈페이지 「지식경제발전법안」(http://www.cedi.
cepd.gov.tw/).

20) 경제건설위원회 홈페이지 「全球運籌發展計劃」(http://www.cedi.cepd.
gov.tw/CONFIDENTIAL 1쪽2002-08-01).

제12장

1) 홍콩으로부터 광동성으로의 수출대체율이나 산업이전의 추이에 대해서는, 丸屋
農二郎, 「제6장: 중국화남지방의 산업집적과 아시아국제분업의 재편」, 《아시아국
제분업재편과 외국직접투자의 역할》, 丸屋農二郎 編, 일본무역진흥회 아시아경
제연구소 2000년 3월에 상세하게 명시. 홍콩의 중국산제품 재수출액의 지역수출
액 합에 대한 비율(수출대체율)은 1980년대 후반 여행용품, 가방이나 신발 등이
80% 이상을 넘었으나 1990년대에 들어서 1992년 전후에는 통신·음향기기가,
1996년경에는 사무용기기나 자동 데이터 처리기가, 1999년에는 촬영기기, 시계,
전기기계 및 부품 등이 각각 80% 이상을 기록했으며 일부 품목에서는 90%를 넘
고 있다. 일부 섬유제품 중 수출국(지역)에 원산지마다 할당량이 정해져 있는 의
류(수출대체율 약 6%)를 제외하면 홍콩 대부분의 지방기업의 수출품목은 1990년
대 재수출로 대체되었다고 할 수 있다.

2) 이러한 현상의 이유로는, 1997년까지 민간소비의 증가와, 1998년에 완성된 신공
항건설과 같은 공공사업의 확대로 인한 상품수입의 증가, 재수출 증가의 둔화
를 들 수 있다. 또한 1995년에는 상품·서비스 무역수지가 13년 만에 적자를 기
록했다.

3) 무역관련이란 국외(Offshore) 무역, 상품의 대량매입, 그 외의 것으로 분류된다.

홍콩정부에 의하면 최근 국외 무역이 무역관련 서비스 무역의 70%를 점하고 있으며 나머지 부분은 주로 상품의 대량매입으로 이루어져 있다고 한다. 국외 무역은 「홍콩역 내에 수출입되지 않고 역외에서 구입·역외에서 판매되는 상품의 거래」를 말하며, 「역외(대부분 광동성)에서 가공되어 생산품이 홍콩 역내에 수입되지 않고 역외에 직접 판매되는 상품의 거래(이른바 Transshipment)」도 포함한다.

4) 이러한 위탁가공무역은 제도상 중국과 역외간이기만 하면 어떤 지역에서도 거래가 가능하지만 실제로 위탁가공무역과 관련된 통관, 물류, 결제, 회계처리 기능이 일반화되어 있는 곳은 현재에도 홍콩과 마카오 정도다.

5) 중국정부 고관은 지금까지 몇 차례나 『위탁가공 무역에 관한 우대조치는 계속 유지하지 않는 방향으로 검토하고 있다』고 했으나 2001년 현재 위탁가공무역 거래와 관련된 우대조치는 지속되고 있다. 앞으로 이 거래와 관련된 우대조치는 어떠한 형태로든 변화하지 않으면 안 되지만 현재의 홍콩과 주강 델타의 경쟁력 있는 분업 시스템을 지탱하고 있는 기능의 하나이기 때문에 완전한 소멸은 없을 것으로 본다.

6) 중국측 통계로는 대 중국투자에서 차지하는 홍콩의 투자 비율이 2000년 당시 38.1%였다. 한편 홍콩의 대 중국투자를 지역별로 보면 광동성이 44.9%(1999년)로 가장 큰 비율을 기록하고 있다.

7) 주강 델타의 산업집적에 대해서는 본서 제2장과 黑田篤郎, 「최근 중국의 경제 및 산업동향」(《중국경제》 JETRO 2001년 3월)에 상세히 명시.

8) 「Transshipment」는 세관기준 상품무역통계에는 반영되어 있지 않다. 즉 홍콩의 「Transshipment」의 증가는 재수출무역의 둔화와 서비스 무역의 증가에 반영되어 있다고 생각된다. 1999년 홍콩의 「Transshipment」는 거래화물량 환산으로 해운에서 약 30%, 항공운송에서는 수출에서 13.9%, 수입에서는 18.8%를 점했다.

9) 광동성의 GDP 내 상품무역수지의 비율은 1995년 이후 두 자리 수로 계속 확대되고 있는 한편, 서비스 무역수지의 경우에는 1994년 이후 마이너스를 기록하고 있다. 이와는 대조적으로 홍콩의 GDP 내 상품 무역수지의 비율은 1990년대를 통틀어 마이너스, 서비스 무역수지의 경우는 플러스를 기록하고 있다.

10) 중국정부의 지도와 관리 하에 이 중 952개사가 가입한 홍콩 중국기업협회가 1991년에 설립되었으나 2001년 현재에도 이 협회의 회원은 약 1,000개사 정도에 그치고 있다.

11) 홍콩계 중국기업의 자금조달구조에 관해서는「홍콩의 중국계 기업에 관한 조사 보고서 – 자금조달기능과 향후의 문제」(JETRO 홍콩센터 1997년 9월호)에 상세히 명시.

12) 2000년에는 항센지수 구성종목으로 지정되었다.

13) 중국 TCL의 출자회사인 TCL스이에뤄프(實業羅服) (홍콩)의 자회사 TCL궈지뤄프(國際羅服)이 지주회사로써 홍콩시장에 상장.

14) 2000년 10월 중궈은행(中國銀行)은 산하에 있는 중소은행(中小銀行)과 홍콩지점을 통합하여 새롭게 개편했다. 중궈은행(홍콩)은 동시에 주식상장을 실시할 예정이었으나 세계적으로 주식시장이 침체되어「2002년 봄 이후로 연기한다」고 밝혔다.

15) 홍콩의 산업정책에 대해서는,「제1장: 홍콩의 새로운 산업정책」(《홍콩의 산업정책과 화남의 산업동향》·JETRO 2001년 9월) 참고.

16) 1996년 홍콩사이언스파크의 설립, 홍콩공업단지·홍콩공업과학기술센터의 증설, 통신·방송·금융분야와 같은 서비스업에서의 규제완화 등을 통한 경쟁정책이 진행되고 있다.

17) 이와 함께 2000년 7월 1일 산업정책을 효율적으로 진행시키기 위한 정부공상국(政府工商局) 산하기구의 개편으로 창신과학기술서(創新科學技術署), 투자추진서(署)의 신설과, 무역서와 공상서비스추진서의 통합이 이루어졌는데, 각각 과학기술의 창조·혁신, 외자유치, 상공업의 지원 등 3가지 목적을 추진하기 위해 이루어졌다.

18) 2001년 5월에는 예정대로 정책이 실시되었기 때문에, 뒤이어「디지털21 2001」이 발표되었다.

19) OECD의 조사에 의하면, 1998년 공식적인 홍콩의 연구·개발비 지출은 세계 40위에 머물러 있다.

20) 이러한 사고방식은 홍콩정부뿐만 아니라, 홍콩무역발전국(HKTDC), 그리고 홍콩총상회의 WTO와 관련 각 보고서들에서 공통적으로 나타나고 있다. 대표적인 것으로서는「China's WTO Acession and Implications for Hong Kong」(HKTDC),「China's Entry into the WTO and Impact on for Hong Kong Business」(홍콩상총회) 등이 있다.

21) 周小川 중국증권감독관리위원회 주석은 2001년 3월, A주와 B주에 대해「향후

5~10년 동안은 통합하지 않는다」라고 발언하고 있을 뿐만 아니라, 실제 각 시장의 조기 통합은 당국에 의해 계속해서 부정되고 있다(〈인민일보〉 2001년 3월 8일자)

22) CN TOM, 163. net, 鯊威體壇, 광역 서비스를 제공하는 상해 미아재선(美亞在線), 북경 장통연합(長通聯合) 등.

23) 이 회사는 북경, 상해, 광동, 산동, 운남, 하남 등에서 주요 광고시장을 커버하고 있다.

24) 2001년 9월, 미국 테러 사건에 의해 투자가가 주식시장을 기피하고 있다는 이유로 상장을 연기한다고 발표했다.

25) 〈중국경제신문〉, 2001년 8월 6일자 참조.

제13장

1) 1989년에 고촉통 제1부수상(현 수싱)이 제안한 섯으로, 상대적으로 저렴한 임금, 풍부한 노동력, 아직 개척되지 않은 공업용지 등을 가지고 있는 말레이시아 남부의 죠홀 주, 인도네스아의 리아우 주 싱가포르의 노동집약형 제조업을 이관시키려고 하는 것.

2) 싱가포르은 여러 인접국가, 특히 인도네이사에 대한 배려에서 중국과의 국교 수립을 미뤄오고 있었다.

3) HS 코드 4자리 분류. ① 「사무용기기부품 · 부속품」은 「제 84.69항에서 제 84.72항까지의 기계에 전적으로 또는 주로 사용하는 부분품 및 부속품」으로 84.73항, ② 「직접회로 및 초소형조립」은 제 85.42항, ③ 「자동 데이터 처리기기 · 관련 구성 유닛 및 기계」는 제 84.71항, ④ 「다이오드 · 트랜지스터」는제85.41항, ⑤ 「석유화학 및 역청유(원유 제외)」은 제27.10항, ⑥ 「트랜스포머, 스태틱컨버터 및 인덕터」는 제85.04항, ⑦ 제 84.69항은 「타이프라이터 및 워드 프로세서」, 제84.70항은「계산기 및 데이터 기록 · 재생 · 표시, 포켓 사이즈의 기계 및 회계기, 유편요금계산기, 우표발행기계 그 외에 이들에 분류되는 계산기구를 포함하는 기계 및 금전등록기」, 제84.72항은 「그 외의 사무용기기(예: 등사기, 발신자 인쇄기, 자동지폐지불기, 동전분류기, 동전계산기, 동전 포장기, 연필깎이, 펀치 등을 의미.

4) "Singapore's Investment Abroad 1998–1999," *Singapore Department of Statistics*, August 2001

5) "Economic Survey of Singapore 2001 2Q," *Ministry of Tarde and Industry.*

6) 〈통상홍보(通商弘報)〉, 2001년 7월 27일자 참조.

7) 〈The Business Times〉, 2001년7월 21일자. 중국공장이 조업을 개시하면, 싱가포르의 종업원 800명 중 일부를 해고하는 것도 검토되고 있다.

8) 〈연합조보(連合早報)〉, 2001년 9월 3일자. 2001년 말까지 인도 뉴델리에, 2002년 초반에 아랍에미레이트(UAE)의 두바이에 사무소를 개설할 계획도 밝히고 있다.

9) 1994년 8월, 소주 · 싱가포르 공업원개발공사(게펠 등 싱가포르 기업은 19개사로 구성)와 소주연합개발공사(소주의 중소기업 11개사로 구성)에 의해 설립.

10) CSSD 관계자로부터 청취했음

11) 「무석국가고신기술산업개구」의 법인세는 24%, 일반지역의 법인세는 30%. 「곤산경제기술개발부」, WSIP는 CS-SIP와 동일한 15%.

12) 법인관세련(法人關稅連)에서는 ① 진출기업에 대해 15%의 법인세가 적용(무석에는 무석시구(無錫市區) 외에, 강음시(江陰市), 선흥시(宜興市)라는 작은 행정단위로서의 시가 있다. 무석시구의 법인세는 24%, 그 외의 무석시내는 30%), ② 하이테크 기업에 대해서, 흑자전환 후 최초의 2년 간은 면세, 3년째부터 5년까지는 7.5%, 그 후 3년 간 면세, 9년째, 10년째는 7.5%, ③ 수출기업에 대해서는 당해년도 내의 수출액이 당해기업 총생산액의 70% 이상인 경우에는 10%, 관세와 관련해서는 진출기업이 수입하는 보세화물에 대해서는 보세우대 조치가 적용.

13) 60만m²의 바닥면적을 갖는 정보기술(IT) 관련기업용의 과학공원. 2001년 3월에 제1기 공사가 완료, 제2기 공구도 앞으로 개발 예정.

14) 〈The Straits Times〉, 2001년 7월 18일자.

15) 〈The Business Times〉, 2001년 8월 3일자. PSA의 요 회장은 로이터 통신과의 인터뷰에서 『중국에는 여러 명의 항만사업자가 참여해도 남아돌 만큼의 화물이 있다』라는 견해를 피력하고, PSA는 장래의 사업을 위해, 많은 중국의 항만 관리 · 운영회사와 협의 중이라는 취지의 발언을 하고 있다.

16) 미국의 선 마이크로 시스템즈와 AOL이 합병하여 설립한 전자상거래회사.

17) 요 회장은 PSA는 현재 바스당 연간 75만 TEU가 넘는 취급능력을 가지고 있으나, 이것을 100만 TEU 로 끌어올릴 수 있는 능력도 갖추고 있다고 언급.

18) 〈엽합조보〉, 2001년 2월 3일자.

19) 2001년 7월 9일 제4차 회의가 싱가포르에서 개최, 싱가포르 측은 무역산업성,

TDB, 민간기업관계자 등이, 산동성에서는 부성장(副省長) 이하 관·민 19명이
참가.

20) 〈The Straits Times〉, 2001년 8월 11일자. TDB 상해사무소의 에릭 원 이사는
〈Straits Times〉와의 인터뷰에서 『중국에는 커다란(비즈니스)기회가 있기 때문에
TDB는 모든 국가중에서도 특히 중국에 상당한 자원을 투입하고 있다』고 말하고
있다.

21) ASEAN · 중국 자유무역 지역의 향후 일정에 대해서 〈The Straits Times〉(2001년
11월 7일자)에 의하면 『사무자 레벨에서 1년에 걸쳐, 협정의 대상 범위와 형태를
연구한 후에, 본격적인 교섭을 시작할 예정』이라고 한다.

22) 〈The Straits Times〉, 2001년 8 월 14일자.

23) 〈The Business Times〉, 7월 26일자.

24) 전술한 2001년 6월, 국제통화회의 개회식 만찬에서의 연설. 『중 · 단기적으로는,
투지치기 동남아시아에서 중국으로 이선될지도 모른다. 그러나 장기적으로는
동남아시아는 중국과의 많은 경제교류에서 이익을 얻을 것이다. 동남 아시아는
중국의 번영과 함께 번창할 것이다』라고 말하고 있다.

25) 〈The Business Times〉, 2001년 4월 21일자.

26) 〈The Business Times〉, 2001년 8월 3일자.

제14장

1) 하지만 환율환산방식에 의하면 미국, 일본, 독일, 프랑스, 영국, 이탈리아에 이어
중국은 세계 제7위다.

2) 미국의 주요 관심품목에 대한 관세인하 수준(1999년에서 2004년까지)은 쇠고기
가 45%에서 12%, 돼지고기 20%에서 12%, 닭고기 20%에서 10%, 감귤류 40%에
서 12%, 포도 40%에서 13%, 사과 30%에서 10%, 아몬드 30%에서 10%, 포도주
65%에서 12%, 치즈 50%에서 12%, 아이스크림 45%에서 19% 등으로 예상된다
(http://www.uschina.org).

3) EU 관심품목의 관세도 향후 포도유 85%에서 9%, 파스타 25%에서 15%, 버터
30%에서 10%, 밀크 파우더 25%에서 10%, 만다린 40%에서 12%, 와인 65%에서
14%, 올리브 25%에서 10%, 밀가루 전분 30%에서 18% 등으로 인하될 전망이다
(http://europa.eu.int).

4) 무역보완도지수는 A라는 나라의 수출구조와 교역상대국 B의 수입구조가 어느 정
도 일치하는지를 보여주는 척도로서 이 수치가 1을 가지면 두 나라의 구조가 완전
히 일치하는 것을 의미하여 0을 가지면 완전히 다르다는 것을 의미한다.

5) 수출경합도 지수는 양국의 수출구조가 유사할수록 양국 간 경쟁이 높다는 가정
하에 제3국에서 양국 간 수출상품 구조의 유사성을 측정하여 양국 간의 경쟁정도
를 가늠하는 지표다(완전경합시 1, 무경합시 0의 값을 가짐).

6) 무역특화도 지수는 각 품목의 총 수출액과 총 수입액, 그리고 전체 무역액을 이용
해 각 품목의 비교우위를 측정하는 지표로서 (각 품목별 수출액 − 각 품목별 수입
액)/(각 품목별 수출액 + 각 품목별 수입액)을 통해 산출할 수 있다. 이 지수가 0인
경우 비교우위는 중간정도이며 1이면 완전 수출특화 상태를, −1이면 완전 수입특
화 상태를 의미한다.

7) 현시 비교우위지수는 경제규모가 상이한 국가들 사이에서도 경쟁력의 비교가 가
능하도록 특정국에 있어서 각국의 품목별 수출점유율을 각국의 특정국에 대한 총
수출점유율로 나눈 값으로서 현시 비교우위지수가 1보다 큰 값을 가지면 해당 품
목은 자국의 여타 품목에 비해 비교우위가 있는 것으로 해석될 수 있다.
정종인 · 이한녕, 「우리나라와 중국의 수출구조 비교분석과 중국의 WTO 가입이
우리 수출입에 미칠 영향」, 한은조사연구 2000−4, 한국은행, 2000년.

8) 품목별 경합여부가 단일 지수가 아닌 다수의 지수를 활용하여 도출되었기 때문에
경합여부를 판단하는 과정에서 연구자의 자의적인 해석 가능성을 완전히 배제할
수 없음을 밝혀둔다.

9) 세부 품목에 대한 분석은 해당 분류산업 내 HS2 코드, 또는 HS4 코드를 사용하여
현시 비교우위지수, 무역특화지수, 수출비중을 재산출 후 경합관계품목을 평가 ·
선정했다.

10) 1998년 및 1999년의 양국 간 수출경합 품목은 본 보고서의 부표를 참조.

11) 앞에서 언급한 것처럼 현재 한국과 중국의 경합품목 비중은 17.1%에 지나지 않
고 경합품목의 비중이 조금씩 증가하고 있으나 그 증가율이 그렇게 큰 폭으로 나
타나지 않기 때문에 단기적으로는 중국경제의 경쟁력 급상승이나 한국경제 추
월 등과 같은 상황이 쉽게 현실화되지는 않을 것으로 보인다. 그러나 이러한 추
세가 지속될 경우 장기적인 측면에서 한국과 중국의 경쟁심화는 물론 중국경제

의 한국경제 추월과 같은 극단적인 가능성도 배제하기 힘들 것이다.

12) 각 시장별 세부전략 모색에 관한 연구는 본고의 범주를 벗어나는 부분이므로 향후 독립적인 연구과제로 남겨둔다.

13) 우리나라 조정관세 인하에 따른 대 중국수입 증가, 대 중국수출 증가에 따른 대 중국수입 유발효과 등의 측면에서 이를 예상할 수 있다.

14) 장경섭, 편파적 시장화와 계급갈등: 중국의 시장 사회주의적 사회질서, 『중국의 개혁』, 중국학회 편, 21세기북스, 1999년

집필자 소개(집필순)

■ 마루야 도요지로(丸屋豊二郎)

1978년 아시아 경제연구소에 입사. 홍콩대학 아시아 연구 센터의 객원 연구원등을 거쳐, 2001년부터 일본 무역진흥회 상해 센터 소장. 주요 저서로 《아시아 국제분업재편과 외국직접투자의 역할》(편저) 등

■ 이시카와 고이치(石川幸一)

1973년 일본무역진흥회에 입사. 자카르타센터, 홍콩 센터등을 거쳐, 2001년부터 경제정보부 주임조사연구원. 주요한 저서도 《신·동아시아 경세론》(편서), 《포스트 동화위기의 경세학》(공서), 《ASEAN공업화의 신차원》(공저) 등

■ 구로다 아츠오(黑田篤郎)

1982년 통상산업성에 들어감. 1998년부터 2001년까지 JETRO 센터 산업조사원, 2001년 4월부터 경제산업성 무역경제협력국 자금 협력과장. 저서로 《메이드 인 차이나》 등

■ 이케시타 죠지(池下讓治)

1980년 JETRO에 입사. 쿠알라룸프르 센터, 세계평화연구소 주임연구원 등을 거쳐, 2001년 11월부터 경제정보부 산업정보과장 겸 시장정보과장. 저서로 《아시아의 구조개혁은 어디까지 진척되었는가》(공저), 《아시아 경제재생》(공저) 등

■ 와카마츠 이사무(若松勇)

1989년 JETRO에 입사. 타이의 타마사트 대학 유학, 방콕 센터 등을 거쳐, 1998년부터 해외조사부 아시아 대양주 과장 대리. 저서로 《아시아 경제재생》(공저), 《아시아의 구조개혁은 어디까지 진척되었는가》(공저), 《AFTA(ASEAN자유무역지역) – ASEAN경제통합의 실상과 전망》(공저) 등

■ 다나카 가즈후(田中一史)

1990년 JETRO 입사. 마닐라 센터, 해외조사부 아시아 대양주과 등을 거쳐, 2001년부터 영상 데이터 팀의 리더 대리. 저서로 《시장화시대의 지역경제》(공저), 《비지니스가이드, 필리핀》(공저) 등

■ 혼조 쓰요시(本庄剛)

1993년 JETRO에 입사, 인도네시아 국립(자카르타) 해외연수생, 자카르타 센터를 거쳐 2000년부터 기획부 업무과 과장대리

■ **쓰케 히로토**(柘植裕人)

1998년 JETRO 입사. 해외 조사부 아시아 대양주과. 저서로 《아시아 경제재생》(공저), 《아시아의 구조개혁은 어디까지 진척되었는가》(공저), 《AFTA(ASEAN자유무역지역) – ASEAN경제통합의 실상과 전망》(공저) 등

■ **이케베 료**(池部亮)

1992년 JETRO 입사. 하노이 종합대학 유학 등을 거쳐 1998년부터 하노이 센터 연구원. 저서로 《가자! 베트남의 거리로》, 《21세기의 베트남》(공저), 《비지니스 가이드, 베트남(신판)》 등

■ **아라키 요시히로**(荒木義宏)

1975년에 JETRO 입사. 자카르타 센터 등을 거쳐, 1997년부터 양곤 사무소장. 저서로 《비지니스 가이드, 미얀마》(공저), JETRO, 1997년 《아시아의 재벌과 업계지도》(공저), 《아시아 경제독본》(공저) 등

■ **시이노 고헤**(椎野幸平)

1994년 JETRO 입사. 1998년부터 뉴델리 센터 연구소 연구원

■ **나가자와 노리오**(中澤則夫)

1986년 통상산업성에 입사. 2000년 6월부터 JETRO 서울센터의 산업조사부장

■ **무네가네 겐지**(宗金健志)

1999년 JETRO 입사. 해외조사부 중국, 북아시아 팀. 저서로 《비지니스가이드, 대만》(공저) 등

■ **사이도우 히로후미**(齋藤浩史)

1994년 JETRO 입사. 해외조사부 중국, 북아시아팀을 거쳐, 1998년부터 홍콩센터 연구원으로 근무

■ **가와다 아츠스게**(川田敦相)

1988년 JETRO 입사. 1993–97년 및 1999년부터 싱가포르 센터의 연구원으로 근무. 저서로 《싱가폴의 도전》《아시아 경제재생》(공저), 《아시아의 구조개혁은 어디까지 진행되었는가》(공저) 등

■ **박정동**(朴貞東)

1992년 동경대학 경제학부 석 · 박사. 중국 북경대학 경제학원 연구학자. Harvard University Fairbank 센터 방문교수. 캄보디아 왕국 경제자문관 역임. 현재 KDI 연구위원으로 재직 중. 주요 저서로는 《21세기 중국》, 《현대중국경제론》, 《중국의 선택》, 《經濟特區の總括》, 《The Special Economic Zones of China and their Impact on its Economic Development》 등 다수

●

메이드 인 차이나의 충격

●

편저자 / 박정동
펴낸이 / 김경태
펴낸곳 / 한국경제신문 한경BP
등록 / 제 2-315(1967. 5. 15)
홈페이지 / http://bp.hankyung.com
제1판 1쇄 인쇄 / 2002년 9월 5일
제1판 1쇄 발행 / 2002년 9월 10일
주소 / 서울특별시 중구 중림동 441
기획출판팀 / 3604-553~6
영업마케팅팀 / 3604-561~2, 595
FAX / 3604-599

●

* 파본이나 잘못된 책은 바꿔 드립니다.
ISBN 89-475-2398-4

●

값 12,000원

메가트렌드 2000

존 나이스비트 외 지음/김홍기 옮김
양장/9,800원

2000년대는 정치개혁과 경이적인 기술혁신 등으로 인류에게 지금까지와 전혀 다른 변화양상을 안겨줄 것이다. 이 책은 과거 어둡고 비관적인 세기말적 변화보다는 경제호전, 예술의 번영, 시장사회주의의 출현, 복지국가의 쇠퇴 등 밝고 새로운 흐름을 보여주고 있다.

메가트렌드 아시아

존 나이스비트 지음/홍수원 옮김
양장/9,500원

21세기에는 아시아가 미국주도의 상품과 소비시장에 가장 중요한 경쟁자로 떠오를 것이다. 저명한 미래예측가인 저자는 역동적으로 변화하는 아시아의 모습을 8가지 트렌드로 분석했다. 특히 한국에 나타나고 있는 폭넓은 변화와 앞으로의 역할도 살펴보고 있다.

하이테크 하이터치

존 나이스비트 지음/안진환 옮김
양장/15,000원

저자는 특유한 통찰력으로 소비재 기술과 유전자 기술에서부터 전자오락의 폭력성과 씨름하는 부모들의 골칫거리에 이르는 모든 것을 탐험하며, 과학·종교·군사·상업·정보·통신·예술·레저분야의 문제점과 변화양상을 적시하고 그 해결책과 대응책을 제시한다.

미래의 결단

피터 드러커 지음/이재규 옮김
양장/9,000원

현대 경영학의 대부, 피터 드러커는 이 책에서 「스스로를 다시 생각함으로써 회생할 수 있다」고 전제하고 기업의 5가지 치명적 실수, 가족기업을 경영하는 규칙, 대통령을 위한 6가지 규칙, 새로운 국제시장의 개발, 3가지 종류의 팀조직 등 바람직한 미래를 실현하기 위한 방안을 제시했다.

비영리단체의 경영

피터 드러커 지음/현영하 옮김
신국판/11,000원

선진국에서는 학교, 자선단체 등 비영리단체의 경영혁신이 선풍을 일으키고 있다. 이 책은 저자가 교수생활을 하면서 비영리단체에서 봉사했던 경험을 바탕으로 조직관리, 예산 등 경영전반에 대한 문제점을 심도있게 분석하고 개선방안을 제시했다.

21세기 지식경영

피터 드러커 지음/이재규 옮김
양장/13,000원

피터 드러커는 이 책에서 새로운 경영 패러다임이 경영의 원칙과 관련한 기본가정을 어떻게 변화시켜 왔는지, 또 어떻게 변화시킬 것인지에 대해 통찰하고 있다. 앞으로 수십년 동안, 아니 수년내에 틀림없이 일어날 여러 문제에 대처하지 못한다면 생존할 수 없다는 드러커의 마지막 경고!

미래의 조직

피터 드러커 외 지음/이재규 옮김
양장/13,000원

당대 최고의 경영학자, 실무자, 컨설턴트가 참여한 이 책에는 미래 조직이 존속하고 번영하려면 조직과 리더가 어떻게 변해야 하는지 실질적인 조언을 하고 있다. 특히 정부, 기업, 사회단체 등 모든 인간조직의 미래모습에 대해 통찰력 있는 비전을 제시하고 있다.

자본주의 이후의 사회

피터 드러커 지음/이재규 옮김
양장/9,000원

사회주의권의 몰락 이후 탈냉전 분위기 속에서 향후 세계 변화가 주요 관심사로 떠오르고 있다. 저자는 자본주의적 시장구조와 기구는 존속되지만 주권국가의 통제력은 약화되고 전문지식을 갖춘 지식경영자 중심의 글로벌화 사회가 될 것으로 예측하고 있다.

미래기업

피터 드러커 지음/고병국 옮김
양장/12,000원

우리 시대의 가장 뛰어난 사회 · 경영학자이자 미래학자인 드러커의 「변혁시대 기업생존전략 연구서!」, 세계경제가 빠르게 바뀌어감에 따라 기업의 새로운 경영전략 모델, 즉 5가지 변화조건을 분석했다. 사회 · 경제학 시각에서 세계경제 흐름을 통찰한 역저.

자본주의 이후 사회의 지식경영자

피터 드러커 지음/이재규 옮김
양장/10,000원

새롭게 도래하고 있는 미래조직에서의 효과적인 의사결정방법, 경영자가 직면할 도전, 지식근로자의 생산성 향상을 위한 동기 부여에 대해 조언하고 있다. 저자의 탁월한 역사적 지식과 도덕적 상상력으로 지식 경영자의 책임과 자세를 제시한다.

21세기 리더의 선택

피터 드러커 외 지음/한근태 옮김
양장/15,000원

피터 드러커, 찰스 핸디 등 뛰어난 사상가들과 탁월한 리더들이 쓴 글을 모은 이 책은 지식사회를 이끄는 리더의 과제와 사명에 대한 것이다. 더불어 새로운 정보경제 시대에 맞는 아이디어에 불을 붙이고 새 깃발을 올리고 갈증을 해소시켜 리더와 리더십에 관한 새로운 지평을 열어주고 있다.

피터 드러커 평전
—지식 르네상스인 피터 드러커

이재규 지음
신국판/9,800원

경영학의 아버지 피터 드러커의 삶과 학문을 추적함으로써 한 세기를 풍미한 그의 사상과 미래전망을 살펴볼 수 있다. 지식사회를 어떻게 살아야 하고 미래사회에 어떻게 대처해야 할 것인지 고뇌하는 이들이라면 꼭 읽어봐야 할 필독서.

20세기를 움직인 사상가들

기 소르망 지음/강위석 옮김
신국판/13,000원

20세기 사상계에 결정적인 영향을 끼친 사람들은 과연 누구인가? 프랑스의 저명한 경제학자이자 사회학자인 기 소르망이 29명의 생존해 있는 현대 최고의 사상가들과의 직접 인터뷰를 통해 그들 자신이 전생애를 바친 사상과 사색의 놀라운 통찰을 기록·정리했다.

자본주의 종말과 새 세기

기 소르망 지음/김정은 옮김
양장/13,000원

저자는 자본주의 체제를 위협하는 것은 「도덕적 불만」과 「자본주의에 대한 몰이해」라고 주장하고 러시아·중국·독일·인도 등 20여 개국의 자본주의의 현재 모습을 살펴보고 있다. 또한 현재의 자본주의의 위기를 극복하기 위한 구체적인 방안에 대해서도 통찰하고 있다.

열린 세계와 문명창조

기 소르망 지음/박 선 옮김
양장/13,000원

기 소르망은 서로 다른 문화가 충돌하는 유럽, 러시아, 중국, 일본, 아프리카, 라틴아메리카의 국경으로 우리를 이끈다. 통독 이후의 문제, 북한의 실상(본문의 「아홉번째 여행」 참조)과 우리의 미래, 미국화로 상징되는 맥몽드(McMonde)의 악몽 속에서 대응법을 찾아보자.

경영창조

톰 피터스 지음/이왈수 옮김
양장/9,000원

치열한 경쟁 속에서 기업이 슬기롭게 대처하려면 어떻게 해야 하는가? 저자는 다른 기업과 두드러진 차별성을 갖고 시장과 고객 앞에 나서야 한다고 처방한다. 기업이 안팎의 변화에 맞서 어떤 방법과 발상으로 접근해야 하는가에 대한 210개 항목이 기업 경영창조의 새로운 길을 열어준다.

경영파괴

톰 피터스 지음/안중호 옮김
양장/8,500원

이제 리스트럭처링·리엔지니어링으로는 급변하는 시대를 이길 수 없다. 기업의 조직은 상상을 초월하는 혁신적인 네트워크형이 되어야 한다. 세계적 경영컨설턴트인 저자가 번득이는 아이디어로, 경영자들이 재창조와 혁명을 향해 전진할 수 있도록 혁신방안을 제시한다.

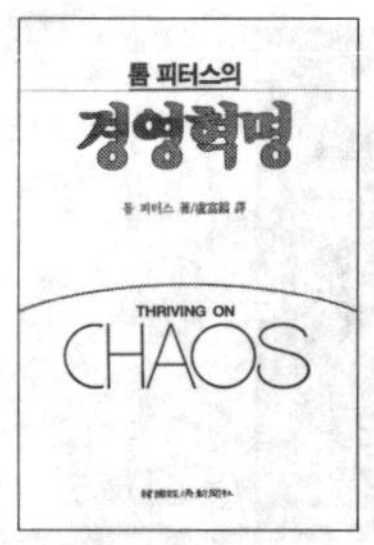

경영혁명

톰 피터스 지음/노부호 옮김
양장/13,000원

정보화사회는 불확실성이 심화된 사회로 기업경영의 경기규칙과 새로운 경영스타일 등 생존을 위한 변화는 가히 혁명적이라 할 수 있다. 이 책은 전통적 사고에 도전하고 조직이 사람을 위해 존재할 수 있도록 변화를 유도하는 45가지 경영 실천전략을 제시한 기업경영자의 '비즈니스 핸드북' 이다.

혁신경영

톰 피터스 지음/이진 옮김
양장/15,000원

이 책은 혁신의 순환을 이루는 15개의 불연속적인 아이디어를 독특한 방식으로 설명하고 있다. 저자는 지속적으로 혁신을 추구할 수 있도록 극단적이지만, 실용성 있는 가이드 라인을 제시한다. 혁신이야말로 개인과 조직이 살아남는 최후의 생존전략이 될 것이다.

트러스트

프랜시스 후쿠야마 지음/구승회 옮김
양장/12,000원

한 나라의 경제는 규모만으로는 설명될 수 없다. 사회적 자본이 중요하며 그 핵심이 바로 신뢰다. 저자는 이 책에서 개인주의, 가족주의에 기반을 둔 저신뢰 사회의 특성을 혹독하게 비판하면서 신뢰는 경제와 사회, 문화를 아우르는 놀라운 가치라고 강조한다.

대붕괴 신질서

프랜시스 후쿠야마 지음/한국경제신문 국제부 옮김/양장/16,000원

산업사회에서 정보화사회로의 이행과정에서 나타나는 질서의 붕괴와 정신의 퇴폐는 인류사회에 필연적으로 「대붕괴」를 불러오고 있다. 이 현상은 언제까지 계속될 것이며 우리에게 남겨진 선택지는 무엇인가. 《역사의 종말》《트러스트》저자의 놀라운 탁견!

코피티션

배리 J. 네일버프 · 아담 M. 브란덴버거 지음/김광전 옮김/양장/9,000원

비즈니스 게임은 끊임없이 변하므로 전략도 당연히 변해야 한다. 경쟁(competition)과 협력(cooperation), 양자의 장점을 결합한 코피티션 전략은 기존의 비즈니스 게임을 혁신할 혁명적인 신사고다. 저자들은 게임 자체를 변화시켜 이득을 최대화하는 5가지 요소의 비즈니스 전략을 제시했다.

편집광만이 살아남는다

앤드류 그로브 지음/유영수 옮김
양장/13,000원

인텔 불패 신화의 주인공, 앤드류 그로브의 경영과 인생! 경쟁에서 이기기 위한 키워드 「편집광」에 주목하라. 예리한 판단력과 관찰력을 겸비한 그로브는 첨단산업을 경영하는 데 필요한 자세와 방법에 대해 자세히 설명하고 있다. 〈퍼블리셔스 위클리〉, 〈뉴욕 타임스 북 리뷰〉 장기간 베스트셀러!

리스크
─리스크 관리의 놀라운 이야기

피터 번스타인 지음/안진환 외 옮김
양장/12,000원

현대 경영에서 빼놓을 수 없는 리스크 관리. 리스크를 이해하고 측정하며 그 결과를 가늠하는 방법을 밝혀내기 위한 인류의 노력은 눈물겹다. 그리스시대부터 현재까지 다양한 위기의 순간들과 이를 헤쳐나가는 과정을 역사와 철학, 경제학 관점에서 돌아보았다.

주식시장 흐름 읽는 법

우라가미 구니오 지음/박승원 옮김
신국판/5,500원

무질서하고 예측이 불가능해 보이는 주식시장도 장기적으로 보면 특정한 네 개의 국면을 반복하고 있다. 이 책은 이 네 개의 국면이 어떻게 순환되고 어떤 종목이 활약하는지 알 수 있는 안목을 제시해주고 주식투자시 리스크를 피하는 방법에 대해서도 설명하고 있다.

월가 천재소년의 100가지 투자법칙

멧 세토 지음/형선호 옮김
신국판/8,500원

10대 천재소년 멧 세토가 세운 뮤추얼 펀드의 연간 수익률은 단연 압도적이다. 17세에 억대 부자가 된 멧 세토가 100가지의 성공적인 주식투자 비법을 소개한다. 신선하고 반짝이는 그의 투자전략은 초보자들도 쉽게 이해할 수 있다.

증시테마 알아야 주식투자 성공한다

안창희 지음
신국판/9,800원

이 책은 주식투자자들이 어떤 상황에서 어떤 종목을 사고 팔아야 수익을 올릴 수 있는지 그 구체적인 방법을 제시하고 있다. 더불어 투자이론이 실제로 어떻게 적용되고, 앞으로 전개될 상황에서는 어떻게 대응해야 할지 분석했다.

주식@살 때와 팔 때

한국경제신문 증권부 지음
신국판/ 값 9,000원

증권투자는 사는 기술이 아니라 파는 예술이다. 기관투자가를 두려워할 필요는 없다. 한두번의 실패는 최후의 성공을 위한 수업료일 뿐. 한국경제신문 증권부가 개인투자가들을 지원하기 위해 펴낸 이 책을 통해 확실한 주식투자 성공의 길을 찾아보자. 10만 독자가 읽은 초대형 베스트셀러!

선물 옵션을 알아야 주식투자 성공한다

김용 지음
신국판/9,000원

이 책은 실제 매매에서 많이 부딪히는 상황에 대한 지표 분석과 선물, 옵션 투자의 기본원칙, 투자전략, 실전연습, 과거시장의 움직임을 차트화해 실어 초보자들이 실제 파생금융상품 시장에서 이루어지는 매매거래에 도움을 줄 수 있도록 했다.

시스템 트레이딩 가이드

정영근, 신흥증권 사이버전략부 지음
변형 4×6배판/15,000원(CD포함)

시스템 트레이딩은 주어진 가격과 거래량을 다양하게 조합함으로써 독창적인 사용자지표와 거래시스템을 이용, 거래하는 과학적 투자기법이다. 이 책은 컴퓨터가 최적의 매매 타이밍을 잡아주고 시장의 위험을 알려주는 시스템 트레이딩의 방법과 요령에 대한 모든 것이 실려 있다.

만화로 배우는
선물시장 흐름 읽는 법

현대선물 지음
신국판/7,500원

이제 선물을 모르고는 주식, 채권 등 투자를 제대로 할 수 없다. 그 동안 어렵게만 느껴졌던 선물거래를 이해하기 쉽도록 만화로 꾸몄다. 선물거래의 기본개념에서부터 선물거래의 실전투자까지 재미있는 스토리를 곁들여 설명했다.

알면 대박 모르면 쪽박
-〈나홀로 증권투자〉 최신 종합편

박현철 글, 그림
신국판/8,000원

바둑에서도 수백 가지의 정석을 알고 있으면 승리할 수 있듯이 주식투자에서도 기본 정석으로 무장한다면 어느 상황에서건 자신 있게 대처할 수 있다. 기본을 모르고서는 주식투자는 절대 금물! 이 책에서 그 기본을 확실히 다질 수 있다.

알기 쉽게 풀어쓴
새노동법 해설(전면개정판)

윤욱현 지음
신국판/19,000원

2001년 7월까지 새롭게 개정된 노동법의 모든 것을 알기 쉽게 정리한 책. 현장에서 체험한 노사간의 문제점들을 살펴보고 개정 노동법 전반을 알기 쉽게 해설했다. 해당 법의 예시, 판례, 행정해석을 풍부히 실어 이해를 돕는다.

실전 부동산경매

전철 지음
신국판/값 12,000원

등기부 읽는 법에서부터 물건 고르는 법 등 부동산 경매에 관한 전반적인 원리를 단 하루면 마스터할 수 있도록 알기 쉽게 설명했다. 특히 실전사례별 경매방법을 체계적으로 정리한 것이 특징이며, 경매 정보의 수집에서부터 법령 해설, 등기소 현황 같은 상세한 사항까지 두루 망라했다.

나는 부동산 리모델링으로
3억 벌었다

최문섭, 주택저널 지음
신국판/12,000원

부동산시장에서 새롭게 떠오르고 있는 리모델링에 대한 모든 것을 정리한 가이드북. 부동산 리모델링에 대한 개념부터 절차, 수익성 분석, 투자방법에 이르기까지 체계적으로 정리하여 부동산 리모델링을 통해 돈을 벌고자 하는 이들에게 완벽한 길잡이가 될 것이다.

골프란 무엇인가

김흥구 지음
양장/11,000원

세계에서 가장 쉽고 재미있는 골프책을 목표로 연애소설을 쓰듯이 재미있게 쓴 책이다. 80대 초반 굳히기, 70대 진입하기 등 현 수준에서의 구체적 도약 방법이 설명된다. 완결편은 통계나 속성 차원에서 접근한 상당한 수준의 골프 분석이다. 입문자와 프로골퍼 모두 재미있게 읽을 수 있다.

통쾌한 경제학

김덕수 지음/신경무 그림
신국판/값 9,000원

「한국적 경제학」의 새로운 지평을 연다는 목표로 우리 주변의 익숙한 사례를 찾아 숨겨진 경제원리를 쉽고 재미있게 풀어쓴 경제 이야기. 각종 도표는 물론 재미있는 유머와 경제상식, 그리고 조선일보 신경무 시사만화가의 삽화까지 곁들여 쉽고 재미있게 읽을 수 있다.

누가 경영을 말하는가

존 미클스웨이트, 에이드리언 울드리지 지음/ 박병우 옮김/양장/15,000원

때론 변덕스럽고 모순되기도 한 경영학 권위자들의 이론들. 〈이코노미스트〉 편집인인 두 저자는 혼란스러운 현대 경영이론을 철저히 분류해 그들 말 속의 핵심을 다시 정리했다. 누구나 이해하기 쉽도록 평이한 언어로 맹목적인 경영이론 추종의 위험성을 경고한다.

B2B

아서 스컬리, 윌리엄 우즈 지음/ 안경태 옮김/양장/ 12,000원

인터넷이 발달하면서 B2B 또한 기업의 모든 것을 바꾸며 나날이 시장을 넓히고 있다. 이 책에서는 기존의 성공적인 B2B 익스체인지로부터 끌어낸 사례를 통해 B2B의 정의와 성공모델을 살펴보고 있다. 앞으로의 기업모델을 송두리째 바꿀 B2B전략의 완벽 교본.

당신이 꿈꾸는 인터넷세상
월드와이드웹

팀 버너스리 지음/우종근 옮김
신국판/9,500원

현대생활의 양상을 극적으로 바꾸어놓은 월드와이드웹(www). 이 책은 창시자인 팀 버너스리가 웹이 만들어지기까지의 과정에 얽힌 이야기들을 최초로 공개한 책이다. 웹이 지닌 잠재적인 가능성 및 혁명적인 미래상 등 네티즌이라면 반드시 읽어봐야 할 필독서!

카리스마 VS 카리스마
이병철 · 정주영

홍하상 지음
신국판/9,000원

이 책은 한국 재계의 큰 별이라는 화려한 조명 뒤에 숨겨진 이병철과 정주영 두 거인의 진솔한 이야기를 담고 있다. 정주영의 할 수 있다는 도전 정신, 이병철의 치밀하고 꼼꼼한 분석과 판단력은 오늘의 우리에게 교훈과 용기를 고취시켜 준다.

아젠다
−기업혁신을 위한 21세기 행동강령

마이클 해머 지음/최준명 감역/ 김이숙 옮김/신국판/15,000원

'리엔지니어링'의 창시자, 마이클 해머가 제안하는 기업 생존의 새로운 길! 최고의 기업들이 급변하는 경영환경에서 살아남기 위한 방법의 기초가 되는 아홉 가지 비즈니스 개념을 조명한다. 미래의 기업 변화상을 꿰뚫어보려는 비즈니스맨들의 필독서.